Simone Ochsenkühn, Elsa Lukowski

Der Mac für Junggebliebene

Der Einstieg in die Welt der Apple-Computer
für die Generation 50 +

Der Mac für Junggebliebene

Der Einstieg in die Welt der Apple-Computer für die Generation 50 +

Copyright © 2013 by amac-buch Verlag

ISBN 978-3-95431-010-4

Konzeption/Koordination: amac-buch Verlag
Layout und Cover: Simone Ochsenkühn, Obergriesbach
Satz: Johann Szierbeck, Aichach
Korrektorat: Marita Böhm, München
Druck und Bindung: deVega Medien GmbH, Augsburg

Trotz sorgfältigen Lektorats schleichen sich manchmal Fehler ein. Autoren und Verlag sind Ihnen dankbar für Anregungen und Hinweise!

amac-buch Verlag
Erlenweg 6
D-86573 Obergriesbach
E-Mail: info@amac-buch.de
http://www.amac-buch.de
Telefon 0 82 51 / 82 71 37
Telefax 0 82 51 / 82 71 38

Alle Rechte vorbehalten. Die Verwendung der Texte und Bilder, auch auszugsweise, ist ohne die schriftliche Zustimmung des Verlags urheberrechtswidrig und strafbar. Das gilt insbesondere für die Vervielfältigung, Übersetzung, die Verwendung in Kursunterlagen oder elektronischen Systemen. Der Verlag übernimmt keine Haftung für Folgen, die auf unvollständige oder fehlerhafte Angaben in diesem Buch zurückzuführen sind. Nahezu alle in diesem Buch behandelten Hard- und Softwarebezeichnungen sind zugleich eingetragene Warenzeichen.

Inhaltsverzeichnis

Inhaltsverzeichnis

Vorwort	**9**
Kapitel 1 – Es geht los: Kauf und Installation	**11**

Die richtige Entscheidung 13
Weitere Entscheidungsfragen 14
Was ist mit Geräten wie Druckern etc.? 15
Die Entscheidung ist gefallen. Wo geht es hin zum Kauf? 16
Inbetriebnahme 17
    Auspacken des Gerätes 17
    Inbetriebnahme von tragbaren Geräten 17
Der Zusammenbau des Stromadapters 18
    Inbetriebnahme von iMacs 19
    Tastatur im Schnellüberblick 19
Den neuen Computer und dessen Betriebssystem einrichten 21
    Apple-ID und iCloud 24
    Den ersten und wichtigsten Benutzer anlegen 25
    Einen neuen Benutzer anlegen, den Standardbenutzer 28
    Inbetriebnahme einer Bluetooth-Maus 32
    Installation der Maus via Bluetooth-Assistent 33
DSL einrichten 35
    DSL bei der Deutschen Telekom 35
    Internet-DSL-Zugang am WLAN-DSL-Router einrichten 38
Internetzugang einrichten 41
Drahtlosen Internetzugang aktivieren 46

Kapitel 2 – Aller Anfang ist leicht: die Grundlagen	**49**

Einschalten, Anmelden, Ausschalten 50
    Die Tastatur 52
    Die Tastaturbegriffe 53
    Tastaturkombinationen 53
Die Handhabung der Maus 54
    Die Magic Mouse bedienen 54
    Das Laptop-Trackpad bzw. Magic Trackpad 55
    Zeigen mit der Maus 56
    Klicken mit der Maus 57
    In Safari Text schreiben 60

Das Scrollen mit der Maus	63
Zurückblättern der Seiten	65
Programm Safari beenden	66
Die Oberfläche des Betriebssystems	**67**
Das Dock	67
Hilfe, das Programmsymbol ist aus dem Dock verschwunden!	69
Der Schreibtisch	71
Die Fenstertechnik	75
Systemeinstellungen – alles, was das Leben am Mac noch schöner macht!	77
Diktat & Sprache	**91**
Erweiterte Diktierfunktion	92

Kapitel 3 – Internet: Safari, Mail, FaceTime und Skype 95

Im Internet unterwegs: Safari	**96**
Lesezeichen in Safari	96
Das Lesezeichensymbol	99
Einen Begriff auf der Internetseite suchen	100
Top Sites anlegen	101
Welche Internetseiten sind interessant?	104
Eine E-Mail-Adresse besorgen	**106**
E-Mail-Adresse bei der Telekom einrichten	107
E-Mail-Adresse bei anderen Anbietern einrichten	111
Das Programm Mail einrichten und benützen	**118**
Mail starten, um das Programm einzurichten	118
Zusätzliche E-Mail-Postfächer einrichten	122
E-Mails mit Mail	**125**
Eine ganz neue E-Mail verfassen	130
Suchen von verloren gegangenen E-Mails	136
E-Mails als Werbung markieren	136
Das Ordnen von E-Mails	138
VIP	139
Vollbildmodus	140
Videokonferenz mit FaceTime	**141**
Mit Skype telefonieren	**147**
Das Programm Skype installieren	147
Skype starten	151

Inhaltsverzeichnis

Kapitel 4 – Nützliche Programme am Mac — 155

iPhoto — 156
- Der erste Start — 156
- Ereignisse — 159
- Import von Bilddateien einer Kamera in iPhoto — 160
- Import von Bild- oder Filmdateien von einem Datenträger — 162
- Importieren von Filmen — 164
- Import per Drag & Drop von einem Datenträger — 165
- Alben und Ordner — 167
- Ereignisse — 169
- Die Bearbeitungsfunktionen in iPhoto — 172
- Fotos bereitstellen und verteilen — 179
- Bilder als E-Mail versenden — 182
- Diashow — 186
- Drucken — 190

Organisiert sein – die Kontakte — 192
Kalender — 199
- Einstellungen in Kalender — 199
- Neue Ereignisse in Kalender erstellen — 200
- Neue Kalender erstellen — 204
- Alles Ansichtssache — 206

Karten — 208
- Die wichtigsten Funktionen — 210
- Routen planen und ans iPhone/iPad weitergeben — 213

Erinnerungen — 216
Mitteilungen — 221

Kapitel 5 – Gut gemacht: Mission Control, Launchpad und Mac App Store — 227

Mission Control — 228
Gestensteuerung von Mission Control — 232
Spaces oder Schreibtisch — 235
Dashboard — 239
- Dashboard starten und benützen — 239
- Zusätzliche Widgets auf Dashboard — 240

Fast wie das iPad – Launchpad — 243
Mac App Store — 247
- Gutscheine einlösen — 250

Kapitel 6 – Ordnung ist das halbe Leben: Fenster und Ordner — 251

- Fenster und Ordner — 252
- Das Fenster — 253
- Ordner erstellen — 254
  - Anleitung für eine kleine Ordnerhierarchie — 255
  - Verschiedene Darstellungsarten des Fensters — 257
  - Als Symbole — 257
  - Als Liste — 258
  - Als Spalten — 259
  - Als Cover Flow — 261
  - Tabs im Finder — 262
  - Alle meine Dateien — 266
  - Sortierkriterien — 267
  - Zusammenfassung Darstellungsarten — 270
- Verschieben und Kopieren von Ordnern und Dateien — 271
  - Aufspringende Ordner und Fenster — 272
- Tags — 273
  - Objekte mit Tags kennzeichnen — 273
  - Tags entfernen — 278
  - Tag-Favoriten definieren, Tag-Kategorien ändern bzw. löschen — 279
  - Tags im Finder nutzen — 281
- Die Seitenleiste — 284

Kapitel 7 – Briefe schreiben leicht gemacht: Öffnen, Speichern, Drucken — 287

- Briefe schreiben mit TextEdit — 288
  - Das Dokument sichern — 290
  - Dateien und Ordner löschen — 293
  - Feines mit Tastenkombinationen — 297
- Drucken — 299
  - Drucker anschließen — 299
  - Drucker installieren — 300
  - Das Drucken aus TextEdit — 303

Inhaltsverzeichnis

Kapitel 8 – Etwas Besonderes: Spotlight und Time Machine — 305

Spotlight — 306
- Erste Suche in Spotlight — 306
- Weitere Raffinessen im Zusammenhang mit Spotlight — 313

Time Machine — 319
- Time Machine einstellen — 319
- Auf das Backup zugreifen — 321
- Beispiel für die Datenwiederherstellung — 323

Kapitel 9 – Wenn es mal Probleme geben sollte: Problemlösungen — 325

Wenn es mal Probleme geben sollte — 326
- 1. Ein Programm reagiert nicht mehr … — 326
- 2. Macht ein Programm regelmäßig oder auch unregelmäßig Ärger … — 327
- 3. Der Internetzugang funktioniert nicht — 329
- 4. Kernel-Panik — 330
- 5. Probleme beim Starten — 331
- 6. Wiederherstellen — 332
- Fitnesstraining für Ihren Mac — 334

Ein letztes Wort: Hilfe von außen mit TeamViewer — 337
- TeamViewer installieren — 337

Gratulation! — 342

Index — 343

! Das gratis E-Book einlösen:

1. Öffnen Sie Ihren Browser und geben Sie ein:
   http://www.amac-buch.de/der-mac-fuer-junggebliebene-epub
   oder falls Sie das Buch als PDF wünschen:
   http://www.amac-buch.de/der-mac-fuer-junggebliebene-pdf

2. Fügen Sie das E-Book zu Ihrem Warenkorb hinzu.
   (Hinweis: Neukunden müssen sich spätestens beim Hinzufügen zum Warenkorb registrieren.)

3. Den individuellen Code Ihres E-Books finden Sie zwischen Seite 24 und 25 in diesem Buch.
   Geben Sie diesen Gutscheincode beim Bestellvorgang im Shop in das dafür vorgesehene Feld ein
   und klicken Sie auf **Gutschein einlösen**.

4. Nach Bestellabschluss erhalten Sie eine E-Mail mit dem Downloadlink Ihres digitalen Buches.

Viel Spaß mit der amac-buch Geschenk-Garantie!

Vorwort

„Leicht ist schwer was …"

Manchmal glaube ich es selber nicht. Ich sitze vor meinem Computer und habe Freude daran. So etwas konnte ich mir vor wenigen Jahren noch nicht vorstellen, als ich mich für den Kauf eines Computers entschied. Dass ich auch noch Spaß daran finden könnte, an dieser kleinen und raffinierten Maschine meine Bilder zu organisieren, Musik zusammenzustellen oder E-Mails zu schreiben, lag jenseits meiner Vorstellungskraft.

Das, was mich davon abhielt, den Computer zu „lernen", waren viele Vorurteile gegenüber dieser Technik und die Angst davor, eine solch komplexe Sache noch lernen und behalten zu können. Dann überwogen dann doch meine Neugier auf dieses faszinierende Gerät namens Apple und natürlich die Stimme meiner Tochter, die sagte: „Das schaffst du, du kannst nichts kaputtmachen."

Eine positive Einstellung und der Wille, es können zu wollen, sind schon der halbe Erfolg. Eine Frage habe ich mir noch gestellt, als ich anfing: Brauche ich das alles überhaupt noch? Sicher, was braucht man schon wirklich im Leben? Aber spätestens wenn man einmal kennengelernt hat, wie schnell man beispielsweise eine Information aus dem Internet abrufen kann, statt umständlich Lexikas zu wälzen, weiß man, wozu man den Computer benötigt. Kartenreservierungen für Konzerte, Einkäufe von seltenen Waren, das Buchen meines jährlichen Urlaubs oder die Erinnerung an die regelmäßige Medikamenteneinnahme machen es mir heutzutage schwer, auf den Computer zu verzichten.

Ob man einen Brief an ein Amt aufsetzt, eine E-Mail mit Fotos seinen fernen Verwandten und Bekannten sendet, seine Fotoalben verwaltet oder über Facetime, ein Bildtelefon, mit den Enkeln kommuniziert, Musik zur Untermalung organisiert oder sich im Internet tummelt, all diese Dinge tragen zur Kommunikation, zur Unterhaltung und zur Information bei. Und darüber hinaus beinhaltet es für meine Generation und die davor einen großen Genuss und Spaß am Lernen.

Wir haben uns viel Zeit genommen, gerade die ersten Schritte so einfach wie möglich zu beschreiben und zu erklären, so dass es auch ohne große Hilfe gelingen sollte, einen Computer zu bedienen. Sicher, was das Lernen angeht, bin auch ich noch nicht am Ende, das stetige Lernen am Computer dauert an, aber ich vertiefe immer wieder einmal ein Thema aus diesem Buch. Und meine Begeisterung lässt mich immer leichter Neues hinzulernen.

Fassen Sie sich ein Herz und packen Sie es an. Sie können nichts kaputtmachen! Ich wünsche Ihnen viel Erfolg!

Elsa Lukowski, Oktober 2013

Vorwort

Warum dieses Buch?

Die Idee, dieses Buch zu verfassen, entstand, als mir allmählich die Zeit fehlte, für meine Mutter ihren anwachsenden Schriftverkehr, die Anfragen für Urlaubsbuchungen über das Internet oder das Überspielen ihrer vielen Bilder von der Digitalkamera zu erledigen. Die Ausflüchte, es nicht mehr lernen zu können, ließ ich nicht gelten. Sonst flott, modern und aufgeschlossen, sollte dieses temperamentvolle Gemüt meiner Mutter vor dem ihr unheimlichen „Ding" namens Computer Halt machen? Nein, mir als Trainerin und Autorin für Apple Computer wollte der Versuch gelingen, einer anderen Generation eine konkrete Hilfe an die Hand zu geben, mit der Berührungsängste abgebaut und neue Brücken geschlagen werden.

Heute stehe ich mit meiner Mutter mehr in Kontakt als früher, aber nicht, weil ich irgendetwas für sie erledigen muss, sondern weil es jetzt einfach schönere Anlässe gibt. Sie sendet mir z. B. Bilder aus dem Urlaub oder schreibt mir freudige E-Mails, wenn ihr wieder etwas gelingt. An diesem Erfolg lassen wir Sie nun teilhaben und freuen uns mit Ihnen, wenn Sie wieder ein Erfolgserlebnis spüren.

Simone Ochsenkühn, Oktober 2013

Simone Ochsenkühn

Elsa Lukowski

Kapitel 1

Es geht los:
Kauf und Installation

Kapitel 1 Es geht los: Kauf und Installation

Es geht los – aber wie?

Sie sind fest entschlossen, einen Apple-Computer zu kaufen, aber Sie haben keine Ahnung, welche Modelle es gibt, kennen sich mit den Begriffen rund um den Computer nicht aus?

Keine Angst, so viel müssen Sie erst einmal nicht wissen. Die erste Frage, die Sie sich stellen sollten, lautet: Möchten Sie das Gerät einmal mitnehmen können – zu Kindern, Verwandten, in den Urlaub etc. – oder soll es immer bei Ihnen zu Hause stehen, weil Sie das Gerät nicht herumtragen wollen oder können?

Steht die Antwort fest, können Sie sich ein Modell aussuchen. Die meisten Computer gibt es mit unterschiedlichem Innenleben, das sich zum Teil erheblich auf die Leistung, aber auch auf den Preis auswirkt. Die Laptops gibt es zudem mit Retina Display. Dieses Display ist so hochauflösend und brillant, dass man mit dem bloßen Auge keine Pixel erkennen kann. Dementsprechend bietet das Retina Display das schärfste Bild. Lassen Sie sich beraten.

Tragbare Computer von Apple

	MacBook Pro 13"	MacBook Pro 15"	MacBook Pro 13" mit Retina Display	MacBook Pro 15" mit Retina Display
Farbe	Alu	Alu	Alu	Alu
ca. kg	2,06	2,49	1,62	2,02
ab € ca.	1199.–	1799.–	1499.–	2199.–

Computer-Stationen von Apple

	Mac mini	iMac 21,5"	iMac 27"	Mac Pro
Farbe	Alu	Alu	Alu	Alu
Person	Einsteiger	Einsteiger, Profi	Einsteiger, Profi	Profibereich
ab € ca.	629.–	1349.–	1879.–	Bei Drucklegung des Buches noch nicht bekannt

Tabelle Stand Oktober 2013, Preise sind unverbindliche Circa-Angaben (Fotos:: Apple).

Das flachste Laptop der Welt …

… das MacBook Air, möchten wir nicht in irgendeine Tabelle „schieben". Dafür ist das Design des Gerätes zu schade, wie ich finde. Es gibt es in den Größen 11 (ab ca. Euro 999,–) und 13 Zoll (ab ca. Euro 1099,–) und hat zwei USB- und einen Thunderbolt-Anschluss, um externe Geräte zu betreiben. Auf jeden Fall ist es ein Traum von einem Computer – leicht, gut aussehend und für Menschen, die sich schon gut mit Computern auskennen, vielleicht das Beste, was es auf dem Markt für Laptops gibt. Wer weiß, eventuell wird es ja Ihr zweiter Computer? Man verliebt sich schließlich nicht nur einmal im Leben …

 Unsere Meinung: Sowohl beim **Mac mini** als auch beim **Mac Pro** benötigen Sie zusätzlich einen **Computermonitor**. Das macht die Sache nicht nur aufwendiger, sondern verkompliziert unnötig den Erstkontakt mit einem Computer.

Natürlich ändert die Firma Apple von Zeit zu Zeit ihr Angebot. Aber in der Regel halten sich die Modelle über längere Zeit. Das ist ja das Schöne daran: Man hat nicht das Gefühl, schon beim Kauf einen „alten" Computer zu besitzen. Auch der Wiederverkaufswert von Apple-Geräten bleibt anständig hoch.

Die richtige Entscheidung

Das MacBook Pro 13" ist eine gute Entscheidung, da es handlich, aus einem Guss gearbeitet und kompakt ist. Es kann alles, was ein Computer können muss. Zudem kann man es überallhin mitnehmen.

Falls Sie sich für ein fest installiertes Modell entscheiden möchten, würden wir an dieser Stelle einen *iMac* empfehlen. Hier wird keine zusätzliche *Hardware* gebraucht, also kein Monitor, keine Tastatur, keine Maus – alles ist inklusive.

 Hardware, deutsch: **Computerteile**. Vereinfacht gesagt, gehört alles, was angefasst werden kann, zur Hardware. Natürlich auch das, was im Inneren des Computers steckt: **Prozessor, Lüfter, CD-Laufwerk, Kabel, Akkubatterien usw.**

 Andere Namen für **Computer: Rechner, Apple, Gerät, Maschine, PC, Laptop (nur tragbare), Computer-Station (nur feste).**

Kapitel 1 Es geht los: Kauf und Installation

Weitere Entscheidungsfragen

Wenn Sie jetzt beunruhigt sind, weil noch gar nicht zur Sprache gekommen ist, was Sie mit dem Computer alles tun wollen: Alle erwähnten Geräte können das Gleiche. Die Frage nach der erforderlichen *Software* stellt sich erst jetzt.

Software, deutsch: **Computerprogramme**. Im allgemeinen Sprachgebrauch und in der Literatur zu Softwaretechnik wird die Definition eingeschränkt auf **Computerprogramme** und die mit ihnen eng verbundenen **Daten**, die der Computer zum „Leben" benötigt.

Das Betriebssystem von Apple liefert eine Reihe von Programmen mit, die das meiste schon abdecken, was ein Einsteiger können will. Weitere nützliche Programme können über den Mac App Store (siehe „Mac App Store" auf Seite 247) oder im Fachhandel jederzeit erworben werden. Hier wichtige Programme im Überblick:

Zweck:	Programm
Briefe und Texte	TextEdit*, Pages oder Microsoft Word
Fotos verwalten	iPhoto*
E-Mails schreiben	Mail*
Adressen pflegen	Kontakte*
Termine koordinieren	Kalender*, Erinnerungen*
Im Internet surfen	Safari*
Videofilme schneiden	iMovie*
Musikstücke sammeln, anhören, verwalten	iTunes*
Audio-, Videotelefonie	FaceTime*, Skype
Tabellen und Diagramme erstellen	Numbers oder Microsoft Excel
Präsentationen	Keynote oder Microsoft PowerPoint

*Standardprogramme, die bei der Auslieferung bereits installiert sind

Sollten Ihre Ambitionen über diese Liste hinausreichen, können Sie sich beim **Fachhändler** über **spezielle Programme** beraten lassen. Aber bevor Sie das tun, entscheiden Sie sich bitte **zuerst** für Ihre **Hardware.** Sonst kann es passieren, dass Sie durcheinanderkommen. Wie gesagt, alle Apple-Computer können alles. Sollte der Computer aber **spezielle Anforderungen** für Ihr Programm benötigen, so gibt der **Händler** Ihrer Wahl gerne **Auskunft.**

Wenn Sie sich nun ausreichend Gedanken darüber gemacht haben, wie Ihr Computer aussehen soll, was Sie alles damit machen möchten, sollten Sie sich eine Liste anfertigen, mit der Sie zum Händler gehen, um diese im Zweifelsfall vorlegen zu können.

Ihre schriftlich festgehaltenen Ideen und Gedanken bringen Sie im Falle von verwirrenden Situationen im Laden wieder zurück zu Ihren Wünschen.

> **!** **Als Betriebssystem** bezeichnet man die **Basissoftware** am Computer. Hier ist die Dateistruktur aller Daten festgelegt, die Sie am Rechner erstellen. Ebenso sind alle Daten enthalten, die der Computer zum „Leben" benötigt. Natürlich ist die Sache mit dem **Betriebssystem** weit komplexer als hier formuliert. Im Laufe des Buches lernen Sie spielend viele Teile des Systems kennen, ohne sich wirklich groß damit auseinandersetzen zu müssen.

Was ist mit Geräten wie Druckern etc.?

Wir gehen erst in den späteren Kapiteln auf Geräte ein, die Sie an einen Apple anstecken und benutzen können, weil wir der Meinung sind: eins nach dem anderen. Wenn Sie allerdings alles auf einmal kaufen möchten, so blättern Sie zuerst in das Kapitel 7, um sich zu informieren. Des Weiteren hilft Ihnen der Händler vor Ort weiter.

Das iPad – ein Computer?

Viele Menschen fragen sich, ob das iPad bzw. iPad Mini nun als vollständiger Ersatz den Computer ablösen kann. Die Antwort lautet erst einmal: Nein. Das iPad dient hauptsächlich dazu, Informationen aus dem Internet abzurufen, z. B. Tageszeitungen, Bücher, Spiele, E-Mails, Internetseiten und auf eine neue Art und Weise darzustellen.

Ein Ersatz für den Computer kann das iPad im Moment nicht sein, eher eine sinnvolle mobile Ergänzung.

Kapitel 1 Es geht los: Kauf und Installation

Die Entscheidung ist gefallen. Wo geht es hin zum Kauf?

Sie haben sich Gedanken gemacht, haben eine Vorstellung davon, was für ein Gerät Sie haben möchten ,und Sie haben Wünsche an den Computer. So vorbereitet gehen Sie nun zum Fachhändler.

Mittlerweile gibt es nicht nur spezielle Apple-Händler, nein, auch die Discounter wie MediaMarkt und Saturn führen eigene mehr oder minder große Abteilungen mit Apple-Geräten und Zubehör.

Fachgeschäfte in Deutschland, die Apple-Geräte führen	
	Merkmale
Discounter, z. B. Saturn, MediaMarkt	Elektro- und Unterhaltungselektronikmarkt mit kleiner Abteilung für Apple-Produkte.
APR: Apple Premium Reseller	Spezieller Händler für Apple-Computer, führt aber auch umfangreiches Zubehör anderer Hersteller, in vielen größeren Städten.
AppleStore	Vom Hersteller Apple. Führt überwiegend Apple-Produkte, zunehmend in Metropolen, z. B. Hamburg und München.
Gebrauchte Geräte	ebay, Anzeigen, Verwandtschaft.

Inbetriebnahme

Auspacken des Gerätes

Die Verpackung variiert natürlich von Gerät zu Gerät. Das Öffnen eines Apple-Kartons ist ein tolles Erlebnis. Alles ist sauber eingepackt, Kartonschachteln sind in passendem Design gehalten, und die Einzelteile sind separat mit Schutzfolien versehen.

 Entfernen Sie alle Schutzfolien gleich nach dem Kauf, denn mit der Zeit fangen diese Folien an, zu verschmutzen und am Gerät bzw. am Zubehör zu verkleben.

Inbetriebnahme von tragbaren Geräten

Entfernen Sie alle Schutzfolien am Gerät und vom Zubehör (links). Neben dem Computer liegen das Netzkabel sowie eine Kurzanleitung, ein kleiner Netzstecker und ein Reinigungstuch bei (rechts).

Das Netzteil besteht aus drei bzw. vier Teilen: einem langen Netzstecker, der in den Trafo führt, dem Trafo selbst und einem etwas dünneren Kabel, das den Trafo mit dem Computer verbindet. Des Weiteren befindet sich noch ein Netzstecker ohne Kabel als Alternative im Karton. Dieser ist für kurze Wege bis zur Steckdose gedacht oder zum Mitnehmen statt des langen und relativ schweren Stromkabels.

Kapitel 1 Es geht los: Kauf und Installation

Der Zusammenbau des Stromadapters

Wie hätten Sie's denn gern? Lang (links) oder kompakt (rechts)?

Egal, für welchen Stecker Sie sich entscheiden: Führen Sie ihn durch Schieben auf den vorgesehenen Knopf in den Stromanschluss (siehe oben). Dazu braucht man ein wenig Kraft. Wenn Sie alles richtig gemacht haben, müssten Sie einen kompakten Quader in der Hand halten.

Schlau gelöst: Das Netzteil der Laptop-Modelle hat aufklappbare Flügel zum Aufrollen des dünnen Stromkabels.

Sollten Sie die Flügel nicht mehr brauchen, einfach wieder zusammenklappen. Es ist uns zwar noch nie passiert, aber vielleicht könnten diese beim Darauftreten abbrechen.

> **Das ist toll:** Der kleine Stromadapter, der in den Rechner führt, ist **magnetisch**. Das heißt, sollten Sie über das Kabel stolpern, reißen Sie nicht den Computer am Kabel vom Tisch, **sondern der Stecker springt heraus, ohne dass Ihr Laptop Schaden nimmt** (nur bei tragbaren Computern), deswegen heißt er auch MagSafe.

Inbetriebnahme von iMacs

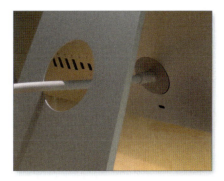

*Beim iMac einfach das Stromkabel durch die Öffnung im Standfuß führen und einstecken.
Alle Anschlüsse befinden sich auf der Rückseite des Monitors.*

Im Lieferumfang eines iMac sind Maus, Tastatur, Stromkabel, ein Putztuch sowie die Kurzanleitungen enthalten.

Die neuen Geräte von Apple werden standardmäßig mit einer drahtlosen Maus und Tastatur ausgeliefert. Sie können jedoch bei manchen Anbietern noch wählen, ob Sie Kabelmaus und -tastatur möchten. Die Tastatur stecken Sie mit dem vorgesehenen Kabel an einer der USB-Buchsen ein. Die Maus verbinden Sie über das USB-Kabel mit der Tastatur. Hier befindet sich die Buchse seitlich an der Tastatur.

 USB: engl., Universal Serial Bus, ist ein gängiges und weit verbreitetes System zum **Anschluss von externen Geräten an einen Computer.** Mit externen Geräten sind nicht nur **Drucker** oder **Kameras** gemeint, auch **Tastatur** und **Maus** zählen dazu.

Der Mac besitzt noch einen weiteren Steckplatz zum Anschluss von externen Geräten mit dem Namen Thunderbolt. Dieser Anschluss ist ein Multitalent und wird u. a. zum Betrieb von Monitoren bei Apple-Laptops verwendet. Er kann aber auch für externe Speichermedien wie Festplatten eingesetzt werden.

Tastatur im Schnellüberblick

Die Laptop-Tastatur funktioniert im Grunde nicht anders als bei fest installierten Geräten. Allerdings hat diese auch eine Maus integriert: das Trackpad. Mit diesem Trackpad kann man – wie mit der Maus – navigieren, klicken, doppelklicken. Auf den beiden nächsten Seiten sehen Sie, wie sich beide Geräte diesbezüglich unterscheiden. Ausführliche Informationen finden Sie in Kapitel 2 auf Seite 84.

Kapitel 1 Es geht los: Kauf und Installation

Bei tragbaren Geräten, wie z. B. hier beim MacBook Pro, finden Sie immer ein Trackpad als Mausersatz vor.

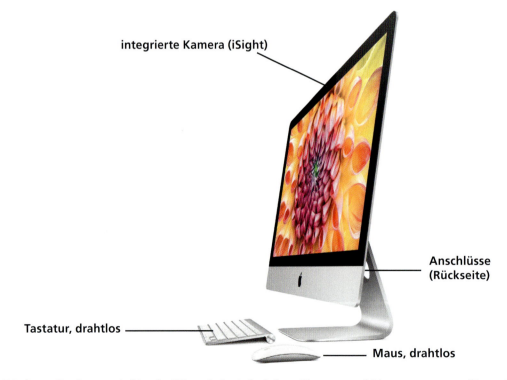

Die festen Stationen, wie hier der iMac, sind mit drahtloser Tastatur und Maus ausgestattet (Fotos: Apple).

Den neuen Computer und dessen Betriebssystem einrichten

Wenn Sie den Rechner das allererste Mal einschalten, dann haben Sie nur noch wenige Handgriffe vor sich, um ihn auf Ihre Bedürfnisse hin zu trimmen. Können Sie noch nicht einschalten, dann lesen Sie bitte zuerst den Anfang des Kapitels 2.

Das Betriebssystem ist bereits vorinstalliert. Wenn Sie also den Computer einschalten, startet sofort das auf dem Rechner installierte Betriebssystem. Wenige Sekunden später begrüßt Sie die Willkommen-Animation.

Sodann beginnt die Arbeit des Einrichtens. In wenigen Schritten haben Sie den Rechner auf Ihre Bedürfnisse hin eingestellt. Nach der Anfangsanimation erscheint ein erstes Fenster mit dem Titel *Willkommen*.

In welchem Land wohnen Sie?

Geben Sie dort an, in welchem Land Sie sich befinden. Über einen Klick auf den Schalter *Fortfahren* kommen Sie in das nächste Fenster, wo Sie im Regelfall die deutsche Tastatur auswählen.

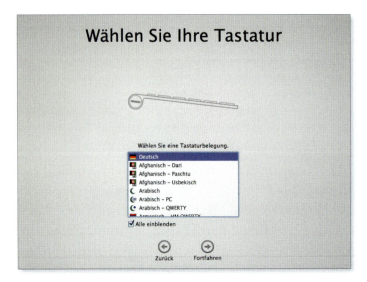

Deutsche Tastatur auswählen.

Über ein erneutes *Fortfahren* kommen Sie weiter. Das nächste Fenster trägt die Überschrift *Drahtloses Netzwerk auswählen*. Sie sehen in der folgenden Abbildung, dass bereits Netzwerke existieren.

Mehrere Netzwerke melden sich.

Es könnte sein, dass Sie sich in einer Wohnung in einem Mehrfamilienhaus befinden, wo bereits solche Netzwerke existieren. Diese sind aber im Regelfall nicht Ihre Netzwerke. Deshalb sollten Sie an dieser Stelle den Begriff *Andere* anklicken.

Kein Netzwerk.

Wählen Sie nun die Eigenschaft *Mein Computer stellt keine Verbindung zum Internet her* aus. Wir werden, nachdem der Rechner erfolgreich eingestellt ist, auch das DSL-Gerät von T-Online installieren, mit dem Sie ins Internet gelangen können. Also an der Stelle noch etwas Geduld.

Mit *Fortfahren* gelangen Sie zum nächsten Bildschirm. Dort werden Sie gefragt, ob Sie eventuell Daten von einem anderen, älteren Mac auf den neuen Rechner übertragen wollen. Da es Ihr erster Mac ist, können Sie diesen Schritt überspringen. Wählen Sie im Fenster die Option *Jetzt keine Informationen übertragen* aus und klicken Sie danach auf *Fortfahren*.

Informationen auf diesen Mac übertragen.

Apple-ID und iCloud

Als Nächstes können Sie die sogenannte *Apple-ID* eintragen. Die Apple-ID ist, wie Sie auch später noch sehen werden, eine sehr wichtige Funktion. Wenn Sie bereits ein iPhone oder ein iPad besitzen, haben Sie wohl schon eine Apple-ID, um in den jeweiligen App Stores nach Apps zu suchen und diese auf Ihr Gerät zu übertragen.

Sie können an dieser Stelle die gleiche Apple-ID eingeben, um am Computer mit den gleichen Zahlmethoden später im iTunes Store, im Mac App Store etc. zu bezahlen. Sie können sich aber auch eine neue Apple-ID für Ihren Rechner besorgen.

OS X arbeitet an vielen Stellen mit einer Apple-ID.

Ich empfehle Ihnen, eine einheitliche **Apple-ID** sowohl für Ihre mobilen iOS-Geräte als auch für Ihre stationären OS-X-Geräte zu verwenden. Weitere Informationen erhalten Sie in Kapitel 3.

Sobald Sie die Servicebedingungen akzeptiert haben, können Sie die *iCloud* konfigurieren lassen. iCloud ist ein Dienst, der die Daten Ihrer verschiedenen Apple-Geräte über die Internetwolke drahtlos aktuell hält. Haben Sie bereits in Ihr iPhone oder iPad Kontaktdaten hinterlegt oder Termine eingetragen, so können diese via iCloud auf Ihren Rechner übernommen werden. Auch an dieser Stelle lautet die Empfehlung, die iCloud jetzt konfigurieren zu lassen.

Via iCloud kann ein gestohlener oder verlorener Mac gefunden oder gesperrt und gelöscht werden.

Im nächsten Schritt bietet Ihnen der iCloud-Dienst den Service *Meinen Mac suchen* an. Ein iPhone oder iPad kann natürlich deutlich einfacher verloren gehen als ein Rechner. Deswegen gibt es die Einstellung *Mein iPhone suchen* bzw. *Mein iPad suchen* auch auf den mobilen Geräten. Aber auch ein tragbarer Mac-Rechner kann ja durchaus einmal vergessen werden, verloren gehen oder anderweitig abhandenkommen. Über die Eigenschaft *Meinen Mac suchen* können Sie, sofern der Finder den Rechner eingeschaltet und mit dem Internet verbunden hat, Ihren Rechner orten und hoffentlich wieder zurückholen.

Den ersten und wichtigsten Benutzer anlegen

Aufgepasst, jetzt wird es wichtig! Der Rechner will einen ersten Benutzer anlegen ❶. Dieser erste Benutzer ist ein sehr weitreichender und mächtiger Anwender. Es ist der sogenannte Administrator. Ein Administrator hat umfangreiche Befugnisse, was die Arbeit am Computer anbelangt. Wir werden später einen weiteren Benutzer anlegen, um nicht stets als Administrator arbeiten zu müssen, denn damit laufen viele Einsteiger Gefahr, versehentlich Daten zu löschen.

> **!** **Der Administrator** ist der oberste Chef in der Hierarchie am Computer. Ein Administrator hat nicht nur die Macht, Dinge einzustellen und zu installieren, **er kann auch sehr einfach und schnell Daten vom Rechner löschen, ohne die der Computer nicht mehr einwandfrei funktioniert.** Es muss aber einen Administrator auf dem Rechner geben, da ansonsten nicht damit gearbeitet werden kann.

Legen Sie also hier einen administrativen Benutzer fest.

 Wir empfehlen Ihnen, bei **Vollständiger Name** und **Accountname** ❷ den Begriff **admin** in **Kleinschreibweise** zu hinterlegen. Denken Sie sich ein Kennwort ❸ aus, das Sie direkt rechts daneben wiederholen.

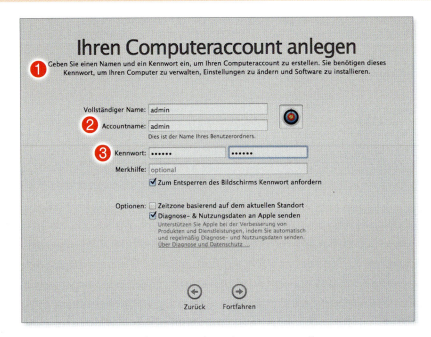

Den Chef-Benutzer, den Administrator, anlegen.

 Damit Sie das **Kennwort nicht vergessen,** sollten Sie sich eine **Merkhilfe** hinterlegen.

 Achtung: Dies ist der wichtige und ernst gemeinte Ratschlag, die Daten des administrativen Benutzers auf einen Zettel zu notieren und diesen gut zu verwahren. Denn immer wenn Sie größere Änderungen am Rechner vornehmen oder vornehmen lassen müssen, **ist hierzu nur ein administrativer Benutzer berechtigt.** Sollten Sie die Zugangsdaten verlieren, kommen größere Schwierigkeiten auf Sie zu, wenn einmal **Probleme mit dem Computer auftauchen.** Meist passiert das ausgerechnet **dann**, wenn man schon eine Weile mit dem Computer gearbeitet hat und nicht mehr weiß, welches Passwort für den „Chef-Benutzer" gewählt wurde. Eine neuere Version eines Programms kann dann z. B. nicht installiert werden.

Account ist, allgemein gesprochen, ein Zugang. Das kann ein Benutzerzugang sein oder ein E-Mail-Zugang. Kurzum, die Eintrittskarte zu Daten, die Ihnen persönlich gehören.

Nachdem der erste Benutzer angelegt ist, können Sie noch Ihre Zeitzone automatisch einstellen lassen. Das kann Ihr System über ein WLAN-Netzwerk aber auch selbst erledigen.

Im nächsten Schritt können Sie noch die Registrierinformationen an Apple senden. Schließlich bedankt sich Apple noch mit einem *Vielen Dank*-Bildschirm.

Die wichtigsten Einstellungen der Installation sind nun gemacht.

Sind alle Daten korrekt eingetragen, klicken Sie erneut auf *Fortfahren*. Damit haben Sie die letzten vorbereitenden Schritte erfolgreich hinter sich gebracht. Der Rechner ist jetzt bereit, mit Ihnen zu arbeiten.

Ihre Computeroberfläche müsste sich nun in etwa so präsentieren, wie Sie es auf dem folgenden Bildschirmfoto sehen können.

Kapitel 1 Es geht los: Kauf und Installation

Der Benutzer ist angelegt.

> ❗ Wie schon erwähnt, sollten Sie jetzt **unbedingt einen weiteren Benutzer anlegen,** der standardmäßig mit diesem Rechner arbeitet, um nicht stets als Administrator zu agieren und versehentlich Dinge zerstören zu können.

Einen neuen Benutzer anlegen, den Standardbenutzer

Hierzu wählen Sie auf der Leiste unten folgendes Symbol aus:

Klicken Sie einmal auf die „Systemeinstellungen" in der unteren Leiste (Dock).

Sogleich erscheint eine Reihe von Symbolen. Wählen Sie dort denjenigen Eintrag aus, der *Benutzer & Gruppen* heißt.

Systemeinstellungen – suchen Sie das Icon namens „Benutzer & Gruppen".

Systemeinstellungen –> Benutzer & Gruppen.

Sie sehen, es sind aktuell zwei Benutzer in der Liste, nämlich der vorhin erstellte administrative Account und ein Gastaccount. Öffnen Sie links unten durch einmaliges Klicken das Schloss und geben Sie Ihre Admin-Kenndaten ein. Jetzt klicken Sie auf das Plussymbol oberhalb des Schlosses, um einen neuen Benutzer zu erzeugen.

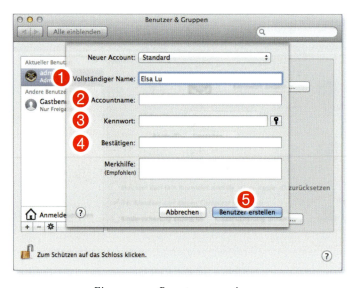

Einen neuen Benutzer generieren.

Geben Sie bei *Vollständiger Name* ❶ am besten Ihren Vor- und Zunamen ein. Bei *Accountname* ❷ können Sie diesen auf einen Teil Ihres Namens, zum Beispiel Ihren Vornamen oder Spitznamen, begrenzen. Vergeben Sie sich selbst ein *Kennwort* ❸, welches Sie bei *Bestätigen* ❹ wiederholen. Auch hier können Sie eine Merkhilfe eintragen. Notieren Sie sich am besten auch diese Zugangsdaten, mit denen Sie ab jetzt an diesem Computer arbeiten werden.

Sind diese Eingaben erledigt, klicken Sie auf *Benutzer erstellen* ❺. Und es wird eine Hinweismeldung erscheinen, die Sie über die automatische Anmeldung informiert. Die automatische Anmeldung ist derzeit aktiv. Wählen Sie dort die Eigenschaft *Automatische Anmeldung ausschalten*.

Automatische Anmeldung abschalten.

Das bedeutet, wenn Sie in Zukunft den Rechner starten, wird ein Anmeldefenster erscheinen, in dem Sie Ihren Namen (Standardaccount) und den des Administrators sehen. In den allermeisten Fällen werden Sie Ihren Namen anklicken, um sich mit Ihrem Kennwort einzuloggen. Im Kapitel *Grundlagen* sprechen wir gleich ausführlich über den Anmeldedialog.

Anmeldedialog nach dem Neustart – Ihr Account und der „admin".

So, damit ist die Installation, also die Ersteinrichtung, erfolgreich vollzogen. Starten Sie den Computer neu, klicken Sie auf Ihren Namen, geben Sie das Kennwort ein, klicken Sie auf *Anmelden* und schon sollten Sie wieder Zugang zu Ihrem Rechner haben, aber jetzt als Standardbenutzer.

 Was Sie gerade gemacht haben, können Sie sich in etwa so vorstellen, wie wenn Sie sich ein Auto gekauft haben, aber mehrere Leute einen Schlüssel für dieses Auto besitzen. Es gibt eine Person, die sich mit diesem Auto noch deutlich besser auskennt als alle anderen. Dieser Benutzer kann das Auto auch reparieren und warten usw. Diese Person ist der **Administrator**, alle anderen Anwender sind **normale Benutzer**, die den Computer verwenden.

Damit ist der Rechner perfekt vorbereitet, um die nächsten Schritte mit Ihnen zu gehen – viel Spaß!

Kapitel 1 Es geht los: Kauf und Installation

Inbetriebnahme einer Bluetooth-Maus

 Bluetooth, deutsch: **Blauzahn**, ist der heutige, oft verwendete **Standard** für **drahtlose Datenübertragung**.

Für Laptop-Modelle eignen sich Bluetooth-Mäuse hervorragend, weil die Anschlüsse für die Maus auf der linken Seite des Gerätes sitzen, das Kabel einer Kabelmaus allerdings zu kurz wäre, um es hinter dem Rechner vorbeizuführen.

 Die neuen festen Computerstationen von Apple werden nun alle mit einer drahtlosen Maus, der sogenannten Magic Mouse, ausgeliefert. Hier müssen Sie sich um die Installation nicht bemühen. Die Geräte sind schon mit dem Computer gekoppelt, wenn Sie alles ausgepackt haben.

Die Bluetooth-Maus wird mit Batterien betrieben, was natürlich zu etwas höheren Betriebskosten führt. Jedoch schaltet die Maus – auch wenn man vergessen hat, sie auszuschalten – automatisch ab. So werden die Batterien geschont.

Die Bluetooth-Maus von Apple:

1. Die Magic Mouse kommt in einer durchsichtigen Verpackung daher.
2. Entfernen Sie die seitlichen Klebestreifen an der Plexiglaskuppel.
3. Entfernen Sie vorsichtig den Klebestreifen, mit dem die Maus am Sockel festgeklebt ist.
4. und 5. Um das Batteriefach zu öffnen, drücken Sie mit dem Daumennagel den Schiebemechanismus nach unten. Blech von oben wieder einklinken.
6. Zum Anschalten der Maus kleinen Schalter mit dem Daumennagel nach oben drücken.

> **!** Wenn Sie die **Installation des Computers** und der **Bluetooth-Maus** beim Händler vor Ort durchführen haben lassen, so können Sie die Maus bereits nach dem Einschalten benützen und die nächsten Seiten überspringen. Wenn Sie die **Installation der Maus selbst durchführen**, so lesen Sie einfach weiter. Wir setzen nun allerdings voraus, dass Sie sich bereits etwas mit der Tastatur vertraut gemacht haben. Lesen Sie hierzu Kapitel 2 ab Seite 52.

Installation der Maus via Bluetooth-Assistent

Wir gehen davon aus, dass Sie sich eine Maus zum Laptop dazugekauft haben. Sie müssen zur Installation das Trackpad am tragbaren Gerät dazu benutzen, den Mauszeiger zu führen und zu klicken (siehe Kapitel 2, Seite 84). Bei festen Stationen wie dem iMac sind die kabellosen Mäuse bereits installiert.

Öffnen Sie die Bluetooth-Einstellungen, indem Sie rechts oben in der Menüleiste (siehe Kapitel 2 Seite 72) das *Bluetooth*-Symbol anklicken und zu dem Begriff *Systemeinstellung „Bluetooth" öffnen* gehen.

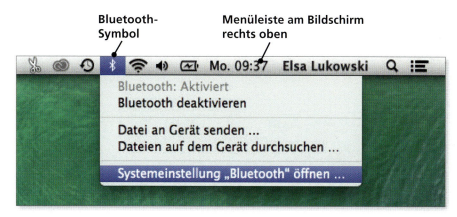

Bluetooth-Einstellungen öffnen.

Kapitel 1 Es geht los: Kauf und Installation

Der Assistent erscheint.

Schalten Sie nun Ihre Maus ein. Sie wird sich nach ein paar Sekunden im Fenster melden. Wählen Sie die Maus in der Liste an und klicken Sie auf *Verbinden*. Nach einigen Sekunden wird die Maus als verbunden angezeigt, und sie ist bedienbar.

Wie Sie sehen, können Sie eine kabellose Maus jederzeit nachrüsten. Sie wird vom Einsteiger meistens als komfortabler empfunden als das Trackpad, ist aber keinesfalls Bedingung. Sie können – ohne jegliche Installation – eine Maus mit Kabel an den USB-Anschluss anstecken.

DSL einrichten

> **!** **DSL = Digital Subscriber Line (engl. für digitaler Teilnehmeranschluss)** bezeichnet eine Reihe von Übertragungsstandards, mit denen Daten mit hohen Übertragungsraten über einfache Kupferleitungen wie die Telefonanschlussleitungen **gesendet** und **empfangen** werden können. An der verlegten Teilnehmeranschlussleitung muss für DSL meist nichts geändert werden, denn die für den Massenmarkt eingesetzten DSL-Verfahren nutzen ein Frequenzband der bereits verlegten Kupferdoppelader des Telefonnetzes. **(Auszug Wikipedia)**

DSL bei der Deutschen Telekom

Wenn Sie bei der Telekom den DSL-Anschluss beantragt haben, dann werden Ihnen frei Haus sowohl ein DSL-Splitter als auch je nach Vertrag ein sogenanntes DSL-Modem, möglicherweise mit Wireless-Funktion, zugesendet.

> **Wireless = Funknetz.** Die Telekommunikationsdaten werden per elektromagnetische Wellen übertragen.

Zurück zu Ersterem: Der DSL-Splitter ist notwendig, um die Telefonate von den Internetdaten zu trennen. Er splittet, sprich trennt, also Daten von Sprache. Das Speedport-Gerät stellt die Verbindung zum Internet her. In diesem Gerät befindet sich Elektronik, die den Datenverkehr zwischen Ihrem Rechner und dem Internet regelt. Dort müssen Ihre Zugangsdaten hinterlegt werden, was wir später tun werden.

Besonders clever ist es, ein Gerät zu verwenden, das nicht nur kabelgebunden, sondern auch drahtlos den Internetzugang ermöglicht. Man spricht dann von einem WLAN-DSL-Modem.

Kapitel 1 Es geht los: Kauf und Installation

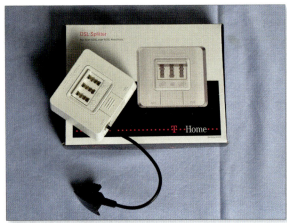

Das DSL-Modem und der Splitter sind im Lieferumfang enthalten (links). Der Splitter für mehrere Anschlüsse (rechts).

Der DSL-Splitter bietet drei Anschlussmöglichkeiten. Das heißt: Sie können neben einem Telefon noch zwei Nebengeräte, z. B. einen Anrufbeantworter oder ein Fax, anschließen. Wie schon erwähnt, regelt der Splitter die Trennung von Daten- und Sprachverkehr.

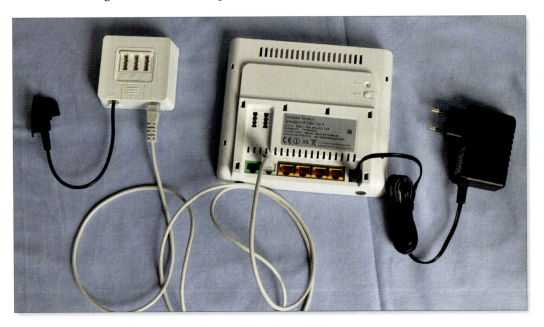

Splitter und Speedport-Rückseite.

Das Speedport-Gerät muss über das graue Kabel eine Verbindung zum Splitter aufbauen. Der Splitter mit seinem kleinen schwarzen Kabel wird ganz normal an Ihre bestehende Telefondose angeschlossen.

Wichtig! Der Splitter muss immer an die **Telefondose** angeschlossen werden, an der sich die Amtsleitung befindet. Die **Amtsleitung ist die erste direkte Telefonleitung im Haus**. Wird der Splitter an Nebenleitungen (z. B. Telefonverteiler im ersten Stock) angeschlossen, funktionieren unter Umständen weder die DSL-Verbindung noch die vor der Verteilerdose angeschlossenen Geräte korrekt.

Vergessen Sie nicht, dass das Speedport-Gerät einen Stromanschluss benötigt. Deswegen sollten Sie schauen, wo Sie diese Geräte positionieren. Der Splitter hingegen trennt nur Daten und benötigt keinen Stromanschluss.

Wenn Sie DSL zu einem bestehenden ISDN-Vertrag hinzugebucht haben, dann ist noch ein weiteres Verbindungskabel notwendig. Mit diesem Kabel leiten Sie das Telefonsignal auch an das Speedport-Gerät weiter, sodass Sie nun Telefone auch am Speedport anschließen können.

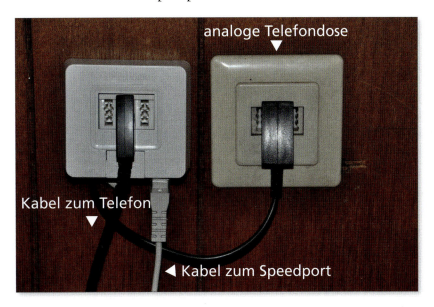

Analoger Anschluss.

 Bitte noch nichts fest anschrauben, denn Sie müssen die Installation zuvor beenden. **Dann erst macht es Sinn, alle Geräte fest anzubringen.**

Sie sehen auf dem Foto, wie der Splitter an eine bestehende analoge Telefonleitung angeschlossen wird. Das kleine schwarze Kabel geht also jetzt in den mittleren Anschluss Ihres bisherigen analogen Telefons, und aus der Unterseite kommt das graue Kabel, das hinüberführt zum Speedport. Das schwarze Kabel in der Mitte im Splitter ist in diesem Fall ein Telefon, das am Splitter angesteckt ist.

Kapitel 1 Es geht los: Kauf und Installation

Versorgen Sie nun Ihr DSL-Modem noch mit Strom und beobachten Sie die kleinen Leuchtanzeigen auf der Oberseite des Gerätes.

Aktivieren des WLAN auf der Rückseite (links). Es funktioniert (rechts).

Es sollte nun das grüne Licht bei *Power/DSL* leuchten. Und falls Sie es auf der Rückseite des Gerätes bereits aktiviert haben, könnte auch das grüne WLAN-Licht leuchten, um Ihnen zu signalisieren, dass Sie die Drahtlosfunktionalität bereits eingeschaltet haben.

 Leuchtet bei **Power/DSL kein grünes Licht**, dann haben Sie **ein Problem**. Vielleicht ist Ihre DSL-Leitung noch nicht freigeschaltet worden oder aber Sie haben beim Zusammenstecken etwas nicht richtig gemacht. **Prüfen Sie noch einmal alle Verbindungen, um das grüne DSL-Licht zu erhalten.** Erst wenn dieses leuchtet, empfangen Sie das Signal, um vom Rechner aus den **Internetzugang** einrichten zu können.

Internet-DSL-Zugang am WLAN-DSL-Router einrichten

 Der **WLAN-DSL-Router** ist ein Gerät, das auch drahtlose Netzwerke bedienen kann. Dieses Wort setzt sich zusammen aus **W** (Abkürzung für Wireless) und **LAN** (Abkürzung für Lokal Area Network), zu Deutsch lokales Netzwerk. Als **Router** bezeichnet man ein Gerät, das mehrere Rechnernetze miteinander verbindet und trennt.

Haben Sie Ihre DSL-Geräte, also den Splitter etc., korrekt angeschlossen, dann können Sie damit beginnen, den Internetzugang auf dem DSL-Modem zu hinterlegen. Dazu benutzen Sie das mitgelieferte gelbe Kabel.

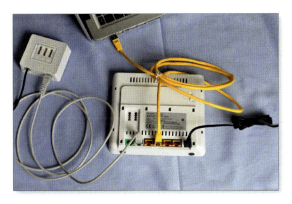 

Stecken Sie das gelbe Kabel in eine der gelben Buchsen (links) und dann an den Ethernetanschluss am Computer (rechts) an.

Stecken Sie, wie auf dem Bild zu sehen, das Kabel in eine der gelben Buchsen auf der Rückseite des Speedport-Gerätes und das andere Ende in den Ethernetanschluss ⟷ an Ihrem Rechner.

Um zu prüfen, ob die Kabelverbindung funktioniert, ob das DSL-Modem und der Splitter das DSL-Signal auch weitergeben, gehen Sie nun an den Apple-Rechner, klicken Sie links oben in der Ecke das Apfel-Symbol an und öffnen Sie damit das sogenannte *Apfel-Menü*. Dort finden Sie den Eintrag *Systemeinstellungen*. Klicken Sie auf diesen. Es erscheint ein Fenster mit weiteren Symbolen.

Systemeinstellungen –> Netzwerk.

Wählen Sie bitte das Symbol *Netzwerk*. Der Fensterinhalt müsste sich ändern, und Sie sehen in der linken Spalte den Begriff *Ethernet*.

Kapitel 1 Es geht los: Kauf und Installation

Systemeinstellungen –> Netzwerk: Der Punkt vor Ethernet muss grün sein.

Wenn alles geklappt hat, befindet sich ein grüner Punkt vor dem Wort *Ethernet*. Damit ist gewährleistet, dass die Kabelverbindung zum DSL-Router funktioniert und dieser wohl eine Verbindung zum Internet aufgebaut hat. Diese muss jetzt noch mit Ihren persönlichen Benutzerdaten aktiviert werden.

Internetzugang einrichten

Schließen Sie über den roten Knopf das Netzwerkfenster, um dann das Programm *Safari* zu starten. Sie finden das *Safari*-Symbol unten am Bildschirmrand in der Leiste mit den vielen bunten Bildchen.

Das Programm „Safari" wird benötigt, um den Router einzustellen.

Klicken Sie das Symbol einmal an und geben Sie dann in der Adressleiste von Safari die IP-Adresse des DSL-Routers ein. Speedport-Geräte der Telekom haben als Standard-IP-Adresse die Nummer 192.168.2.1 (Sie sehen es auch am vorherigen Bildschirmfoto: Die Zahlenkombination ist neben dem Begriff *Router* zu finden).

Die Nummer ist so richtig eingegeben.

Im Regelfall ist diese Nummer auf der Rückseite des Gerätes oder auch in der Bedienungsanleitungen abgedruckt. Nachdem Sie die Adresse eingegeben haben, drücken Sie die ↵ *(Return)*- bzw. ⌤ *(Enter)*-Taste auf der Tastatur (siehe Kapitel 2, Seite 52).

Nur wenige Augenblicke später sollte sich das Speedport-Gerät melden.

Kapitel 1 Es geht los: Kauf und Installation

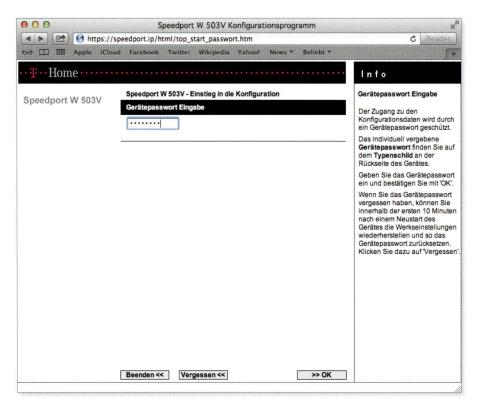

Speedport verlangt nach der Eingabe des Gerätepassworts.

Dieses Gerätepasswort finden Sie wiederum in der Bedienungsanleitung. Im Falle des Speedports befindet sich auf der Geräterückseite ein Aufkleber, der das Passwort Ihres Gerätes aufweist.

Rückseite des Speedport-Gerätes.

Klicken Sie auf >> OK, nachdem Sie das Gerätepasswort korrekt eingegeben haben. Wieder ändert sich der Bildschirm. und Sie kommen nun auf die Startseite mit den verschiedenen Konfigurationsmöglichkeiten.

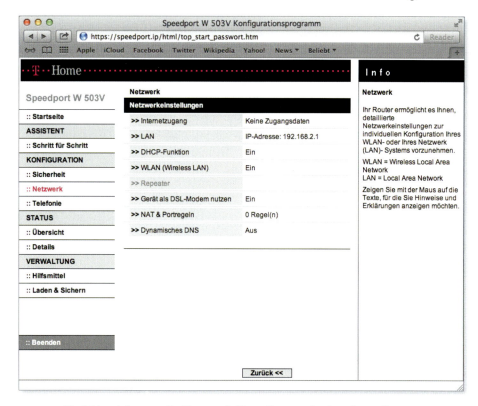

Und hier sieht man die Netzwerk-Einstellungen des Speedport-Gerätes.

Sie sehen, es sind noch keine Internetzugangsdaten hinterlegt. Klicken Sie deshalb auf den Begriff *Internetzugang* und Sie erhalten eine Maske, in die Sie Ihre Zugangsdaten eingeben können.

Von woher stammen diese Zugangsdaten? Nachdem Sie bei der Telekom Ihren DSL-Vertrag abgeschlossen haben, bekamen Sie Post. Und zwar wurde Ihnen ein Brief zugesandt, der Ihre persönlichen Zugangsdaten enthält.

Kapitel 1 Es geht los: Kauf und Installation

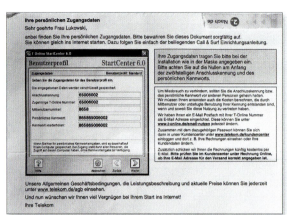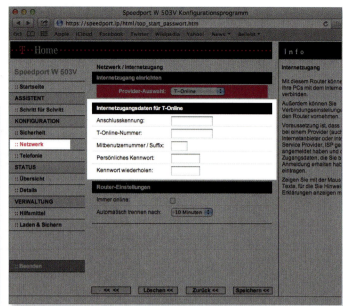

Ihre persönlichen Zugangsdaten kamen per Post (links), und nun müssen die Daten hier eingetragen werden (rechts).

Tippen Sie also die Daten für *Anschlusskennung*, *T-Online-Nummer*, *Mitbenutzernummer/Suffix*, *Persönliches Kennwort* und *Kennwort wiederholen* in die Felder ein. Entscheiden Sie in der Eingabemaske auch, ob Sie immer online bleiben wollen oder ob nach einer bestimmten Zeit eine automatische Trennung erfolgen soll.

 Flatrate = **Dauerkarte. Man kann ein Produkt oder eine Dienstleistung unabhängig von der Abnahmemenge zu einem Pauschalpreis bekommen und damit das** Internet ohne Zeit- und Datenbegrenzung **nutzen**. **Der Begriff setzt sich zusammen aus flat (flach, eben) und rate (Tarif).** Mit einem Flatratetarif sind alle Kosten des Internets und meistens auch die Festnetztelefongebühren inklusive. Hat man keine Flatrate, wird nach Zeit abgerechnet.

Sind alle Daten korrekt eingegeben, klicken Sie auf *Speichern*.

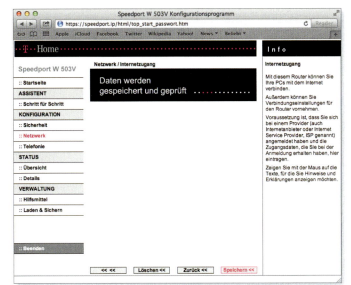
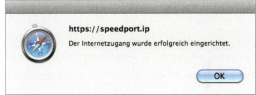

Die Daten werden überprüft und gespeichert (links). Es hat funktioniert (rechts).

Und wie Sie sehen, meldet sich das Gerät und bestätigt Ihnen den erfolgreich konfigurierten Internetzugang. Jetzt können Sie jede beliebige Internetadresse in die Eingabezeile von Safari eintragen, und sofort wird die Internetadresse ausgewertet und der entsprechende Inhalt am Bildschirm angezeigt.

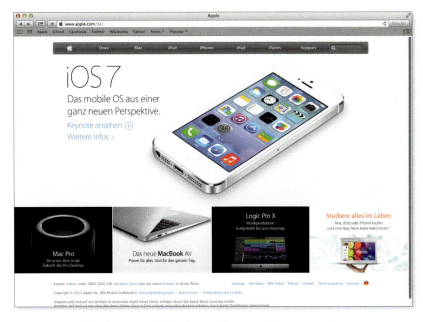

Das Internet ist bereit, von Ihnen erobert zu werden.

Kapitel 1 Es geht los: Kauf und Installation

Drahtlosen Internetzugang aktivieren

Bis jetzt haben Sie die Option geschaffen, per Kabel, also per Ethernet, ins Internet zu gelangen. Aber Sie haben sich ja deswegen einen WLAN-Router geholt, um drahtlos überall in Ihrer Wohnung oder Ihrem Haus ins Internet zu gelangen. Diese Funktion muss noch aktiviert werden.

Im Falle des Speedports finden Sie auf der Rückseite des Gerätes einen kleinen Schalter, an dem Sie die WLAN-Funktion generell aktivieren können. Drücken Sie also auf der Rückseite des Gerätes auf den entsprechenden Knopf, um die WLAN-Funktion grundsätzlich zu aktivieren. Sie sollten aber noch Ihrem drahtlosen Netzwerk einen plausiblen Namen und ein Kennwort vergeben. Hier liefert das Gerät bereits Voreinstellungen mit, und diese gilt es nun mit den eigenen Daten zu überschreiben. Lassen Sie also noch etwa eine Minute das Ethernetkabel angesteckt, damit diese Einstellungen vorgenommen werden können.

Gehen Sie noch einmal in den Safari-Webbrowser und geben Sie dort wiederum die IP-Adresse 192.168.2.1 ein, gefolgt von dem Gerätepasswort. Jetzt kommen Sie auf die Konfigurationsseite.

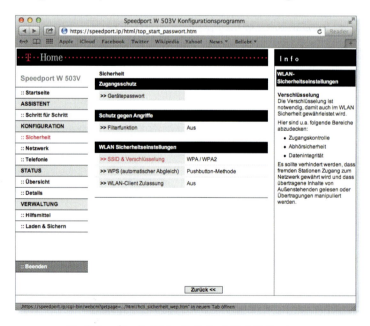

Vordialog für die Sicherheit des WLAN-Routers.

Wählen Sie nun in der linken Spalte bei Konfiguration den Eintrag *Sicherheit* aus. Sie sehen dann an der mittleren Stelle die WLAN-Sicherheitseinstellungen. Klicken Sie dort auf den Begriff *SSID & Verschlüsselung*.

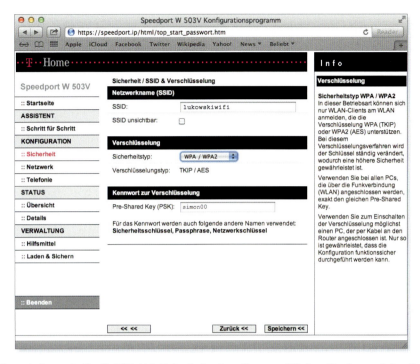

Sie sehen an der mittleren Stelle die WLAN-Sicherheitseinstellungen. Klicken Sie dort auf den Begriff „SSID & Verschlüsselung". Geben Sie hier bei „SSID" und bei „Pre-Shared-Key" die gewünschten Daten ein.

Nun können Sie neben *SSID* einen Namen für Ihr Drahtlosnetzwerk eintragen. Bei *Verschlüsselung* sollten Sie den Sicherheitstyp *WPA/WPA2* belassen, damit keine unberechtigten Personen auf Ihre Kosten im Internet surfen können. Und schlussendlich überlegen Sie sich ein Kennwort zur Verschlüsselung, das Sie bei *Pre-Shared Key (PSK)* eintragen.

 Dieses **Kennwort** müssen Sie nachher am Rechner eingeben, um die **drahtlose** Verbindung zu dem Internetgerät aufbauen zu können.

Haben Sie alle Daten eingetragen, klicken Sie erneut auf *Speichern*. Nun können Sie am Computer das gelbe Ethernetkabel abziehen, denn Ihr Rechner sollte jetzt bereits melden, dass er ein neues drahtloses Netzwerk gefunden hat.

Ihr Computer hat das Drahtlosnetzwerk gefunden.

Und Sie sehen: Es erscheint der Name, den Sie vorher bei *SSID* eingetragen haben. Und Sie erkennen ein Schloss; das bedeutet, dass dieses Netzwerk eines Kennworts bedarf. Geben Sie unten das Kennwort ein, das Sie vorhin auf dem DSL-Speedport-Gerät bei *Pre-Shared Key (PSK)* hinterlegt haben. Wenn Sie zusätzlich die Option *Dieses Netzwerk merken* mit einem Haken versehen, können Sie zukünftig ohne erneute Kennworteingabe dieses Netzwerk verwenden. Das heißt für die Zukunft, Sie starten Ihren Computer und sind sofort mit Ihrem Drahtlosnetzwerk verbunden. Probieren Sie es nachher erneut aus, das heißt, starten Sie das Programm Safari, geben Sie eine beliebige Internetadresse ein und Sie werden sehen: Es funktioniert!

Gut gemacht! Jetzt kann es richtig losgehen.

Kapitel 2

Aller Anfang ist leicht: die Grundlagen

Kapitel 2 Aller Anfang ist leicht: die Grundlagen

Einschalten, Anmelden, Ausschalten

Alles steht für Sie bereit: Internet, Computer, Maus. Aber wie fangen Sie an? Natürlich mit dem Einschalten des Rechners. Dazu drücken Sie den Einschaltknopf. Bei Laptops befindet sich dieser rechts oben, überhalb der Tastatur. Er ist ganz unscheinbar in die Oberfläche eingearbeitet und nur ein klein wenig abgesenkt. Bei iMacs befindet sich der Schalter an der Rückseite des Monitors auf der linken Seite.

Die Auswurftaste und der Ein-/Ausschaltknopf am Laptop ...

... und der Ein-/Ausschaltknopf am iMac auf der Rückseite des Gerätes.

Wenn Sie Ihren **tragbaren Rechner einfach zuklappen**, dann wird dieser nach wenigen Sekunden in den Ruhezustand übergehen. Sie erkennen diesen an der blinkenden Anzeige auf der Vorderseite Ihres tragbaren Mac-Rechners. Sobald Sie ihn wieder aufklappen, wacht Ihr Computer auf, und Sie können die Arbeit dort fortsetzen, wo Sie zuletzt geendet hatten.

Egal, welches Modell Sie besitzen, suchen Sie nach einer **Taste** mit diesem Symbol. Zum **Einschalten** die Taste etwas länger gedrückt halten.

Der Computer beginnt seinen Startvorgang. Wenn alles eingerichtet wurde wie im Buch beschrieben und empfohlen, sehen Sie nun den Anmeldedialog vor sich:

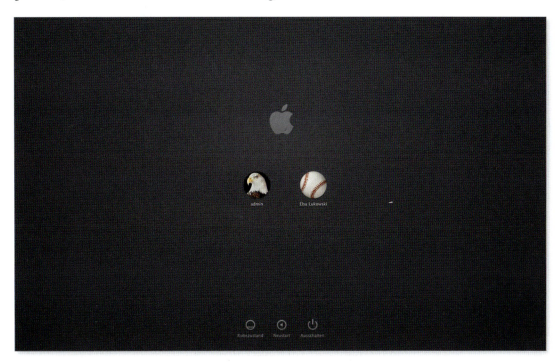

Anmeldedialog – Ihr Name und der „admin".

Klicken Sie auf Ihren persönlichen Namen. Der Bildschirm verändert sich leicht und ein Eingabefeld für Ihr Passwort erscheint. Bitte geben Sie es *GENAU* so ein, wie Sie es eingestellt haben. Groß- und Kleinschreibung sowie Leerräume müssen unbedingt eingehalten werden. Danach drücken Sie die sogenannte *Return-Taste* ↵. Sie befindet sich auf der rechten Seite des Tastaturblocks neben den Buchstaben. Im Abschnitt „Tastatur" finden Sie eine Übersichtskarte über die Tasten.

Kapitel 2 Aller Anfang ist leicht: die Grundlagen

Anmeldedialog – Persönliche Anmeldung.

Die Tastatur

Bevor Sie nun richtig loslegen können, möchten wir Ihnen die grundsätzlichen Begriffe der Tastatur näherbringen.

Alle Tasten, die keine Buchstaben tragen, haben spezielle Namen. Die häufigsten und wichtigsten sollten Sie auf alle Fälle lernen. Erstens weil jeder Computeranwender diese Begriffe kennt, und zweitens, falls Sie einmal ein Problem telefonisch beheben müssen, wissen Sie, was damit gemeint ist, wenn es z. B. heißt: „Drücken Sie die Befehlstaste."

Die Tastaturbegriffe

Mit den Abbildungen auf den Innenseiten des Buchcovers können Sie die gängigsten deutschen Begriffe der Tasten ablesen und lernen. Jedoch werden im Computerzeitalter natürlich häufig englische Begriffe für die Tasten verwendet. Die folgende Tabelle soll Ihnen eine Übersicht geben, wie die Tasten noch genannt werden.

Tastennamen

Deutsche Bezeichnung		Zweitbegriff
Befehlstaste	⌘ cmd	Command, Apfel, Propeller
Alttaste	⌥ alt	Alt, Option
Zeilenschaltung	↵	Return, Enter
Rückwärts-Löschen-Taste	←	Backspace
Umschalttaste	⇧	Shift, Hochstell
Feststelltaste	⇪	Capslock
Pfeiltasten	◀ ▲ ▼ ▶	Cursor, Pfeiltasten
Escape-Taste	esc	Escape

Tastaturkombinationen

Viele Dinge, die Sie mit der Maus bzw. mit Menübefehlen erledigen, können Sie auch mit einer sogenannten Tastaturkombination ausführen. Dazu drücken Sie eine der Kommandotasten (*cmd*, *alt* oder *Shift*), halten diese gedrückt und drücken zusätzlich einen Buchstaben oder eine Zahl.

Im praktischen Beispiel sieht das Kommando dann folgendermaßen aus: Drücken Sie die **cmd-Taste, halten Sie diese gedrückt** und drücken Sie den Buchstaben **P**. Wir kürzen das Ganze ab in: Drücken Sie **cmd + P**. Diese Schreibweise behalten wir ab jetzt im Buch bei. **Deshalb sollten Sie sich das jetzt schon einmal merken.**

Kapitel 2 Aller Anfang ist leicht: die Grundlagen

Die Handhabung der Maus

Wenn Sie sich für einen iMac entschieden haben, so ist eine Magic Mouse im Paket enthalten. Bei Laptop-Modellen können Sie sich eine externe Maus dazukaufen. Sie haben momentan zwei Mäuse von Apple zur Auswahl: die drahtlose Magic Mouse oder die Apple Mouse mit Kabel.

Die Magic Mouse bedienen

 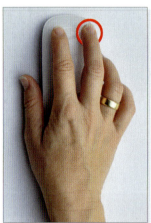  

1. Klicken. 2. Der Rechtsklick. 3. Scrollen horizontal/vertikal. 4. Bilder bzw. Seiten durchblättern.

 Wenn Sie die Magic Mouse **nachträglich** gekauft haben, müssen Sie diese erst installieren (siehe Kapitel 1, Seite 32).

Das Laptop-Trackpad bzw. Magic Trackpad

Beim Laptop-Trackpad bzw. Magic Trackpad verhält es sich ähnlich wie mit der Maus. Hier finden Sie allerdings keine Tasten vor. Mit der folgenden Grafik möchten wir andeuten, wo Sie drücken müssen, damit Sie das gleiche Ergebnis erhalten wie mit einer Maus.

Das Trackpad eines tragbaren Computers.

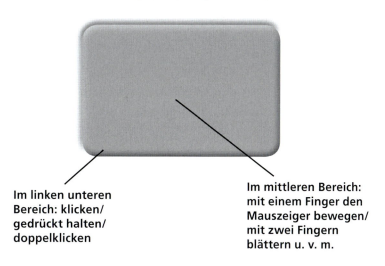

Im linken unteren Bereich: klicken/ gedrückt halten/ doppelklicken

Im mittleren Bereich: mit einem Finger den Mauszeiger bewegen/ mit zwei Fingern blättern u. v. m.

! Da das **Trackpad sehr sensibel** zu bedienen ist und es noch mehr Funktionen enthält als die aufgezeigten, wie z. B. Vergrößern, Objektedrehen etc., würden wir Anfängern tatsächlich **zu einer Maus raten**.

Kapitel 2 Aller Anfang ist leicht: die Grundlagen

Das Magic Trackpad kann für stationäre Rechner, wie z. B. den iMac, verwendet werden.

Apple bietet auch für stationäre Rechner ein Trackpad an, das Magic Trackpad. Damit erhaaten Sie z. B. alle Funktionen eines Trackpads auch beim iMac. Das Magic Trackpad kostet 69 Euro und wird per Bluetooth an den Rechner angeschlossen.

Die weiteren Funktionen des Trackpads werden weiter hinten in diesem Kapitel unter der Überschrift „Systemeinstellungen" auf Seite 84 detailliert beschrieben.

Zeigen mit der Maus

Halten Sie die Maus mit der langen Seite parallel zum Rechner auf dem Mauspad (spezielle Unterlage für Computermäuse) und bewegen Sie sie direkt flach auf dem Mauspad. Zeigen Sie mit dem Mauszeiger in die linke obere Ecke des Bildschirms.

Maushaltung: Die lange Seite der Maus soll immer parallel zum Rechner bzw. zur Tastatur zeigen.

Wenn das Mauspad nicht ausreicht, müssen Sie zu einem Trick greifen: Heben Sie die Maus an – der Mauszeiger bleibt auf dem Bildschirm stehen – und setzen Sie sie an der rechten unteren Ecke des Mauspads wieder ab. So haben Sie wieder den kompletten Platz des Mauspads zur Verfügung, um die Maus an den linken oberen Bildschirmrand zu bewegen.

 Das Zeigen mit der Maus auf dem Bildschirm bedarf einiger Übung, zumal das Mauspad sehr klein ist und Sie sich an die virtuelle Welt gewöhnen müssen. **Sie sollten aber nicht aufgeben.**

 Das Mauspad ist eine **Unterlage für die Maus**. Es gibt sie in allen Farben und Größen sowie in verschiedenen Materialen. Nicht alle Mauspads eignen sich gleich gut für die Lasermaus. Fragen Sie Ihren Fachhändler.

Versuchen Sie die ganze Zeit über, die Maus tatsächlich mit der langen Seite parallel zur kurzen Seite des Rechners zu halten. So ist Ihre Maus immer in der richtigen Position.

Klicken mit der Maus

Die Maus ist vor der Tastatur das wichtigste Werkzeug im Computerleben. Mit ihr wird der gesamte Computer zu dem, was er ist: ein virtueller Arbeitsplatz. Stellen Sie sich einfach vor, die Maus wären Ihre Hände, mit denen Sie schalten und walten. Wie im echten Leben holen Sie sich z. B. einen Stift, eine Schreibmaschine, einen Pinsel oder eine Farbe hervor. Sie holen einen Ordner aus dem Regal, Sie heften fertige Papierdokumente in Ordnern ab und stellen diese zurück ins Regal.

All das passiert hier virtuell. Auch am Computer gibt es Stifte, Schreibmaschinen etc. Dort nennt man diese Arbeitsgeräte Programme. Papierdokumente heißen Dokumente oder Dateien, und Ordner/Register heißen Ordner. Es ist eben nur die Umstellung, nichts mehr richtig „anfassen" zu können. Dazu lernen Sie nun, wie Sie die Maus bedienen.

Die Funktionen im Überblick

1. Zeigen mit der Maus

Schieben Sie die Maus einfach über den Bildschirm an einen beliebigen Punkt. Mit dieser Methode bewegen Sie den Mauszeiger in eine Grundposition, von der aus weiteragiert werden kann.

Kapitel 2 Aller Anfang ist leicht: die Grundlagen

2. Einmal klicken

Wenn Sie einmal klicken, markieren Sie in aller Regel ein Symbol für weitere Aktionen, z. B. Löschen oder Duplizieren einer Datei. Eine Ausnahme bilden das Dock und das Launchpad: Klicken Sie einmal auf ein Programmsymbol im Dock, so startet das zugehörige Programm. Das Symbol hüpft auf und ab, damit zeigt das Programm an, dass es startet.

 Als **Dock** bezeichnet man die **Leiste** am unteren Rand des Bildschirms, sie enthält viele bunte Symbole. **Wir kommen gleich noch darauf zurück.**

3. Doppelklicken

Mit einem Doppelklick – zweimal einen Klick schnell hintereinander ausgeführt – starten oder öffnen Sie Programme oder Dokumente aus Fenstern heraus.

 In Kapitel 6 „Fenster und Ordner" auf Seite 252 erklären wir, was es mit **Fenstern** auf sich hat.

4. Maus drücken, halten und ziehen

Damit verschieben Sie ein Objekt von A nach B. Vorsicht bei Objekten im Dock: Wenn Sie dies bei den Symbolen im Dock ausführen, kann es passieren, dass Sie Programmbildchen aus dem Dock entfernen. Falls das passiert, so bieten wir Ihnen in diesem Kapitel auf Seite 69 unter „Hilfe, das Programmsymbol ist aus dem Dock verschwunden" Erste Hilfe an.

5. Scrollen mit der Maus

Durch Wischen mit einem Finger auf der Maus (Magic Mouse, Trackpad) schieben Sie Seiteninhalte, die nicht komplett angezeigt werden, nach oben bzw. nach unten, links oder rechts. Bei kleinen Bildschirmen ist diese Funktion sinnvoll und notwendig, weil in vielen Fällen nicht die ganze Seite auf einmal dargestellt werden kann.

Praktische Beispiele für die Handhabung der Maus

Wenn Sie präzise auf einen Punkt zeigen können, so müssen Sie als Nächstes üben, mit der Maus zu klicken. Bewegen Sie den Mauszeiger nach unten an das Dock und zeigen Sie mit der Maus auf das Programm *Safari*. Das ist der kleine blaue Kreis mit dem Kompass darin. Wenn Sie darauf zeigen, wird der Name des Programms angezeigt.

Zeigen auf das Symbol „Safari" im Dock.

Klicken Sie nun einmal mit der Maus auf dieses Symbol. Dieses Drücken der Maus darf nicht zu lange dauern, sonst passieren andere Dinge, z. B. werden weitere Optionen des Docksymbols eingeblendet.

*In diesem Fall hat das Klicken zu lange gedauert. Die Optionen werden sichtbar.
Einfach noch einmal schneller klicken.*

Also: Kurzes Drücken der Maus nach unten, sodass ein Klickgeräusch entsteht. Wenn Sie richtig geklickt haben, dann beginnt das Symbol zu hüpfen, und Safari startet. Was passiert weiter? Ein winzig kleiner blauer Punkt unterhalb des Programmsymbols zeigt an, dass das Programm nun arbeitsbereit ist.

Können Sie den kleinen Leuchtpunkt unterhalb des Icons entdecken?

> **Icon** heißt „Bild". Man bezeichnet die **kleinen Symbole** für Programme, Dateien oder Ordner eben auch als Icons.

Gleichzeitig öffnet sich das dazugehörige Programmfenster von Safari. Prägen Sie sich die genannten Begriffe ein, diese brauchen Sie nun immer wieder einmal.

Kapitel 2 Aller Anfang ist leicht: die Grundlagen

Safari ist gestartet.

In Safari Text schreiben

Wenn Sie nun mit einem Klick *Safari* gestartet haben, erscheint ein Fenster, und standardmäßig wird die Apple-Website, also die Produktseite, die die Firma Apple zur Verfügung stellt, angezeigt. Es spielt momentan keine Rolle, was Sie sehen. Wahrscheinlich möchten Sie sowieso auf eine andere Seite wechseln. Oben erkennen Sie eine lange weiße Zeile, in der die Internetadresse von Apple steht. Das ist die Adresszeile.

Ansonsten sehen Sie noch zwei Pfeile links am Rand neben der großen Zeile und die drei Fensterknöpfe darüber in roter, gelber und grüner Farbe. Unter den weißen Feldern steht eine Reihe von Begriffen in kleiner Schrift, z. B. Apple, Yahoo, Wikipedia etc. Das sind sogenannte Links. Wenn man darauf klickt, werden sogleich die dazugehörigen Internetseiten im Fenster angezeigt.

Als **Link** oder **Hyperlink** bezeichnet man **eine Stelle,** auf die der Benutzer klickt, wodurch eine Reaktion ausgelöst wird. In den meisten Fällen öffnet sich ein **neue** Seite im Internet. Manchmal werden auch nur **Teilbereiche der Seite ausgetauscht**. Einen Link erkennen Sie, wenn sich beim Zeigen mit der Maus der Mauszeiger in eine kleine Hand verwandelt.

Markieren einer Zeile

Versuchen Sie nun, durch Drücken, Gedrückthalten und Ziehen mit der Maus die Adresse von Apple zu markieren (also blau zu machen), damit Sie diese Adresse überschreiben können.

Dazu zeigen Sie rechts an eine weiße Stelle in der Adresszeile (also dort, wo kein Text steht), drücken die Maustaste, halten die Maustaste gedrückt und ziehen den Mauszeiger mit der Maus nach links über die Worte *http://...*, bis der ganze Text blau markiert ist.

Die Zeile ist blau markiert und bereit für eine neue Eingabe.

Wenn die ganze Zeile blau markiert ist, tippen Sie einen Text darüber. Das kann nun eine beliebige Internetadresse sein, wie zum Beispiel *www.amac-buch.de* – das ist die Internetseite des Verlages, in dem dieses Buch erschienen ist. Wenn Sie die Eingabe abgeschlossen haben, müsste hinter Ihren Worten die Einfügemarke blinken. Drücken Sie nun die ↵-Taste (*Return*) zur Bestätigung Ihrer Eingabe. Die Seite müsste nun erscheinen.

 Return – auch Zeilenschaltung genannt – kommt vom Maschinenschreiben. Dort ist dies die Taste, mit der man eine Zeile weiterschaltet, aber im Computerwesen hat die ↵-Taste auch andere Funktionen, z. B. **das Bestätigen einer Eingabe in Eingabefeldern.**

Wenn Sie nun die Adresse eingegeben und die ↵-Taste gedrückt haben, müsste die Seite des Verlages nach kurzer Ladezeit erscheinen.

 Je nachdem, wie schnell Ihre Internetverbindung ist, sehen Sie einen blauen Balken in der Eingabezeile, während die Website lädt.

Kapitel 2 Aller Anfang ist leicht: die Grundlagen

Bitte den Ladevorgang der Seite abwarten. Dies kann, je nach Geschwindigkeit Ihrer Internetverbindung, von ein paar Sekunden bis Minuten dauern.

Daran orientieren Sie sich bitte. Warten Sie den Ladevorgang der Website ab, denn wenn Sie vorher ungeduldig werden, könnte es sein, dass Sie die Inhalte der Seite nicht sehen.

> **Einfügemarke, Textmarke** oder **Cursor**: Das ist der kleine senkrechte Strich, der blinkt, sobald Sie mit der Maus in ein Textfeld klicken. Diese blinkende Einfügemarke zeigt die Position an, an die Text eingefügt wird, sobald Sie „in die Tasten hauen".

Die gewünschte Internetseite erscheint, wenn man nach der Eingabe der Internetadresse die ←-Taste drückt.

> **Interessieren Sie sich für gewisse Themenbereiche**, fällt es sicher nicht schwer, interessante Internetadressen herauszufinden. Fällt Ihnen nichts Konkretes ein, so achten Sie in **Zeitung, Fernsehen** und **Radio** auf **Internetadressen**, die angegeben werden. Vielleicht ist ja etwas dabei, das Sie in Zukunft interessieren wird.

Bei der Eingabe der Internetadresse in Safari können Sie getrost das oft genannte *http://* weglassen. In vielen Fällen benötigen Sie noch nicht einmal mehr das vorangestellte *www*. Das erledigt Safari automatisch für Sie. Die Endung, z. B. *.de* oder *.com,* hingegen ist als Eingabe unerlässlich, weil das die jeweiligen

Länder angibt, wo die Seite zu finden ist. Die Apple-Seite beispielsweise gibt es in deutscher Sprache (*www.apple.de*) und in englischer Sprache (*www.apple.com*) oder auch in italienischer Sprache (*www.apple.it*), wobei die Endung nicht unbedingt Aufschluss über die Sprache gibt. Seien Sie also sorgfältig bei der Eingabe der Endung einer Internetseite.

> ! Sollten Sie sich in der Adresszeile **vertippt** haben, dann müssen Sie die Maus hinter den Text in der Adresszeile platzieren, sodass die Einfügemarke hinter dem Text blinkt. **Als Einfügemarke bezeichnet man den blinkenden senkrechten Strich.** Drücken Sie danach so lange die ← **Rückwärts-Löschen-Taste** (auch Backspace-Taste genannt), bis Sie zum Fehler gelangen, und tippen Sie die richtige Textpassage ein.

Positionieren Sie durch Klicken den Cursor am Ende der Zeile und löschen Sie mit der Backspace-Taste bis zu der falschen Stelle den Text heraus.

Das Scrollen mit der Maus

Es kann sein, dass die Internetseite, die Sie aufgerufen haben, nicht vollständig dargestellt werden kann, weil mehr Text und Bilder vorhanden sind, als Platz auf dem Bildschirm ist. Dann muss eine Lösung her. Wenn dies der Fall ist, sehen Sie am rechten Rand einen grauen senkrechten Balken, den Scrollbalken. Diesen können Sie bewegen. Dazu haben Sie mehrere Möglichkeiten.

1. Mit der Maus scrollen

Man zeigt mit dem Mauszeiger auf den grauen Balken an der rechten Seite des Fensters, drückt die Maustaste und hält sie gedrückt, während man den Balken nach unten zieht. Die Seite ist dann zu Ende, wenn der Balken an die untere Seite des Fensters zu stoßen scheint.

> Bei den folgenden Punkten 2. und 3. ist die **Position des** Mauszeigers **wichtig: Dieser muss inmitten des Inhaltes des Fensters ruhen,** sonst funktioniert das Scrollen nicht!

2. Mit der Magic Mouse scrollen

Mit der Magic Mouse „streicheln" Sie mit einem Finger auf der Maus nach oben und unten oder nach links und rechts. Sie können mit der Maus sowohl vertikal als auch horizontal scrollen.

Mit der Magic Mouse „streicheln" Sie den Inhalt der Seite nach oben, unten, links und rechts.

3. Scrollen mit dem Trackpad

Wenn Sie ein Laptop besitzen, dann nehmen Sie zwei Finger Ihrer Hand und streichen – Position des Mauszeigers in der Mitte des Fensterinhaltes – einfach mit beiden Fingern gleichzeitig auf dem Trackpad (der hervorgehobenen Fläche unterhalb Ihrer Tastatur) von oben nach unten oder von unten nach oben. So wird ebenfalls der Inhalt der Seite gescrollt. Die Scrollrichtung kann geändert werden, indem Sie in den *Systemeinstellungen* bei *Maus* bzw. *Trackpad* die Scrollrichtung auf *Natürlich* stellen (siehe Abschnitt „Maus" auf Seite 81).

Mit zwei Fingern streichen Sie nach oben bzw. nach unten. Der Mauszeiger am Bildschirm ruht dabei auf dem Seiteninhalt.

Zurückblättern der Seiten

Wenn Sie die Seite angeschaut und vielleicht einige Links angeklickt haben, sehen Sie oben links unterhalb der drei bunten Kügelchen die beiden Navigationspfeile.

Die Pfeile ermöglichen ein Vor- und Zurückblättern auf einer Internetseite.

> **!** Wiederholung: **Links** befinden sich **interaktive Bereiche** auf der Internetseite, bei denen eine kleine Hand mit Zeigefinger erscheint, sobald man mit der Maus darüberfährt. **Das können Textteile sein oder auch Bilder, die den Betrachter dann auf andere Seiten führen. Es können aber auch nur Teilbereiche einer Seite ausgetauscht werden.**

Klickt man auf das Symbol des Buches (links), so öffnet sich die Detailbeschreibung (rechts).

Der Pfeil nach links ist nun schwarz. Wenn Sie den Inhalt einer vorher besuchten Seite noch einmal betrachten wollen, dann klicken Sie auf den Pfeil nach links, bis Sie wieder zu der Seite gelangen, die Sie interessiert hat. Natürlich können Sie das Ganze auch vorwärts betreiben. Kurzum, sind beide Pfeile schwarz, kann beliebig vor- und zurückgeblättert werden.

Kapitel 2 Aller Anfang ist leicht: die Grundlagen

Eine kleine Einschränkung gibt es bei manchen Seiten, sogenannten „sicheren Seiten". Diese werden aus Sicherheitsgründen zum Zurückblättern gesperrt. Das bedeutet, dass Sie erneut von der ersten Seite aus starten müssen.

 Wenn Sie im Besitz eines mobilen Mac oder eines Magic Trackpads sind, können Sie auch mit zwei Fingern nach links oder rechts wischen, um zwischen den Seiten zu wechseln – genau so, als würden Sie die Seiten eines Buches umblättern.

Programm Safari beenden

1. Safari über das Dock beenden

Haben Sie sich genug im Internet umgesehen und möchten die Sitzung abschließen, dann können Sie das Programm beenden, indem Sie im Dock auf das *Safari*-Symbol zeigen. Sie drücken die Maus, halten die Maustaste gedrückt und wählen dann *Beenden*. Wenn Sie auf den *Beenden*-Begriff gefahren sind, lassen Sie die Maus wieder los.

2. Safari über das Menü beenden

Sie sehen die Menüleiste ganz oben am Bildschirmrand. Links der Apfel, rechts daneben die Menübefehle, beginnend mit *Safari*. Zeigen Sie auf den Begriff *Safari*. Klicken Sie darauf. Es öffnet sich das Menü. Der letzte Punkt in der Liste heißt *Safari beenden*. Fahren Sie mit der Maus auf den Begriff und klicken Sie darauf. Auch so wird Safari beendet.

Beenden von Safari über das Dock (links) oder über das Menü (rechts).

3. Safari mit Tastaturbefehl beenden

Drücken Sie die Tastaturkombination *cmd* und den Buchstaben *Q*, und zwar gleichzeitig. Um nicht durcheinanderzukommen, halten Sie einfach die *cmd*-Taste permanent gedrückt – da kann nichts passieren, Sie lösen keine Aktion aus. Erst wenn der erforderliche Buchstabe für den Befehl dazukommt, wird dieser auch ausgeführt. In diesem Fall ist es *Q* für „Quit", also englisch für „Beenden".

Die Oberfläche des Betriebssystems

Das Dock

Das Dock befindet sich am unteren Teil Ihres Bildschirms. Sie haben daraus ja schon das Programm Safari gestartet. Schauen wir uns das Dock einmal genauer an. Standardmäßig sind im Dock die Programme enthalten, die Apple mit ausliefert.

❶ = *Finder*, ❷ = *Launchpad*, ❸ = *Safari*, ❹ = *Mail*, ❺ = *Kontakte*, ❻ = *Kalender*,
❼ = *Notizen*, ❽ = *Karten*, ❾ = *Nachrichten*, ❿ = *FaceTime*, ⓫ = *Photobooth*, ⓬ = *iTunes*, ⓭ = *iBooks*,
⓮ = *Mac App Store*, ⓯ = *Systemeinstellungen*.
Dann sehen Sie einen kleinen Trennstrich. Danach folgen keine Programme, sondern Ordner, und zwar:
⓰ = *Downloads und zuletzt noch der* ⓱ = *Papierkorb*.

> ! Verstehen Sie das Dock als **Schaltzentrale** Ihrer **Programme**. Hier wird **gestartet, beendet, unterbrochen, geöffnet und es werden neue Fenster erstellt**.

> ! **Zur Erinnerung:** Ein gestartetes Programm erkennt man daran, dass unterhalb des Programmsymbols ein kleiner blauer Punkt leuchtet. Sie sehen z. B., dass der **Finder** immer gestartet ist, denn das ist das Betriebssystem, das natürlicherweise immer geöffnet sein muss. **Sonst könnten Sie weder den Schreibtisch noch anderes sehen und bedienen.**

Kapitel 2 Aller Anfang ist leicht: die Grundlagen

Starten Sie Safari, wie Sie es gewöhnt sind, über das Dock. Starten Sie dann das Programm *Kontakte*. Dann können Sie noch *Kalender* und die *Systemeinstellungen* starten.

Sie sehen nun ein „Fensterchaos" vor sich. Aber keine Angst, alles hat seine Ordnung. Links oben am Bildschirm werden Sie, wenn Sie die Programme in der vorgeschlagenen Reihenfolge geöffnet haben, den Begriff *Systemeinstellungen* sehen.

> **Links oben in der Bildschirmecke** zeigt der Begriff gleich neben dem Apfel in der Menüleiste **das im Vordergrund liegende aktive Programm** an. Daran können Sie sich in Zukunft orientieren, denn in weiteren Schritten kann es vorkommen, **dass das Programm zwar geöffnet, aber kein dazugehöriges Fenster zu sehen ist.**

Vier Programme sind nun gleichzeitig geöffnet.

> Gehen Sie nun zurück zum Dock und klicken Sie erneut die **Kontakte** an. Die Kontakte werden in den **Vordergrund** treten und auch **links oben,** gleich **rechts neben dem Apfel,** wird der Name **Kontakte** erscheinen. Zeigen Sie nun im Dock auf das **Safari**-Symbol und klicken Sie Safari an, erscheint links oben der Begriff **Safari**. Die anderen Fenster rücken in den Hintergrund. Und schon haben Sie wieder etwas gelernt, nämlich den **Wechsel zwischen verschiedenen geöffneten Programmen.**

Beenden Sie nun die Programme, indem Sie eine der vorher gelernten Methoden anwenden: *cmd + Q* oder über das Symbol im Dock auf *Beenden* klicken oder über das Menü *Ablage –> Beenden*. Und so beenden Sie bitte alle geöffneten Programme nacheinander, sodass im Dock nichts mehr aufleuchtet (außer dem Finder natürlich).

Hilfe, das Programmsymbol ist aus dem Dock verschwunden!

Es kann passieren, dass Sie durch unachtsames oder ungeübtes Klicken mit der Maus ein Programmicon aus dem Dock verlieren, indem es einfach verpufft. Mit einer Rauchwolke entfernt es sich aus dem Dock ,und zu allem Schrecken ertönt auch noch ein Geräusch, „Pfuff". Da ist guter Rat teuer.

Erste Hilfe:

1. Öffnen Sie *Launchpad*, indem Sie im Dock auf das Symbol mit der Rakete klicken. Alternativ dazu können Sie auch die Tastenkombination *fn + F4* bzw. nur *F4* drücken, je nachdem, wie Ihre Tastatur eingestellt ist (siehe Seite 80).

„Launchpad" ist eine Funktion, die speziell für das Starten und die Suche von Programmen konzipiert ist.

2. In *Launchpad* werden nun alle Programme aufgelistet, die auf Ihrem Rechner installiert sind. Falls Sie Safari bereits gefunden haben, klicken Sie es an, ansonsten geben Sie in das Suchfeld am oberen Bildschirmrand den Begriff *Safari* ein.

Kapitel 2 Aller Anfang ist leicht: die Grundlagen

„Launchpad" zeigt alle installierten Programme an und enthält auch eine Suchfunktion.

3. Launchpad sucht nun nach dem Namen des Programms und wird in aller Regel das Programm anzeigen.

„Launchpad" hat das Programm „Safari" auf der Festplatte geortet.

4. Wenn Sie das gesuchte Programm vorfinden, dann klicken Sie auf das Symbol, damit das Programm gestartet und im Dock nun angezeigt wird.
5. Damit ist das fehlende Programmsymbol aber noch nicht permanent im Dock verankert. Dazu müssen Sie ca. 1,5 Sekunden auf das Icon im Dock klicken, zu *Optionen* gehen und dann *Im Dock behalten* wählen.

> Tun Sie das nicht, so wird **beim Beenden des Programms Safari** das Programmicon **wieder aus dem Dock verschwinden**.

Ein verlorenes Icon wieder im Dock verankern.

> Im nächsten Abschnitt wird erklärt, was **Menüs** und **Menüpunkte** alles beinhalten können. Aber wann spricht man von einem **Menü** und wann von einem **Menüpunkt?** Die **Menüleiste** als Teil des Schreibtisches am Computer ist die Sammelstation für **Menüs**. Es wird von einem **Menü** gesprochen, wenn es als **übergeordneter Begriff** verwendet wird, wie z. B. **Menü Ablage**. Ein **Menüpunkt** ist ein **Unterpunkt** des übergeordneten Begriffs. Man kann ein **Menü aufklappen** und sieht darin die enthaltenen **Menüpunkte**.

Der Schreibtisch

Wenn Sie den Monitor vor sich sehen, so nennt man das Große und Ganze den Schreibtisch. Der Schreibtisch besteht im Prinzip aus drei Elementen:
- oben die Menüleiste,
- die große Fläche bezeichnet man als Schreibtisch,
- unten befindet sich das Dock.

Kapitel 2 Aller Anfang ist leicht: die Grundlagen

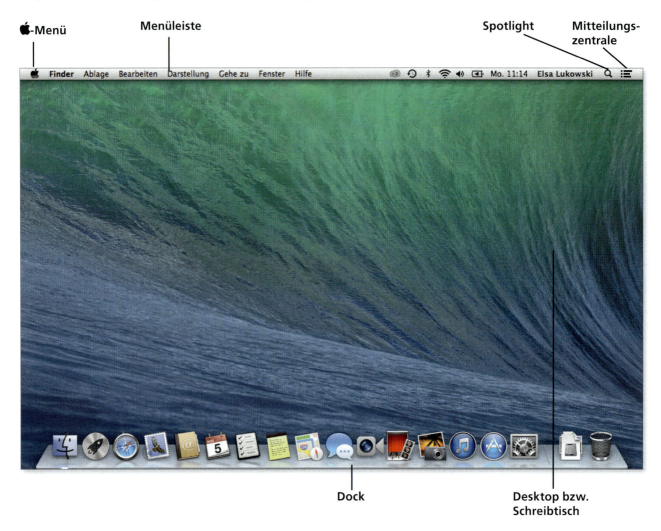

Die Menüleiste

Als Menüleiste bezeichnet man die obere helle Leiste, in der Sie, je nach geöffnetem Programm, dazu passende Begriffe finden. Stellen Sie sich einfach vor, Sie hätten virtuelle Hände. Mit den Menüs können Sie schalten und walten.

Das Apfel-Menü

Wenn man die Menüleiste genauer betrachtet, finden sich folgende Begriffe darin: Ganz links oben sehen Sie den Apfel. Das ist das *Apfel-Menü*. Hinter diesem Apfel verbergen sich Einstellungen des Computers, wie zum Beispiel die *Systemeinstellungen*, der *Ruhezustand*, Notausgänge für abgestürzte Programme *(Sofort beenden).* Des Weiteren erhalten Sie Menüs, die Auskunft über den Computer geben, wie zum Beispiel die Version des Betriebssystems *(Über diesen Mac).*

Der Menüpunkt „Über diesen Mac" aus dem Apfel-Menü gibt Aufschluss über die Betriebssystemversion ❶ sowie über die Größe des eingebauten Arbeitsspeichers ❷.

Menüpunkt Finder

Wenn keine Programme geöffnet sind oder das Betriebssystem, also der Finder, im Vordergrund ist, sehen Sie den Menüpunkt *Finder* gleich rechts neben dem Apfel. Wenn man das Menü *Finder* aufklappt, findet man dementsprechend Begriffe zum Thema Betriebssystem, zum Beispiel *Papierkorb entleeren,* oder andere nützliche Dinge wie *Fenster ausblenden.*

 Menüs klappt man auf, indem man mit der **Maus auf den entsprechenden Menüpunkt klickt**. Es öffnet sich ein **Untermenü** mit weiteren Optionen.

Wie bereits vorher erklärt: Der Begriff *Finder* steht nicht immer rechts neben dem *Apfel-Menü,* hier hat stets das aktuell geöffnete und in den Vordergrund getretene Programm Vorrang.

 Zur Erinnerung: Wenn Sie die Programme **Safari** und **Kontakte** gleichzeitig gestartet haben und in **Kontakte** arbeiten, so wird der Begriff **Kontakte rechts neben dem Apfel-Menü** angezeigt.

Kapitel 2 Aller Anfang ist leicht: die Grundlagen

Die weiteren Menüpunkte

Zusätzlich erscheinen in der Menüleiste die zum Programm gehörigen weiteren Menüpunkte. Meistens folgen nach dem Programmnamen die Punkte *Ablage* und *Bearbeiten,* gefolgt von zumeist in den Programmen unterschiedlichen Punkten, wie z. B. *Darstellung, Gehe zu, Fenster* oder *Hilfe*. Alle Menüpunkte haben Untermenüs zur Auswahl.

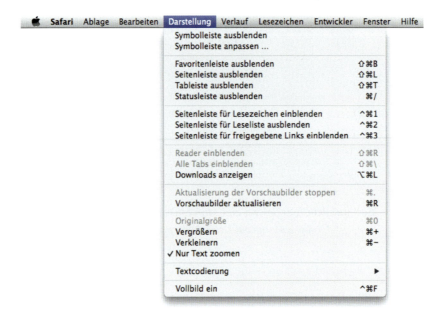

Das Untermenü des Menüs „Darstellung" im Programm Safari.

Der Schnellzugriff auf häufig benötigte Einstellungen

Im rechten Abschnitt der Menüleiste befinden sich weitere Icons und Begriffe: das *TimeMachine*-Icon für die Einstellungen zur Erstellung von Sicherungskopien, das *Bluetooth*-Symbol für drahtloses Zubehör wie Maus und Tastatur, gefolgt vom *WLAN*-Symbol, der Anzeige für drahtlose Internetverbindungen. Der *Lautstärkeregler* kann dazu benützt werden, die Computerlautsprecher zu regulieren. Wenn Sie auf die *Uhrzeit* klicken, sehen Sie das aktuelle Datum und die Optionen für die Uhr. Falls alles so eingerichtet ist, wie im Buch angegeben, steht auch noch Ihr Benutzername in der Menüleiste.

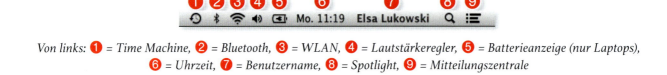

Von links: ❶ = *Time Machine,* ❷ = *Bluetooth,* ❸ = *WLAN,* ❹ = *Lautstärkeregler,* ❺ = *Batterieanzeige (nur Laptops),* ❻ = *Uhrzeit,* ❼ = *Benutzername,* ❽ = *Spotlight,* ❾ = *Mitteilungszentrale*

Die Fenstertechnik

Ein Fenster erkennt man an den drei Knöpfen.

Als Fenster bezeichnet man alles, was drei Knöpfe an der linken oberen Ecke aufweist. Sehen wir uns ein Beispiel am Programm *Safari* an. Starten Sie nun *Safari*, öffnet sich also ein Fenster: das Programmfenster. Das Programmfenster hat links oben in der Ecke eben diese drei farbigen Knöpfe: einen roten, einen gelben und einen grünen Knopf.

! Die **Farbe der Knöpfe** kann man später auch **verändern,** und zwar in den **Systemeinstellungen –> Erscheinungsbild.**

Roter Knopf: Schließen eines Fensters. Klicken Sie also auf den roten Knopf, so verschwindet das Fenster. Möchten Sie es wieder hervorrufen, so klicken Sie erneut auf das *Safari*-Icon im Dock. Ein neues Fenster wird geöffnet.

! **Das Programm selbst bleibt in den meisten Fällen auch bei geschlossenen Fenstern weiterhin geöffnet.** Das Schließen eines Fensters bedeutet nicht immer, dass das Programm dabei beendet wird. **Achten Sie, wie mehrfach erwähnt, auf den kleinen leuchtenden Punkt unterhalb des Programmicons im Dock.** Leuchtet dieser noch, muss das Programm **extra beendet** werden.

! Stellen Sie sich das ungefähr vor wie im echten Leben: Um etwas zu schreiben, holen Sie die Schreibmaschine aus dem Schrank **(Programmstart)**. Jetzt spannen Sie ein Blatt Papier ein **(Fenster)**. Wenn Sie fertig geschrieben haben, holen Sie das Blatt aus der Schreibmaschine **(Fenster schließen)**. Die Maschine bleibt weiterhin auf dem Schreibtisch stehen. Sie müssen sie wieder im Schrank verräumen **(Programm beenden)**.

Gelber Knopf: Wenn Sie nun erneut ein Fenster aufgerufen haben, probieren Sie den mittleren Knopf aus, den gelben. Der gelbe Knopf ist für das Minimieren des Fensters zuständig. Wenn Sie den drücken, sollten Sie gut hinsehen und aufpassen: Das Fenster verschwindet nach unten ins Dock, und zwar auf die rechte Seite. Um es wieder hervorzuholen, müssen Sie auf das Dock zeigen und das entsprechende minimierte Fenster anklicken. So wird das Fenster wieder auf den Schreibtisch platziert. Das Minimieren dient dazu, den Bildschirm frei zu machen oder andere Fenster, die im Hintergrund liegen, zu betrachten, ohne das aktuelle Fenster zu verwerfen. Das hat den Vorteil, dass Sie es wieder im Zugriff haben, wenn Sie es brauchen.

Ein minimiertes „Safari"-Fenster im Dock.

 Grüner Knopf: Optimiert bzw. maximiert das entsprechende Fenster. Es könnte sein, dass in *Safari* der Effekt dieses Knopfes nicht so gut zu sehen ist. Bei anderen Programmen, z. B. in TextEdit oder im Finder, werden Sie eher wahrnehmen können, wie sich das Fenster in der Größe verändert.

Manuelle Größenänderung eines Fensters

Wenn Sie das Fenster manuell größer machen möchten, so zeigen Sie auf den Rand des Fensters. Der Mauscursor ändert sich in einen horizontalen ↔ bzw. vertikalen ↕ Doppelpfeil. Wenn Sie nun die Maustaste drücken und ziehen, wird die Fenstergröße geändert. Je nachdem, an welcher Seite des Fensters Sie ziehen, ändert sich die Breite oder die Höhe.

Um die Breite und Höhe gleichzeitg zu ändern, müssen Sie mit der Maus auf eine der Fensterecken zeigen. Der Mauscursor wechselt zu einem diagonalen Doppelpfeil ↘. Wenn Sie nun die Maustaste drücken und ziehen, werden gleichzeitig die Breite und die Höhe verändert.

Safari und einige andere Apple-Programme bieten noch den *Vollbildmodus*, der sich rechts oben im Fenster befindet und mit einem diagonalen Doppelpfeil dargestellt wird. Damit kann das Fenster auf Bildschirmgröße gebracht werden. Im Vollbildmodus werden auch alle Menüs oder sonstige störende Elemente ausgeblendet und man sieht nur den Inhalt des Fensters. Dadurch wird z. B. das Betrachten bzw. Lesen von Internetseiten angenehmer, da man nicht durch den Schreibtisch abgelenkt ist. Der Vollbildmodus kann jederzeit durch Drücken der *esc-Taste* wieder beendet werden.

Wenn Sie genug gezogen und geübt haben, können Sie das Programm beenden. Wählen Sie die Methode, die Sie bereits kennen: Klicken Sie auf das Icon im Dock und wählen Sie den Menüpunkt *Beenden*.

 Oder: Drücken Sie den Kurzbefehl **cmd + Q** zum Beenden des Programms.

Systemeinstellungen – alles, was das Leben am Mac noch schöner macht!

Das *Apfel-Menü* beherbergt unter den bereits kurz angesprochenen Menüpunkten die *Systemeinstellungen*. Die Systemeinstellungen dienen dazu, sich den Macintosh so einzustellen, dass Sie sich als individueller Benutzer damit wohlfühlen.

Die „Systemeinstellungen" eines Macs.

Wenn Sie die Systemeinstellungen öffnen, sehen Sie jede Menge Icons. Manche sind im Moment noch nicht so interessant. Wir schauen uns die wichtigsten einmal im Einzelnen an.

Schreibtisch & Bildschirmschoner

In der ersten Zeile finden Sie als ersten interessanten Punkt die Einstellung für *Schreibtisch & Bildschirmschoner*. Bei *Schreibtisch & Bildschirmschoner* stellen Sie sich einen neuen Schreibtischhintergrund ein oder aktivieren den Bildschirmschoner.

Schreibtisch

Im Moment zeigt Ihr Schreibtisch das Standardbild. Sie können jetzt entweder vorgegebene Bilder auswählen oder Ihre eigenen Bilder (im Kapitel über das Programm *iPhoto* lernen Sie, wie Sie eigene Fotos auf den Rechner laden) als Schreibtischhintergrund verwenden.

Kapitel 2 Aller Anfang ist leicht: die Grundlagen

Wählen Sie aus vielen Motiven einen neuen Hintergrund für Ihren Schreibtisch aus.

Wenn Sie nun auf den Menüpunkt *Schreibtisch* innerhalb des Fensters klicken, sehen Sie in der linken Spalte eine Auswahl an Ordnersymbolen.

 Ordner auf dem Computer sind wie Ordner im echten Leben. Sie dienen dazu, mehrere Dateien zu sortieren. In Kapitel 6 sprechen wir ausführlich über Ordner und deren Funktion.

Wählen Sie aus der Fülle einen Hintergrund, der Ihnen gefällt, aus. Durch Klicken auf den Ordner und Auswählen des jeweiligen Bildes (wird auch durch Klicken ausgeführt) verändert sich Ihr Schreibtischhintergrund sofort und zeigt das gewählte Bild.

 Wählen Sie ab und an ein **anderes Foto** aus. Das bringt Abwechslung auf Ihrem Computerschreibtisch.

Bildschirmschoner

Bei der zweiten Kategorie *Bildschirmschoner* wird eingestellt, wie Ihr Bildschirm aussehen soll, wenn Sie längere Zeit nicht am Computer sitzen, dieser aber dennoch eingeschaltet bleiben soll. Mit der Zeit nimmt der Bildschirm Schaden, wenn zu lange das gleiche Bild angezeigt wird. Das Bild „brennt" sich ein. Um dem vorzubeugen, steht neben dem Spaß also auch ein sinnvoller Nutzen hinter dem Bildschirmschoner.

Bildschirmschoner-Einstellungen.

Und auch in diesem Feld sehen Sie in der linken Spalte eine Reihe von angebotenen Bildschirmschonern und Sie sollten sich einfach durch Klicken ein Bild davon machen, wie der Schoner aussehen wird – auf der rechten Seite wird Ihnen sofort eine kleine Vorschau angezeigt.

Eine große Vorschau erhalten Sie, wenn Sie mit der Maus im rechten Feld auf den Bildschirmschoner zeigen. Dadurch wird die Schaltfläche *Vorschau* eingeblendet. Wenn Sie diese nun anklicken, läuft eine Vorschau bildschirmfüllend ab. Sobald Sie mit der Maus rütteln, verschwindet der Bildschirmschoner wieder, und Sie kommen zurück zu den *Systemeinstellungen*.

Mit der Funktion *Starten nach* links unten können Sie bestimmen, nach wie vielen Minuten der Bildschirmschoner in Kraft gesetzt werden soll. Gehen Sie nun auf *Alle einblenden* links oben, damit wir noch weitere Systemeinstellungen beleuchten können.

Energie sparen

Die Systemeinstellung *Energie sparen* kann man nur bedienen, wenn man die Administratorkennung eingibt. Momentan ist alles noch grau, man kann nichts einstellen. Diese Systemeinstellung ist also dem Administrator vorbehalten, Sie erinnern sich, das ist der Benutzer, der alles darf. Sperren Sie zunächst das Schloss auf 🔒, das sich in der linken unteren Ecke befindet, indem Sie darauf klicken. Dann möchte der Computer die Administratorabfrage beantwortet haben. Sie haben, wenn Ihr Computer nach unseren Richtlinien installiert worden ist, einen Benutzernamen und ein Kennwort namens *admin*.

Kapitel 2 Aller Anfang ist leicht: die Grundlagen

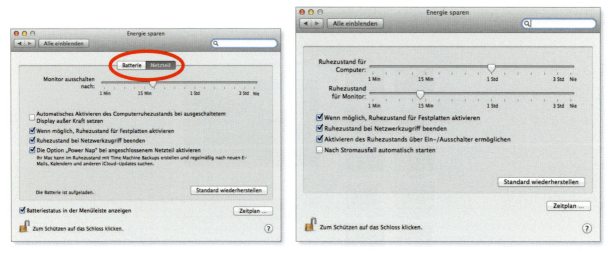

Links die Systemeinstellung „Energie sparen" für Laptops und rechts für stationäre Rechner wie z. B. einen iMac.

Bei tragbaren Geräten müssen Sie die Eingaben getrennt für Batterie und Netzteil vornehmen. Wenn Ihr Computer am Netzteil angeschlossen ist, kann die Zeit für den eintretenden Ruhezustand ruhig verlängert werden, hingegen sollte im Batteriebetrieb der Akku geschont werden, um längere Laufzeiten des Gerätes zu ermöglichen.

Jetzt bestimmen Sie, ab wann der Computer bzw. der Monitor in den Ruhezustand gleitet. Lesen Sie alles aufmerksam durch und entscheiden Sie selbst, wie der Computer reagieren soll.

Wenn Sie die Einstellungen abgeschlossen haben, gehen Sie bitte wieder zurück auf *Alle einblenden*.

Tastatur

Suchen Sie sich des Weiteren den Begriff *Tastatur* aus den Systemeinstellungen aus. Hier können Sie die Einstellungen für die Tastatur vornehmen. Sollten Sie irgendwelche Probleme beim Anschlag der Tastatur haben, so können Sie hier festlegen, dass die Wiederholrate sich verzögert. Also wenn Sie dazu neigen, etwas länger auf der Taste zu bleiben, so werden Sie nicht gleich zehn Buchstaben statt einem bekommen. Auch die Ansprechverzögerung der Taste selbst können Sie bestimmen.

> **!** **Ansprechverzögerung:** Wenn Sie eine Taste durchdrücken, so spricht die Taste bei kurzer Ansprechverzögerung sofort und bei langer Ansprechverzögerung nach einer **kurzen Weile** an. **Die längere Ansprechverzögerung hat folgenden Vorteil:** Wenn man länger auf der Taste bleibt, „sprudeln" nicht gleich die Buchstaben heraus. Gerade als Anfänger kommt Ihnen eine etwas längere Ansprechverzögerung zugute.

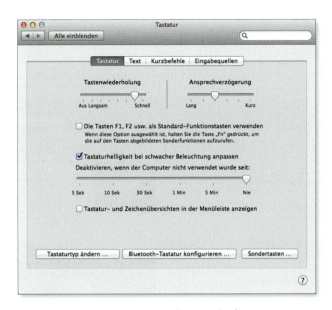

Passen Sie die Tastatur Ihren Bedürfnissen an.

 Bei **tragbaren Computern** befindet sich noch eine Einstellung für die Tastaturbeleuchtung in der Mitte des Fensters: **Tastatur bei schlechten Lichtverhältnissen beleuchten**.

Maus (Magic Mouse)

Jetzt wird es spannend: Wenn Sie eine Bluetooth-Maus an Ihrem tragbaren Rechner angeschlossen haben oder eine fest installierte an Ihrem iMac, so ist es jetzt an der Zeit, diese Maus zu konfigurieren. Sie erhalten in den *Systemeinstellungen –> Maus* verschiedene Menüs, aus denen Sie die gewünschten Einstellungen auswählen können. Die Systemeinstellung ist in zwei Bereiche aufgeteilt: *Zeigen und Klicken* und *Weitere Gesten*, die im oberen Bereich des Fensters angesteuert werden können.

Zeigen und Klicken

Zuerst wollen wir die Kategorie *Zeigen und Klicken* etwas näher beleuchten. Sie enthält die Einstellungen für die Maus, die für das Klicken und Scrollen (das Verschieben eines Fensterinhalts) zuständig sind.

Scrollrichtung: Natürlich
Mit dieser Option können Sie festlegen, wie ein Fensterinhalt verschoben wird, wenn Sie die Scrollfunktion der Maus verwenden. Gescrollt wird mit der Maus, wenn Sie mit einem Finger vertikal über die Maus streichen. Wenn die Option aktiviert ist, dann „hängt" der Fensterinhalt quasi an Ihrem Finger und Sie

können ihn mit einem Fingerstreich nach oben auch im Fenster nach oben verschieben, wie bei einem iPhone oder iPad. Stellen Sie sich vor, Sie haben ein Blatt Papier vor sich liegen und nehmen das Blatt mit einem Finger und verschieben es. So funktioniert die Option *Scrollrichtung: Natürlich*.

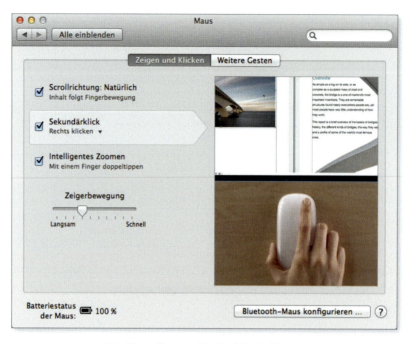

Die Einstellungen für die Magic Mouse.

Sekundärklick

Wählen Sie bei *Sekundärklick* unter folgenden Optionen aus: *Rechts klicken, Links klicken.* Damit stellen Sie von Rechtshänder- auf Linkshändermaus um. Der Sekundärklick bedeutet für Sie: Wenn Sie die Maus in Zukunft rechts oben (links oben) drücken, werden Sie nicht mehr wie gewohnt einen Klick oder Doppelklick ausführen, sondern das sogenannte Kontextmenü aufrufen.

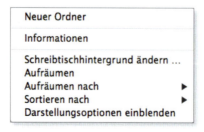

Das Kontextmenü für den Schreibtisch.

Im **Kontextmenü** befinden sich wichtige Befehle, die davon abhängen, an welcher Stelle man klickt. Diese Einstellung setzt aber voraus, dass Sie schon **recht sicher mit der Maus umgehen können**. Sollten Sie sich noch nicht so sicher fühlen, schalten Sie diese Funktion aus. So wird ein Doppelklick oder ein Klick sicher ausgeführt.

Intelligentes Zoomen

Mit dieser Option können Sie in einigen Programmen, wie z. B. Safari, den Fensterinhalt mit einem Doppeltipp auf die Maus größer darstellen. Sie müssen aber darauf achten, dass Sie keinen Doppelklick machen, sondern nur mit dem Finger ganz leicht zweimal hintereinander auf die Maus tippen. Die Funktion ist Ihnen vielleicht schon vom iPhone oder iPad bekannt. Dort kann man auch mit einem Doppeltipp das Display größer zoomen.

Zeigerbewegung

Die letzte Option enthält einen Schieberegler, mit dem Sie die Geschwindigkeit des Mauszeigers beeinflussen können. Falls sich Ihr Mauszeiger zu langsam über den Bildschirm bewegt, dann schieben Sie den Regler nach rechts, um ihn schneller zu machen.

Für Einsteiger kann es sinnvoll sein, die Geschwindigkeit des Mauszeigers zu reduzieren, denn dadurch lässt sich der Weg der Maus auf dem Bildschirm besser verfolgen. Wenn Sie mehr Erfahrung mit dem Umgang mit der Maus haben, lässt sich die Geschwindigkeit jederzeit heraufsetzen, um schneller arbeiten zu können.

Weitere Gesten

Die zweite Kategorie der Mauseinstellungen enthält Optionen zum Wechseln von Fenstern und zur Bedienung der Magic Mouse mit mehreren Fingern.

Mit Wischen Seiten blättern

Diese Option aktiviert eine Funktion, mit der Sie z. B. in einem mehrseitigen Dokument blättern können, indem Sie mit einem oder zwei Fingern von links nach rechts bzw. umgekehrt auf der Maus wischen, genauso wie beim Umblättern einer Buchseite. Diese Option können Sie z. B. für Safari verwenden, um vorwärts und rückwärts zu blättern.

Mit Wischen Vollbild-Apps wechseln

Damit können Sie durch das Wischen mit zwei Fingern auf der Maus zwischen laufenden Programmen wechseln, wenn diese gerade im Vollbildmodus sind. Wenn Sie also z. B. die Programme TextEdit und Safari gestartet und bei beiden den Vollbildmodus aktiviert haben, können Sie durch das Wischen mit zwei Fingern sehr schnell zwischen den Programmen wechseln.

Kapitel 2 Aller Anfang ist leicht: die Grundlagen

Mission Control
Mit dieser Option können Sie durch einen Doppeltipp mit zwei Fingern auf die Maus die Applikation *Mission Control* öffnen. In *Mission Control* erhalten Sie eine Übersicht über alle laufenden Programme und deren geöffnete Dokumente (siehe Kapitel 5, Seite 228).

Für einen Einsteiger können die verschiedenen Gesten, die für die Magic Mouse verfügbar sind, etwas verwirrend sein. Aus diesem Grund sollten Sie vielleicht die verschiedenen Optionen zuerst deaktivieren.

Gesten mit dem Trackpad bzw. Magic Trackpad

Bevor wir uns diese Funktionen genauer ansehen, gilt es einige wesentliche Grundeinstellungen zu überprüfen und vorzunehmen, damit die Gesten auch umgesetzt werden. In den *Systemeinstellungen* bei *Trackpad* sollten die Spezifikationen für die *Gesten* exakt definiert werden.

Sollten Sie einen tragbaren Apple-Rechner haben, so verfügen Sie ja bereits über ein eingebautes Trackpad, das alle nachfolgend dargestellten Funktionen abbilden kann. Verfügen Sie über einen stationären Mac-Rechner, haben Sie im Normalfall lediglich die Magic Mouse zur Verfügung, auf der nur bedingt Gesten ausgeführt werden können. Deshalb ist es an einem stationären Mac durchaus interessant, sich das **Magic Trackpad** zuzulegen, um auch dort Gesten nutzen zu können.

Magic Trackpad konfigurieren.

Sollten Sie sich nun entschlossen haben, ein Magic Trackpad zu erwerben, so muss dieses noch via Bluetooth zur Zusammenarbeit mit dem Computer gebracht werden. Starten Sie dafür in den *System-*

einstellungen die Konfiguration für *Bluetooth* und klicken Sie auf *Verbinden*, sobald das Trackpad in der Liste erscheint. Sie werden nun in den *Systemeinstellungen* neben dem Eintrag *Tastatur* bzw. *Maus* auch den Eintrag *Trackpad* finden, wo Sie die nachfolgend beschriebenen Gesten einrichten können.

Sofern Sie nun ein Magic Trackpad angeschlossen haben oder über einen tragbaren Mac verfügen, finden Sie in den *Systemeinstellungen* die Konfiguration des Trackpads. Dort sind einige sehr wesentliche Einstellungen vorzunehmen.

Mit Ⓐ können Sie die Scrollrichtung so einstellen, dass sie wie auf dem iPad oder iPhone funktioniert. Wenn Sie also mit den Fingern nach oben streichen, wird nach unten gescrollt, und umgekehrt.

Trackpad-Einstellungen.

Sicher haben Sie schon bei der Arbeit mit Safari gemerkt, dass Sie mit zwei Fingern scrollen können und dass der Inhalt immer ein Stückchen weit nachlaufen wird. Dies ist bei *Weitere Gesten* unter *Mit Wischen Seiten blättern* eingestellt. Ebenso interessant ist aber das *Ein- oder Auszoomen* mit zwei Fingern Ⓑ. Damit können Sie wie beim iPad oder iPhone die Darstellungsgröße ganz einfach mit zwei Fingern festlegen. Verwenden Sie beispielsweise Daumen und Zeigefinger und ziehen Sie diese auseinander, um zu vergrößern. Ist zudem *Intelligentes Zoomen* Ⓒ aktiviert, dann können Sie – wie bei den mobilen Geräten von Apple – mit einem Doppeltipp mit zwei Fingern z. B. den Inhalt eines Safari-Fensters auf die Fensterbreite vergrößern. Ein erneuter Doppeltipp mit zwei Fingern bringt Sie wieder zur vorherigen Darstellungsgröße zurück. Und einige Programme, wie z. B. Vorschau, unterstützen auch das *Drehen* Ⓓ mit zwei Fingern.

Kapitel 2 Aller Anfang ist leicht: die Grundlagen

 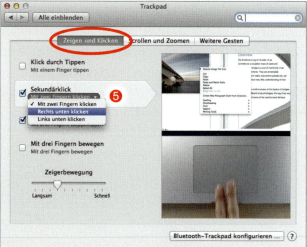

In der Abteilung *Weitere Gesten* können Sie nun noch weitere coole Einstellungen vornehmen. So erkennen Sie, dass Sie nunmehr *Mission Control* ❶ auch dadurch aufrufen können, indem Sie mit drei bzw. vier Fingern (je nach Einstellung) gemeinsam auf dem Trackpad nach oben wischen. *Launchpad* ❷ wird gestartet, wenn Sie vier Finger auf dem Trackpad zusammenziehen. Beim Auseinanderziehen wird wieder der Schreibtisch ❸ angezeigt. Was Mission Control und Launchpad ist und was Sie damit alles machen können, finden Sie in Kapitel 5.

Auch klasse ist die Einstellung *Mit Streichen Vollbild-Apps wechseln* ❹. Damit können Sie ganz einfach mit drei Fingern zu anderen Schreibtischen oder Vollbild-Apps weiterblättern. Wischen Sie dazu nach links oder rechts auf dem Trackpad.

Die Mitteilungszentrale kann per Wischgeste geöffnet werden ❻. Sie enthält Mitteilungen wie z. B. die Ankunft von neuen E-Mails oder iMessages. Detaillierte Informationen über die Mitteilungszentrale können Sie in Kapitel 4 auf Seite 221 nachlesen.

 Auch der Mac verfügt über eine rechte Maustaste. Die rechte Maustaste wird beim Apple-Betriebssystem mit **Sekundärklick** ❺ beschrieben. Wenn Sie auf die Einstellungen zeigen und klicken, sehen Sie, dass Sie den Sekundärklick entweder mit einem Finger ausführen können und dann die Position angeben, wo das stattfinden soll (z. B. rechts oder links unten), oder auch durch die Verwendung von zwei Fingern. Alternativ dazu bietet es sich an, die **ctrl**-Taste zu verwenden, um mit einem Finger auf das Trackpad zu tippen.

Weiterhin können Sie bei *Zeigen und Klicken* noch einstellen, dass Sie überall auf das Trackpad tippen können, um damit einen Klick auszuführen (*Klick durch Tippen*).

Und die Funktion *Nachschlagen* ruft das integrierte Wörterbuch auf.

Rollbalken

Für viele Anwender mag es anfangs befremdlich sein, gerade wenn sie bereits mit einem Mac- oder Windows-Betriebssystem gearbeitet haben, dass die Rollbalken standardmäßig nicht eingeblendet sind, sondern nur bei Bedarf erscheinen. Sollte Sie diese Funktion stören, so können Sie die Eigenschaft in den *Systemeinstellungen* bei *Allgemein* ändern. Aktivieren Sie im Bereich *Rollbalken einblenden* die Option *Immer*, um die Rollbalken stets zu sehen.

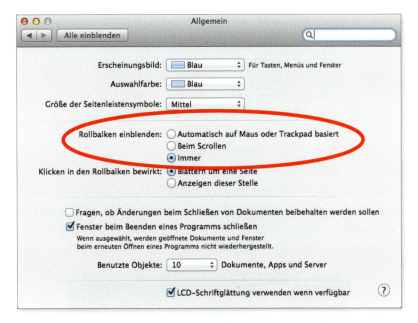

Die Rollbalken können auch permanent sichtbar gemacht werden.

Systemeinstellung Ton

Toneffekte

In den *Systemeinstellungen –> Ton* im Untermenü *Toneffekte* bestimmen Sie, wie Ihr Warnton klingen soll, wenn Sie etwas falsch gedrückt haben. Die Liste der Toneffekte ist lang, und Sie können durch Drücken auf den Ton den Sound Probe hören. Dieser Ton wird auch gleich fest eingestellt.

Kapitel 2 Aller Anfang ist leicht: die Grundlagen

Toneffekte und mehr.

Darunter befinden sich die *Lautstärke* und weitere Einstellungen rund um den Ton. *Lautstärke in der Menüleiste anzeigen* bewirkt, dass Sie ein kleines Lautsprechersymbol auf der rechten Seite in der Menüleiste bekommen, mit dem Sie in Zukunft die Lautstärke des Computerlautsprechers nicht umständlich über die Systemeinstellungen regeln müssen, sondern bequem über das kleine Menü.

Toneffekte und mehr.

Ausgabe

Im nächsten Reiter in *Systemeinstellungen –> Ton (Ausgabe)* – können Sie wählen, welche Lautsprecher Sie verwenden möchten. Alle Macs sind mit internen Lautsprechern ausgerüstet, die auch in der Liste zu sehen sind *(Interne Lautsprecher)*.

Sie können zusätzliche Lautsprecher an den Mac anschließen. Es gibt zwei Arten von Lautsprechern:
1. Lautsprecher, die man an den USB-Anschluss anschließt. Diese melden sich, wie im folgenden Bildschirmfoto zu sehen ist, als *Typ USB*.

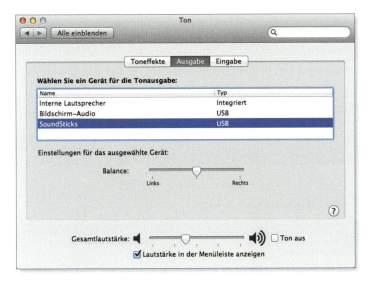

In diesem Fall sind USB-Lautsprecher angesteckt worden.

2. Lautsprecher, die man an die Klinkenbuchse des Kopfhörerausgangs anschließt. So wertet der Computer die Boxen automatisch als Kopfhörer. Die internen Lautsprecher „verschwinden" dabei aus der Liste. Sie können in diesem Fall nicht mehr zwischen den Boxen und dem internen Ausgang wählen.

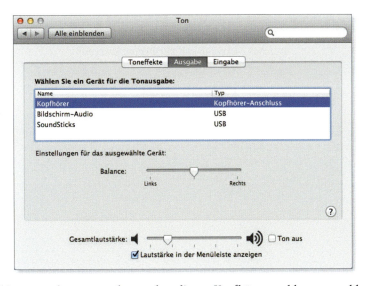

Hier sind Lautsprecher verwendet worden, die am Kopfhöreranschluss angeschlossen sind.

Kapitel 2 Aller Anfang ist leicht: die Grundlagen

Eingabe

Falls Sie ein extra Mikrofon angeschlossen haben, so wird hier festgelegt, ob das interne Mikrofon oder das externe Mikrofon verwendet werden soll. Diverse Regler für die Einstellung des Mikrofons stehen Ihnen hier zur Verfügung.

Verlassen Sie nun die *Systemeinstellungen*, indem Sie mit dem roten Knopf das Fenster schließen.

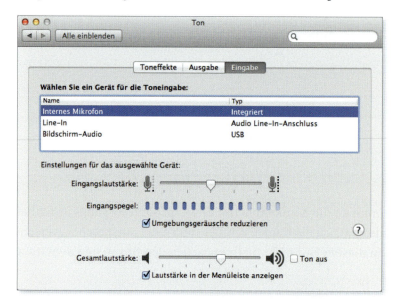

Welches Mikrofon soll verwendet werden?

Diktat & Sprache

> Mit der Diktierfunktion können keine Befehle auf dem Mac ausgeführt werden. Aber das Eintippen von Text wird durch diese Option deutlich beschleunigt.

Bevor Sie loslegen, sollten Sie unter *Systemeinstellungen –> Diktat & Sprache* die Funktion aktivieren ❶ und ihren Wünschen entsprechend anpassen. Dazu sollten das Eingabemedium ❷ sowie die *Sprache* ❸ festgelegt werden. Ganz wichtig ist zudem der *Kurzbefehl* ❹. Dieser kann in jedem beliebigen Programm die Diktierfunktion aktivieren. Sie sehen anhand des Bildschirmfotos, dass hier die linke *Befehls- (cmd)* Taste zweimal zu betätigen ist.

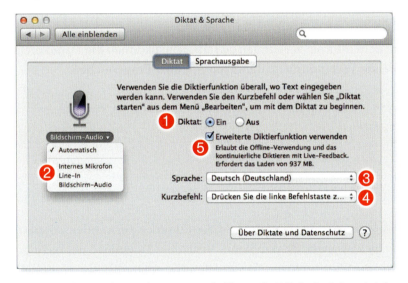

In den Systemeinstellungen bei „Diktat & Sprache" kann die Diktierfunktion aktiviert werden.

Nun können Sie in jedem Programm, das eine Texteingabe erlaubt, die Diktierfunktion verwenden. Starten Sie beispielsweise Mail, erstellen Sie via *cmd + N* eine neue E-Mail und sprechen Sie z. B. den Betreff oder auch den Mailtext. Dazu ist der vorhin eingestellte Kurzbefehl zu verwenden, und schon erscheint das Mikrofon. Sobald Sie auf *Fertig* klicken, wird der gesprochene Text ins Internet übertragen, und wenige Augenblicke später erscheint der getippte Text. Alternativ zum Anklicken von *Fertig* verwenden Sie einfach erneut den Kurzbefehl, um die Spracherkennung zu starten.

Kapitel 2 Aller Anfang ist leicht: die Grundlagen

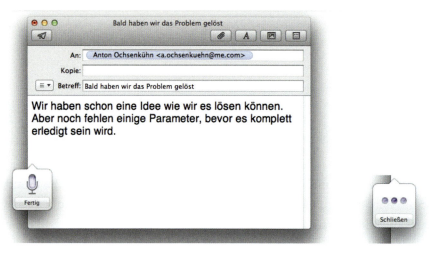

*Über die Diktierfunktion ist Texteingabe wunderbar einfach (links).
Ohne Internetverbindung funktioniert sie jedoch nicht (rechts), außer Sie aktivieren die erweiterte Diktierfunktion.*

Wichtig ist stets, mit dem Internet verbunden zu sein. Sonst können die Daten nicht übermittelt werden. Sie erkennen die fehlende Verbindung an dem Icon mit dem Fragezeichen.

 Neben dem Text an sich können auch Satzzeichen wie Punkt, Komma, Ausrufezeichen, Semikolon, neue Zeile etc. gesprochen werden.

Erweiterte Diktierfunktion

Möchten Sie unabhängig von der Internetleitung diese Funktion verwenden, so sollten Sie die Eigenschaft *Erweiterte Diktierfunktion verwenden* ❺ aktivieren. Nach dem Download der dazu notwendigen Software können Sie nun offline darüber verfügen. Verwenden Sie entweder den eingestellten Kurzbefehl zum Starten oder in vielen Apps können Sie via *Bearbeiten –> Diktat starten* dies ebenso bewerkstelligen.

Sprechen Sie nun einfach drauflos und Sie werden staunen, wie exakt und flott diese Funktion für Sie arbeitet.

Über die erweiterte Diktierfunktion können Sie ohne Internet arbeiten.

Im Gegensatz zur Onlinevariante haben Sie nun auch kein Zeitlimit mehr. Die Online-Diktierfunktion ist auf 30 Sekunden begrenzt, offline können Sie beliebig lange damit arbeiten.

Sie werden staunen, wie gut der Rechner das gesprochene Wort versteht. Mit etwas Übung sind Sie damit allemal schneller in der Texteingabe als über das Tippen auf der Tastatur.

Die andere Seite der Sprachfunktionalität ist die *Sprachausgabe*, also die Idee, dass der Computer mit Ihnen spricht und mitteilt, was auf dem Bildschirm gerade passiert, oder Ihnen Texte vorliest. Standardmäßig ist als Systemstimme *Alex* hinterlegt. Sie können aber das Pull-down-Menü öffnen und über *Anpassen* die Liste *Weitere Stimmen* bekommen.

Sprachausgabe.

Darunter sind derzeit auch einige deutsche Stimmen. Wenn Sie möchten, klicken Sie diese Stimmen an und laden Sie sie, da sie nicht auf dem Rechner vorinstalliert sind, über das Internet auf Ihren Computer. Wenn Sie die Sprachausgabe einmal testen wollen, könnten Sie dies zum Beispiel über TextEdit tun. Schreiben Sie dazu innerhalb von TextEdit einen Text, den Sie anschließend markieren. Wählen Sie dann über die rechte Maustaste die Funktion *Sprachausgabe* und dort *Sprachausgabe starten* – schon wird Ihnen der Text in TextEdit vorgelesen.

Kapitel 2 Aller Anfang ist leicht: die Grundlagen

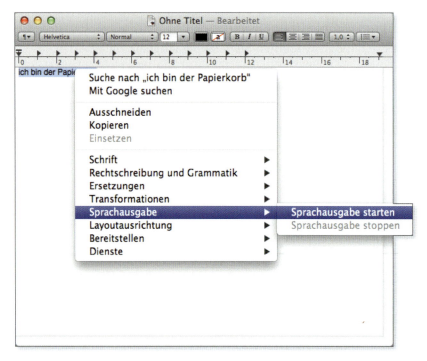

Sprachausgabe in TextEdit.

Natürlich können Sie die Sprachausgabe auch mit anderen Programmen testen. Lassen Sie sich eine E-Mail vorlesen oder auch den Text einer Internetseite. Die Sprachausgabe wird in den anderen Programmen genauso aktiviert wie in TextEdit: Sie verwenden einfach die rechte Maustaste, um die Sprachausgabe zu starten. Vorher müssen Sie natürlich einen Text markieren, damit die Sprachausgabe weiß, welchen TextsSie Ihnen vorsprechen soll. Weitere Infos zum Programm TextEdit finden Sie ab Seite 288.

Kapitel 3

Internet: Safari, Mail, FaceTime und Skype

Kapitel 3 Internet: Safari, Mail, FaceTime und Skype

Im Internet unterwegs: Safari

In Kapitel 2 haben Sie anhand des Programms Safari gelernt, wie Sie ein Programm öffnen, Text eingeben, Text löschen und Seiten aufrufen. Sie haben gelernt, wie Sie vor- und zurücknavigieren und wie Sie das Programm beenden. Im folgenden Abschnitt möchten wir noch näher auf die Bedienung des Programms Safari eingehen und Ihnen Tipps zur Verwaltung Ihrer Lieblingsseiten geben sowie Ihnen einige interessante Internetseiten vorschlagen.

Lesezeichen in Safari

Zur Erinnerung: Es gibt eine Lesezeichenleiste in der Kopfleiste des Browsers.

Die Lesezeichenleiste unterhalb des Adresseingabefeldes ist von Apple bereits vordefiniert. Sie finden dort Begriffe wie Apple, Yahoo! etc.

Die Lesezeichen, die Apple vorschlägt, sind ja gut gemeint, jedoch hat jeder Mensch andere Vorlieben, welche Internetseiten er denn gerne besucht.

Lesezeichen aus der Leiste entfernen

Zunächst könnten Sie die vordefinierten Begriffe aus der Leiste verwerfen. Wie geht das? Ganz einfach: Wählen Sie einen Begriff aus der Leiste an, halten Sie die Maustaste gedrückt, während Sie den Begriff z. B. nach oben aus dem Fenster ziehen. Der Begriff wird dabei in einem dunkelgrauen Oval dargestellt und verpufft, sobald Sie die Maustaste außerhalb der Lesezeichenleiste loslassen.

Am Beispiel des Yahoo!-Lesezeichens (links) sehen Sie, wie es sich in einer Wolke auflöst (rechts), wenn man den Begriff aus der Lesezeichenleiste nach oben zieht.

Enfernen Sie nun alle Lesezeichen aus der Leiste, die Sie nicht benötigen. Sollten Sie einen Begriff aus Versehen löschen, ist das nicht schlimm, denn im nächsten Schritt lernen Sie, wie Sie neue Lesezeichen erstellen.

Ein neues Lesezeichen anlegen

Die Lesezeichenleiste ist nun leer und hat viel Platz für Ihre eigenen Internetseiten. Nehmen wir zum Beispiel an, Sie surfen gerne auf der Internetseite von Amazon. Zunächst gehen Sie wie gewohnt vor, um www.amazon.de anzusteuern. Daraufhin erscheint die Homepage von Amazon.

amazon.de-Homepage. Beachten Sie das kleine Logo vor der Internetadresse in der Eingabeleiste.

Die meisten Firmen haben sich ein Logo mit in die Eingabezeile der Internetadresse gelegt. Um nun ein neues Lesezeichen anzulegen, zeigen Sie mit der Maus auf dieses kleine Logo und ziehen Sie es in die Lesezeichenleiste.

Sobald Sie das kleine Amazon-Logo in der Lesezeichenleiste loslassen ...

Kapitel 3 Internet: Safari, Mail, FaceTime und Skype

... können Sie Ihrem Lesezeichen einen Kurznamen vergeben.

Beim Loslassen des Logos in der Lesezeichenleiste öffnet sich inmitten des Safari-Fensters ein kleines Eingabefeld. Dieses enthält den vorgegebenen Namen, den auch die Homepage trägt. Im Falle von Amazon ist er zum Beispiel sehr lang. Da Sie wahrscheinlich noch mehr Lesezeichen wünschen, ist es ratsam, jedem Lesezeichen einen Kurznamen zu vergeben. Überschreiben Sie einfach den Namen mit dem Begriff „amazon".

Wenn Sie nun den Begriff anklicken, wird jedes Mal die Homepage von Amazon aufgerufen. Verfahren Sie mit all den Seiten so, die wichtig für Sie sind.

Die Lesezeichenleiste füllt sich.

 Da Sie nur **begrenzt Plätze frei** haben, raten wir Ihnen, **nur wirklich wichtige Seiten** in die Lesezeichenleiste aufzunehmen. Sollte es einmal unübersichtlich werden, einfach einige Begriffe nach oben wegziehen.

Alternative Einbringung von Lesezeichen

Was tun Sie aber, wenn Firmen ihr Logo nicht in der Eingabeleiste hinterlegt haben? Dann haben Sie die Möglichkeit, mit dem *Teilen*-Symbol vor der Eingabeleiste die Seite der Lesezeichenleiste hinzuzufügen. Klicken Sie auf das Symbol und wählen Sie anschließend aus dem geöffneten Menü die Funktion *Lesezeichen hinzufügen* aus.

Mit dem Plus können Sie ebenfalls Lesezeichen hinzufügen.

Das Lesezeichensymbol

Das kleine Lesezeichensymbol zeigt nicht nur an, dass Sie hier Lesezeichen platzieren können. Dahinter steckt auch der komplette Verlauf Ihrer zuletzt angewählten Seiten.

Klicken Sie auf das Lesezeichensymbol, dann erweitert sich das Safari-Fenster.

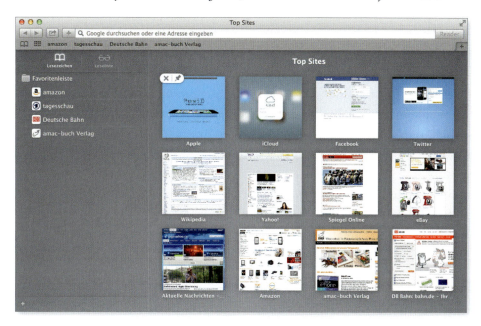

Links sehen Sie die „Lesezeichen" und rechts die „Top Sites".

Anlegen von Ordnern in den Lesezeichen

Links im Fenster können Sie weiterhin Ordner für die thematische Ordnung von Seiten anlegen und verwalten.

Das Anlegen eines Ordners erledigen Sie mit dem kleinen Plus links unten in der Ecke. Ist der Ordner angelegt und beschriftet, so können Sie Seiten aus dem Verlauf in diesen Ordner ziehen.

Mit dem kleinen Plus legen Sie Ordner an, in die man Seiten sortieren kann.

Einen Begriff auf der Internetseite suchen

Kennen Sie das? Es gibt Internetseiten, die sind zwar interessant, aber sehr überladen, was das Design angeht. Sucht man ein bestimmtes Thema, kann man sich schon einmal minutenlang „verirren". Manchmal führt es so weit, dass man entnervt aufgibt und die Internetseite wieder verlässt. Damit Sie immer finden, was Sie suchen, ist folgender Tipp sicher sehr interessant für Sie: das Suchen eines Begriffs innerhalb einer Internetseite.

1. Drücken Sie den Tastaturbefehl: *cmd + F*. Daraufhin erweitert sich das Safari-Fenster.

Erweiterte Kopfleiste nach Drücken des Kurzbefehls cmd + F.

2. Tippen Sie den Suchbegriff in das dafür vorgesehene Feld ein:

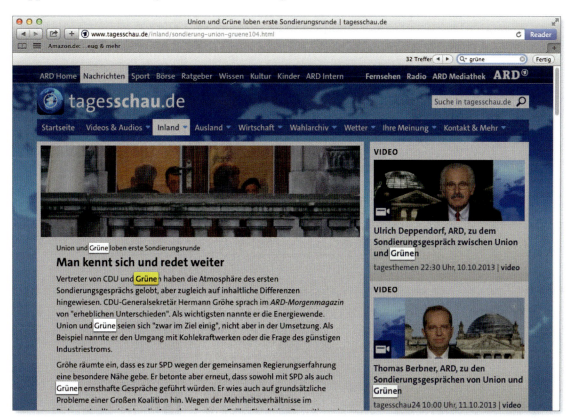

Zunächst wird die Anzahl der Treffer angegeben. Gleichzeitig verdunkelt sich die Internetseite.

3. Klicken Sie mit den kleinen Pfeilen links neben dem eingegebenen Begriff die Fundstellen nacheinander an. Der gefundene Begriff wird jeweils in Gelb hervorgehoben.
4. Wenn Sie genug gelesen haben, klicken Sie auf *Fertig* oder geben Sie einen neuen Suchbegriff ein.

Top Sites anlegen

Ähnlich wie bei den Lesezeichen verhält es sich mit den sogenannten Top Sites. Dies sind Seiten, die Sie immer wieder gerne aufrufen bzw. aufgerufen haben. Im Gegensatz zu den Lesezeichen erhält man gleich einen optischen Eindruck der Homepage und gelangt so schnell an den gewünschten Ort. Außerdem werden Seiten automatisch dort gespeichert, die man früher schon aufgerufen hat. Steuert man diese öfter an, kann man sie auch als Top Site festlegen. Wie das geht, erfahren Sie im folgenden Abschnitt.

Kapitel 3 Internet: Safari, Mail, FaceTime und Skype

Top-Sites-Übersicht aufrufen

Rechts neben dem Lesezeichensymbol sehen Sie ein kleines Raster. Klicken Sie darauf, so öffnet sich eine völlig neue Ansicht. Internetseiten, die Sie in der Vergangenheit geöffnet hatten, erscheinen in einer gekachelten Darstellung.

„Top Sites"-Button.

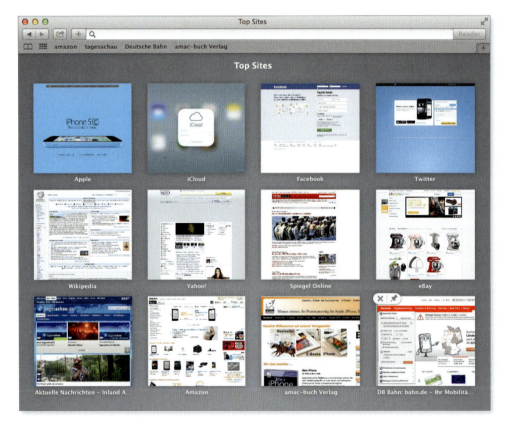

Diese Seiten wurden in der Vergangenheit aufgerufen.

Wenn Sie nun auf die Seite klicken, wird sie aufgerufen. Zurück zu den Top Sites gelangen Sie, wenn Sie erneut auf den „Top Sites"-Button ▦ klicken.

Beliebte Top Sites festlegen

Vielleicht gefällt Ihnen ja diese Art der Darstellung und Sie möchten gerne beeinflussen, welche Top Sites dargestellt werden sollen. Normalerweise werden die letzten Seiten einfach der Reihenfolge nach aufgeführt, die der Verlauf zeigt. So können Sie Seiten an einem bestimmten Platz festlegen: Ziehen Sie eine eine Kachel an eine andere Position. Zeigen Sie mit der Maus auf eine Kalchel, sehen Sie links oben in der Ecke ein Symbol mit einem x und einer Stecknadel.

Richtig geraten: Aktivieren Sie die Stecknadel, so bleibt die Seite als Top Site immer im Top-Sites-Fenster an derselben Stelle erhalten.

Möchte man eine Internetseite nicht in dieser Darstellung haben, so klickt man auf das x. Die Seite verschwindet und macht Platz für die nachfolgende Seite, die man irgendwann einmal aufgerufen hatte. Normalerweise werden zwölf Internetseiten in den Top Sites dargestellt. Sie können die Anzahl über *Safari –> Einstellungen –> Allgemein –> Top Sites-Anzeige* ändern. Sie haben die Wahl zwischen *6*, *12* oder *24 Websites*.

Eigene Top Sites hinzufügen

Möchten Sie eine völlig eigene Seite den Top Sites hinzufügen, so gehen Sie folgendermaßen vor:
1. Rufen Sie zusätzlich ein neues Safari-Fenster auf. Dies geschieht mit dem Kurzbefehl *cmd + N* (*Ablage –> Neues Fenster*).
2. Geben Sie eine Internetadresse in das neu erstellte Fenster ein, z. B. www.leben-atmen.com.
3. Ziehen Sie mit der Maus das Logo (wie beim Lesezeichen) in das nun dahinter liegende Top-Sites-Fenster.
4. Schließen Sie das Fenster mit *cmd + W* (*Ablage –> Fenster schließen*).
5. Gegebenenfalls können Sie den Vorgang mit einer anderen Seite wiederholen.
6. Wenn Sie mit der Bearbeitung des Top-Sites-Fensters fertig sind, klicken Sie links unten auf den Button *Fertig*.

Kapitel 3 Internet: Safari, Mail, FaceTime und Skype

Welche Internetseiten sind interessant?

Die Geschmäcker und Vorlieben sind, so auch bei Internetseiten, total verschieden. Trotzdem folgen nun ein paar Internetadressen, die auch für Sie interessant sein könnten:

Bezeichnung	Zweck
Nachrichten/Aktuelles/Medien	
www.zdf.de www.ard.de www.tagesschau.de www.heute.de	Die Fernsehsender stellen neueste Berichte, Ergänzungen und Inhalte von Fernsehbeiträgen zur Verfügung. Des Weiteren können über eine Mediathek ältere Fernsehsendungen aufgerufen und nachträglich angesehen werden.
www.spiegel.de	Für Menschen, die schnell und aktuell Nachrichten in Kurzform lesen möchten, Ergänzung zur Tageszeitung.
www.(Ihre Regionalzeitung).de	Ergänzung zur Tageszeitung, Beiträge und Fotos aus der Region.
Reisen/Informationen	
www.flughafen-(Stadt).de	An- und Abflugauskunft des Flughafens in Ihrer Nähe.
www.telefonbuch.de	Das Telefonbuch in elektronischer Form. Anbieter: Telekom.
www.wikipedia.de	Das virtuelle Lexikon für Fragen aller Art rund um den Globus.
www.tuifly.de www.dertour.de www.opodo.de etc.	Buchen von Pauschal- und Individualreisen, Billigflugreisen.
www.lufthansa.de	Flüge und mehr.
maps.google.de	Google Maps als Routenplaner für Auto, Fahrrad u. v. m.
Gesundheit/Kontakte	
www.50plustreff.de	Seriöse Kontaktbörse für Freundschaften und Bekanntschaften aller Art für die Generation 50 +.
www.netdoktor.de	Haben Sie Fragen rund um Ihre Gesundheit? Dann wäre das eine Adresse für Sie. Der Gang zum Arzt wird damit allerdings nicht erspart.

Bezeichnung	Zweck
Konsum	
www.amazon.de	Großer virtueller Markt, mittlerweile nicht mehr nur für Bücher. Im Prinzip lässt sich dort alles für Haushalt, Freizeit und Bildung besorgen.
www.otto.de	Kleidung und mehr.
www.ebay.de	Längst nicht mehr nur ein Gebrauchtmarkt für Waren aller Art. Man benötigt allerdings eine Anmeldung, um kaufen und verkaufen zu können.
Kochen/Essen	
www.bringmirbio.de	Bioprodukte werden von Ihnen ausgesucht und nach Hause geliefert.
www.obst.de	Frisches Obst, online bestellt, einmal in der Woche liefern lassen.
www.chefkoch.de	Große Plattform für Rezepte mit Erfahrungsaustausch durch Foren.
Messen	
www.messen.de	Überblick über die Messen in Deutschland.
Kultur/Veranstaltungen	
www.theaterverzeichnis.de	Nahezu alle Theater in Deutschland können aufgerufen werden.
www.viagogo.de	Fußballtickets und viele andere Eintrittskarten für Theater, Sport etc.
www.musicals.com	Musicalfreunde können hier Karten beziehen.

Kapitel 3 Internet: Safari, Mail, FaceTime und Skype

Eine E-Mail-Adresse besorgen

E-Mails sind Briefe, die elektronisch erfasst und – statt per Post – über das Internet versandt werden. Das Postfach des Empfängers ist ebenfalls elektronisch und bereit, Ihre abgesendeten Briefe zu empfangen. Der Vorteil liegt auf der Hand: Geschriebenes wird in Sekundenschnelle zugestellt und kann – samt Fotos oder sogar kleinen Videos – sofort und überall auf der Welt betrachtet und beantwortet werden.

Dieses Kapitel befasst sich zunächst mit der Beschaffung einer E-Mail-Adresse und der Frage, wo man denn ein Postfach eröffnen soll. Danach beschreibt es die Handhabung des Programms *Mail* und die Verwaltung der E-Mails über das Internet.

Wenn Sie den Internetzugang (Kapitel 1) erfolgreich konfigurieren konnten und nun schon sicherer klicken und schalten können, dann ist der nächste für Sie wichtige Schritt, sich eine eigene E-Mail-Adresse zu besorgen.

Überlegungen vor der Einrichtung einer E-Mail-Adresse

Der Aufbau einer E-Mail-Adresse

Die Zeichen vor dem @ geben immer den Namen des Absenders an. Er kann sich nennen, wie er möchte. Der Name kann aus Buchstaben und/oder Nummern bestehen, also z. B. ismail123 oder simone78. Er kann aber auch noch einen Punkt enthalten, der z. B. den Vornamen vom Nachnamen trennt, wie z. B. *elma.lumomski* oder einfach nur *e.lumomski*.

Die Zeichen nach dem @ beschreiben den Anbieter/das Postfach, bei dem der Adressat seine E-Mail-Adresse hinterlegt hat. Wenn Sie bei der Telekom eine E-Mail-Adresse haben, so heißt der Ort *@t-online.de*, bei Web.de heißt er *@web.de* und bei GMX lautet die Endung *@gmx.de*.

Nach dem Punkt folgt meistens das Land, in dem sich der Anbieter aufhält. So steht die Endung .de für Deutschland, .com meistens für USA, .eu für Europa, .it für Italien usw.

 Sehr wichtig: Achten Sie darauf, dass Sie **keine Leerräume** zwischen den Wörtern haben. Die sind bei E-Mail-Adressen nicht zulässig. Eine E-Mail-Adresse muss immer ein @ und einen Punkt aufweisen. Hier zwei Beispiele: **s.ochsenkuhn@web.de, petra.mustermann@amac-buch.de**.

 Schreiben Sie sich schon mal ein paar **Varianten** auf einen Zettel. Dann können Sie sich nachher ganz auf die Eingaben konzentrieren. Abgesehen von allem Technischen sollte Ihnen Ihre **E-Mail-Adresse ja auch gefallen**.

Wenn Sie einen Internetzugang von der Telekom haben, kann damit kostenfrei eine E-Mail-Adresse verwendet werden. Diese ist bereits im DSL-Paket enthalten. Um die individuelle E-Mail-Adresse einzurichten, benötigen Sie natürlich den Internetzugang und das Blatt mit Ihren Telekom-DSL-Daten, weil dort Ihr persönliches Kennwort hinterlegt ist.

E-Mail-Adresse bei der Telekom einrichten

Starten Sie *Safari* und geben Sie als Adresse *www.t-online.de* ein.

> Die Schrift auf der Internetseite von T-Online ist **sehr klein**. Mit der Tastenkombination **cmd + + (plus) vergrößern** Sie den Inhalt einer Internetseite. Dies hat den Nachteil, dass man mehr scrollen muss. Mit **cmd + – (minus) verkleinern** Sie den Inhalt. Bitte betrachten Sie diese etwas unübersichtliche Seite **ganz genau**, damit Sie in diesem Moment **keine Fehler** machen. Die meisten **Anwendungsfehler** passieren eben, weil man **nicht genau genug gelesen** hat.

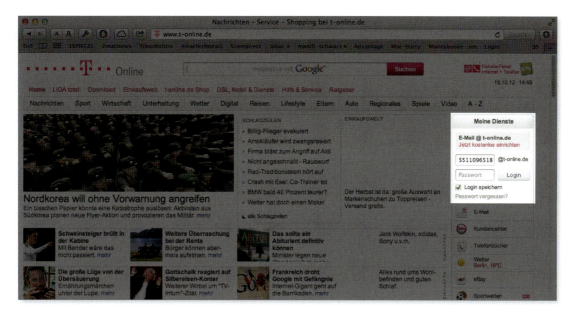

Aufrufen der T-Online-Startseite.

Die Seite müsste sich dann melden, und Sie sehen rechter Hand, dass T-Online Sie sofort aufgrund Ihres Internetzugangs erkannt hat und unterhalb des Begriffs *Meine Dienste* Ihre Teilnehmernummer abbildet. Noch etwas weiter darunter sehen Sie den Eintrag *E-Mail*.

Kapitel 3 Internet: Safari, Mail, FaceTime und Skype

Sie haben bereits eine E-Mail-Adresse, nur ist diese Adresse zurzeit für andere Personen nicht einfach zu merken, denn sie besteht aus der Nummer, die Sie vorhin unten sahen, sie ist identisch mit Ihrer Teilnehmernummer bei T-Online. Deshalb ist es ratsam, dass Sie sich eine E-Mail-Adresse einrichten, die z. B. aus Ihrem Vor- und Zunamen besteht.

 @-Zeichen: Wie erhält man dieses Zeichen auf der Tastatur? Drücken Sie die **alt-Taste** und den Buchstaben L, also den Kurzbefehl **alt + L**.

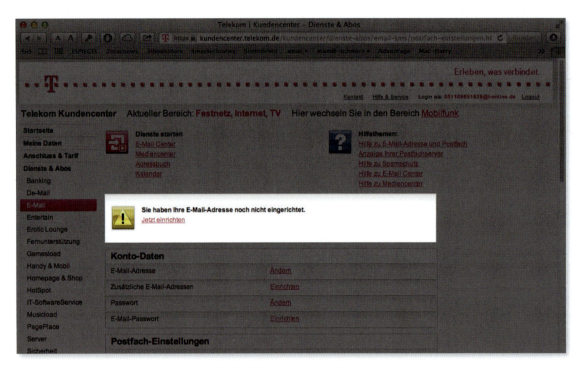

E-Mail-Adresse(n) einrichten.

Melden Sie sich mit Ihrem Kennwort (dieses finden Sie auf dem Blatt mit den Zugangsdaten von der Telekom) auf der Seite an. Auf der rechten Seite wählen Sie dann den Bereich *Dienste & Abos* und dort den Eintrag *E-Mail* aus. Nach dem Klicken auf *Jetzt einrichten* erscheint im nächsten Bildschirm die Möglichkeit, einen neuen Namen einzugeben und somit Ihre E-Mail-Adresse einzurichten (unterhalb von „Geben Sie eine neue E-Mail-Adresse ein"). Klicken Sie danach auf „E-Mail-Adresse prüfen". Sogleich wird überprüft, ob Ihre E-Mail-Adresse eindeutig ist. Denn Sie müssen wissen: Jede E-Mail-Adresse ist genauso wie eine Telefonnummer nur einmal weltweit zu vergeben.

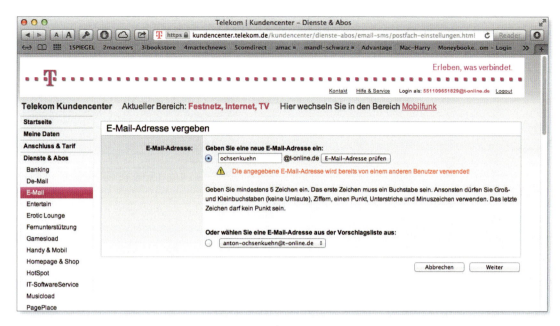

Der Name ist bereits registriert.

Wie Sie anhand des Bildschirmfotos sehen, ist für diesen Namen bereits eine E-Mail-Adresse von einer anderen Person eingerichtet worden. Deswegen müssen Sie eine Alternative eingeben. Probieren Sie doch einfach mal das Format *Vorname.Nachname* aus.

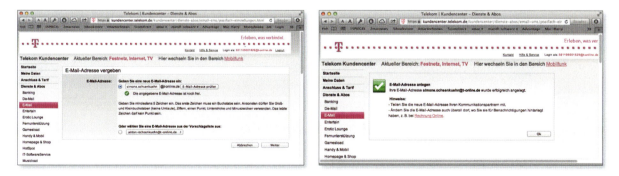

Dieser Name ist noch zu haben.

Prima! Jetzt hat es also geklappt. Der ausgewählte Name ist in unserem Fall noch nicht vergeben und kann deswegen verwendet werden. Mit einem Klick auf den Button *Weiter* kommen Sie zum nächsten Bildschirm, in dem Sie eine Bestätigung vom erfolgreichen Anlegen der E-Mail-Adresse erhalten. Ein Klick auf *OK* bringt Sie wieder zur Übersicht. Klicken Sie in der Übersicht nun im oberen rechten Teil bei *Hilfethemen* auf *Anzeige Ihrer Postfachserver*. Dort hinterlegen Sie nun ein Kennwort für die E-Mail-Adresse.

Kapitel 3 Internet: Safari, Mail, FaceTime und Skype

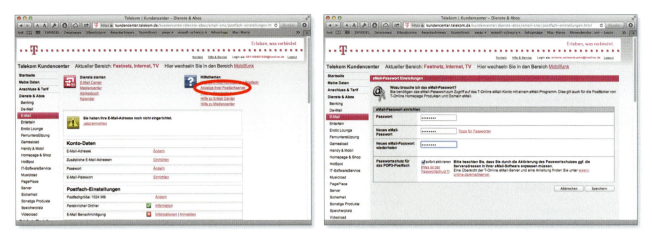

Vergeben Sie ein Kennwort, das Sie sich merken können, weil Sie es wenige Minuten später bereits benötigen.

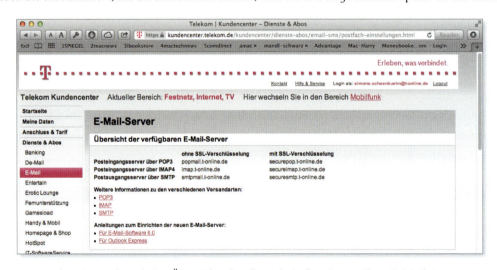

Hier sehen Sie noch mal eine Übersicht über die technischen Daten Ihres E-Mail-Accounts.

Diese technischen Daten, die Sie auf dem letzten Bildschirmfoto gesehen haben, sind für Sie weniger von Interesse, denn Apple verwendet ein E-Mail-Programm, das diese Daten bereits kennt. Es genügt also, in Ihrem Apple-E-Mail-Programm später lediglich Ihren Namen einzutragen.

Noch ein allgemeiner Hinweis an dieser Stelle: Wenn Sie nicht bei T-Online DSL-Kunde sind, sondern bei einem anderen Anbieter, sollten Sie prüfen, ob dort auch E-Mail-Adressen Bestandteil Ihres Vertrages sind. Ist dies der Fall, dann sollten Sie sich informieren, auf welche Internetseite Sie gehen müssen, um dort Ihre E-Mail-Adresse zu beantragen und einzurichten. Hat Ihr DSL-Dienstleister keine kostenfreien E-Mail-Adressen in seinem Programm, dann können Sie andere Anbieter, wie z. B. web.de, icloud.com, gmx.de oder Google, verwenden, die für Sie ebenfalls kostenlose E-Mail-Adressen bereithalten.

E-Mail-Adresse bei anderen Anbietern einrichten

Es gibt eine Menge Anbieter, die E-Mail-Dienste kostenlos anbieten, und es gibt auch kostenpflichtige Anbieter. Wir stellen Ihnen zwei kostenlose Accounts vor.

 Account bedeutet im Zusammenhang von E-Mails **Auflistung**, also eine Liste Ihrer E-Mails. In einem **E-Mail-Account** werden alle für Sie bestimmten E-Mails gesammelt und aufgehoben, bis Sie dazu kommen, sie im **Account-Postfach** zu bearbeiten.

E-Mail-Adresse bei Google (kostenlos)

Die Firma Google hat ursprünglich als Internetsuchmaschine begonnen, ist aber im Laufe der Zeit zu einem Anbieter von vielen kostenlosen Diensten geworden. Zu den kostenlosen Diensten zählt auch ein E-Mail-Dienst. Das Einrichten eines Google-Kontos geht relativ schnell. Zuerst müssen Sie die Seite *www.google.de* öffnen.

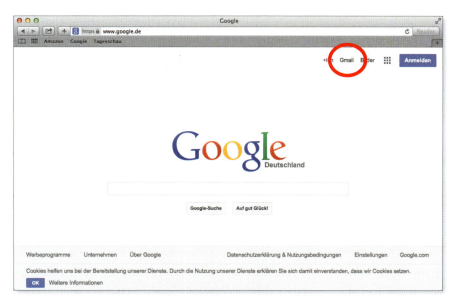

Die Startseite von Google.

Wenn Sie die Startseite von Google in Safari geöffnet haben, klicken Sie auf die Bezeichnung *Gmail* im oberen Bereich der Seite. Dadurch gelangen Sie zum E-Mail-Dienst von Google.

Kapitel 3 Internet: Safari, Mail, FaceTime und Skype

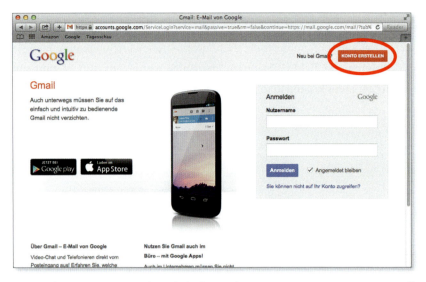

Der E-Mail-Service von Google enthält die Funktion, um ein neues Konto zu erstellen.

Als Nächstes müssen Sie ein neues E-Mail-Konto einrichten. Rechts oben finden Sie die Option *Konto erstellen*. Wenn Sie sie anklicken, wird eine Formularseite geöffnet, wo Sie Angaben zu Ihrer Person machen müssen.

In diesem Formular von Google müssen Sie Ihre persönlichen Daten eingeben und den Namen Ihrer gewünschten E-Mail-Adresse angeben.

Das Formular enthält auch ein Eingabefeld, in dem Sie den Namen der gewünschten E-Mail-Adresse angeben können. Die fertige E-Mail-Adresse setzt sich dann aus dem angegebenen Namen und dem Zusatz *@gmail.com* zusammen.

Nach der Bestätigung der Angaben ist das E-Mail-Konto fertig eingerichtet und kann sofort verwendet werden. Falls Sie das Konto sofort einsehen wollen, klicken Sie auf die Funktion *Weiter zu Gmail*.

Das E-Mail-Konto ist eingerichtet.

In der E-Mail-Verwaltung von Google finden Sie dann auch die Möglichkeit, sich wieder abzumelden. Das sollten Sie tun, wenn Sie das Google-E-Mail-Postfach später mit dem Programm *Mail* verwalten wollen. Rechts oben im Fenster finden Sie die Funktion dafür. Wenn Sie auf das Bild mit der Person klicken, öffnet sich ein kleines Menü, das auch die Funktion *Abmelden* enthält.

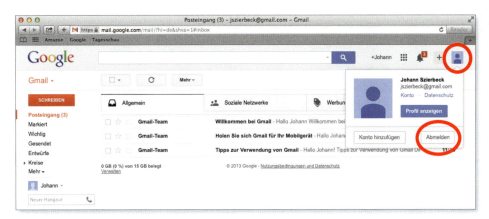

In der E-Mail-Verwaltung kann man sich auch wieder abmelden.

Das war's! Das E-Mail-Postfach bei Google ist damit fertig eingerichtet.

Kapitel 3 Internet: Safari, Mail, FaceTime und Skype

E-Mail-Adresse bei iCloud von Apple (kostenlos)

Auch Apple bietet einen kostenlosen E-Mail-Service an. Dieser heißt iCloud und ist seit Herbst 2011 für jeden Anwender kostenlos verfügbar. Der große Vorteil von iCloud ist die nahtlose Integration in das System Ihres Rechners. Ihr Rechner ist ebenso wie iCloud von Apple! Da ist es nicht verwunderlich, dass die beiden perfekt zusammenarbeiten.

Das Einrichten eines E-Mail-Postfachs bei Apple ist sehr simpel, Sie benötigen dazu die *Systemeinstellungen* aus dem *Apfel-Menü*. Dort finden Sie eine Funktion mit dem Namen *iCloud*. Klicken Sie sie an, und das Fenster wechselt zum Anmeldedialog von iCloud.

„iCloud" befindet sich in den „Systemeinstellungen".

Dort müssten Sie jetzt eine gültige Apple-ID eingeben, also einen Zugangsnamen und das dazugehörige Kennwort. Da Sie diese aber noch nicht besitzen, klicken Sie auf *Apple-ID erstellen*, um einen neuen Zugang einzurichten.

Zuerst muss eine Apple-ID erstellt werden.

Jetzt fehlen nur noch zwei Arbeitsschritte: die persönlichen Angaben und die gewünschte E-Mail-Adresse, und iCloud ist fertig eingerichtet. Als Erstes müssen Sie Angaben über das Land und Geburtsdatum machen.

Land und Geburtsdatum werden für die Apple-ID benötigt.

Kapitel 3 Internet: Safari, Mail, FaceTime und Skype

Im zweiten Schritt werden die persönlichen Angaben abgefragt. Dort finden Sie im oberen Bereich auch das Eingabefeld für die gewünschte E-Mail-Adresse. Aktivieren Sie die Option *Gratis-E-Mail bei iCloud holen* und tippen Sie direkt darunter die gewünschte E-Mail-Adresse ein. Jetzt müssen Sie noch die restlichen Eingaben machen und dann auf die Schaltfläche *Weiter* rechts unten klicken.

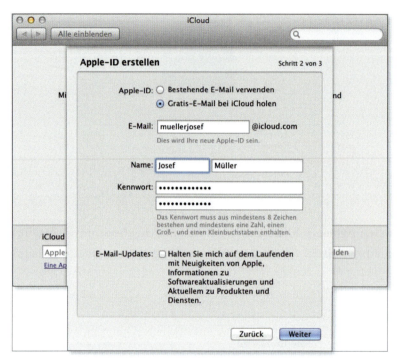

Die persönlichen Angaben für die Apple-ID.

Jetzt dauert es ein paar Sekunden, da der Rechner bei Apple die neue E-Mail-Adresse und damit auch einen neuen Zugang zu iCloud einrichtet. Wenn alles geklappt hat, wechselt das Fenster automatisch zu den Verwaltungsfunktionen von iCloud. Damit sind iCloud und auch die neue E-Mail-Adresse eingerichtet und können ab sofort verwendet werden.

iCloud ist nun aktiviert, und Sie können die neue E-Mail-Adresse sofort verwenden.

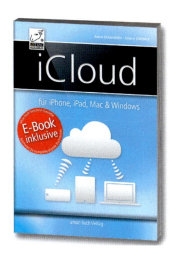

Aber iCloud kann noch mehr. Wie Sie an dem Bildschirmfoto erkennen, können z. B. Kalender- oder Kontaktdaten mit anderen Geräten wie iPhone oder iPad abgeglichen werden. Dazu haben wir ein eigenes Buch verfasst. Es kostet € 12,95 und ist über den Buchhandel, bei amazon.de und bei amac-buch.de erhältlich.

Kapitel 3 Internet: Safari, Mail, FaceTime und Skype

Das Programm Mail einrichten und benützen

Mail starten, um das Programm einzurichten

Als ersten Schritt starten Sie das Programm *Mail*, das Sie im Dock sehen. Klicken Sie hierzu einmal auf das entsprechende Symbol mit dem Adler auf der Briefmarke, und das Programm *Mail* öffnet den Einrichtungsassistenten.

Das Programmsymbol „Mail" im Dock.

Sogleich erscheint der Willkommensbildschirm und weist Sie darauf hin, dass noch kein E-Mail-Postfach vorhanden ist und deswegen eines hinzugefügt werden muss. Wählen Sie zuerst den Anbieter Ihrer E-Mail-Adresse aus, z. B. Google.

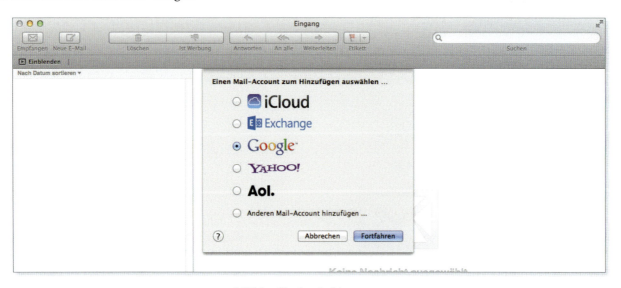

Wählen Sie den Anbieter aus.

Der Name, die E-Mail-Adresse und das dazugehörige Kennwort werden benötigt.

Als Nächstes werden die Daten Ihres E-Mail-Postfachs benötigt. Wie Sie sehen, können Sie hier neben Ihrem *Namen* und Ihrer *E-Mail-Adresse* auch das vorher definierte *Kennwort* eintragen.

Klicken Sie sodann auf *Konfigurieren*.

Wenn Ihre Internetverbindung aktiv ist, wird das Programm *Mail* jetzt aufgrund Ihrer E-Mail-Adresse so clever sein und sofort alle notwendigen Einstellungen für Sie vornehmen.

„Mail" hat alle Einstellungen selbstständig vorgenommen.

Sie haben also mit dem Programm *Mail* eine sehr einfach zu konfigurierende Software, um Ihre E-Mail-Adresse dort zu hinterlegen.

Kapitel 3 Internet: Safari, Mail, FaceTime und Skype

 Dies funktioniert **nicht nur** bei E-Mail-Adressen von Google, auch von den vorhin schon erwähnten möglichen E-Mail-Adressen bei t-online.de, GMX oder iCloud sind diese Daten bereits hinterlegt. Dort genügt also ebenfalls der Eintrag Ihrer E-Mail-Adresse und des Kennworts, alle anderen Daten werden selbstständig eingetragen, und alles wird fertig konfiguriert.

Wenn Sie die Zusammenfassung gelesen haben, klicken Sie erneut auf *Erstellen,* und sogleich erscheint das nächste Fenster, in dem Sie einen Überblick über Ihre empfangenen E-Mails erhalten. Um einen Überblick über die Postfächer zu bekommen, klicken Sie links oben auf die Schaltfläche *Anzeigen.* Sie sehen dann in der linken Spalte bei den Postfächern den Begriff *Eingang.*

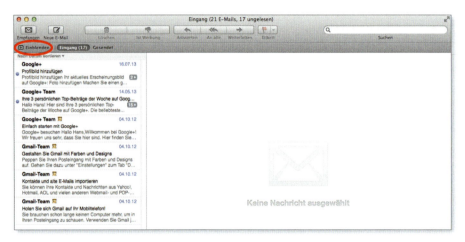

Zuerst sollten die Postfächer eingeblendet werden ...

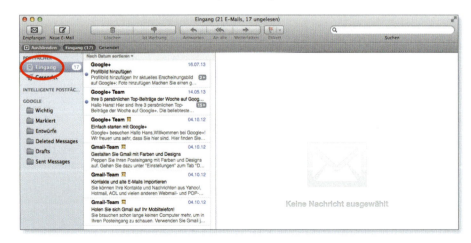

... um den Eingangsordner sichtbar zu machen.

Und obwohl Sie noch gar keine E-Mails abgesendet haben, hat Ihnen Google in diesem Fall bereits die ersten E-Mails gesendet, denn Sie haben sich ja vorher Ihre E-Mail-Adresse besorgt und Ihr Kennwort hierfür spezifiziert. Google bestätigt Ihnen mithilfe der E-Mails diese Eingaben. Um die E-Mails zu lesen, müssen Sie sie nur auswählen, und auf der rechten Seite erscheint der Inhalt der E-Mails.

Wenn Sie möchten, können Sie nun ausprobieren, ob auch das Versenden von E-Mails klappt. Dazu klicken Sie oben in der Leiste auf den Knopf *Neue E-Mail* . Daraufhin erscheint ein neues leeres Fenster.

Selbsttest: Schreiben Sie sich eine E-Mail.

Geben Sie dort bei *An:* Ihre eigene E-Mail-Adresse ein, bei *Betreff:* und darunter einen Text Ihrer Wahl. Haben Sie alles fertig eingetragen, klicken Sie auf *Senden* . Damit wird die E-Mail von Ihrem Computer aus in das Internet abgeschickt.

Warten Sie wenige Sekunden und klicken Sie danach auf *Empfangen* , und wenn alles wunschgemäß geklappt hat, müsste jetzt eine weitere E-Mail in Ihrem Postfach gelandet sein.

Alles hat geklappt, die Mail ist zu Ihnen zurückgekommen.

Kapitel 3 Internet: Safari, Mail, FaceTime und Skype

Und wie Sie an dem Bildschirmfoto erkennen können, ist die E-Mail in das Internet gesendet worden und kam dann über die verschiedenen Rechner im Internet wieder in Ihr *Eingang*-Postfach zurück, weil Sie ja Ihre eigene E-Mail-Adresse als Empfänger dieser Nachricht angegeben haben.

Mit dieser Übung können Sie sicher sein, dass Sie von nun an in der Lage sind, an beliebige E-Mail-Adressen E-Mails zu versenden. Und seien Sie ganz beruhigt, die E-Mails kommen auch an. Eine ungeschriebene Regel besagt, dass man eine E-Mail binnen 24 Stunden beantwortet haben sollte. Sollten Sie danach noch keine Antwort erhalten haben, könnte ein Nachhaken nicht schaden.

Zusätzliche E-Mail-Postfächer einrichten

Das erste E-Mail-Postfach ist eingerichtet, wenn Sie aber mit mehr als einer E-Mail-Adresse arbeiten, müssen die anderen Postfächer noch zusätzlich eingerichtet werden. Wenn Sie z. B. eine weitere E-Mail-Adresse bei T-Online, Google oder iCloud haben, sollten Sie diese auch mit dem Programm *Mail* verwalten.

Ein zusätzliches E-Mail-Postfach ist sehr schnell eingerichtet. Das Apple-Betriebssystem hat dafür eine zentrale Stelle, bei der die E-Mail-Zugänge verwaltet und neue hinzugefügt werden können. Öffnen Sie die *Systemeinstellungen* im *Apfel-Menü* und wählen Sie anschließend *Internetaccounts* aus.

In den „Systemeinstellungen" werden die E-Mail-Postfächer verwaltet.

Wie Sie vielleicht feststellen werden, ist der E-Mail-Account, den Sie vorhin im Programm *Mail* angelegt haben, bereits auf der linken Seite aufgelistet. Um nun einen weiteren Account hinzuzufügen, klicken Sie auf die gleichnamige Funktion. Daraufhin werden auf der rechten Seite einige E-Mail-Dienste aufgelistet. Um nun z. B. einen T-Online-Account hinzuzufügen, klicken Sie auf *Anderen Account hinzufügen.*

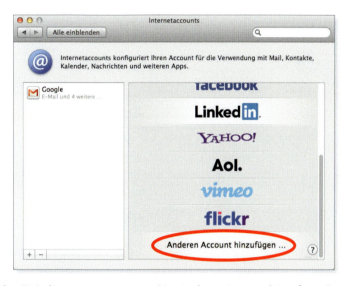

Für den T-Online-Account müssen Sie „Anderen Account hinzufügen" wählen.

Da es verschiedene Arten von Accounts gibt, die vom Mac verwaltet werden können, müssen Sie in der daraufhin geöffneten Liste die erste Option *E-Mail-Account hinzufügen* auswählen.

Ein neuer E-Mail-Account soll hinzugefügt werden.

Als Nächstes werden Sie dazu aufgefordert, die E-Mail-Adresse und das Kennwort des E-Mail-Postfachs anzugeben – genauso wie vorher beim erstmaligen Starten von *Mail*.

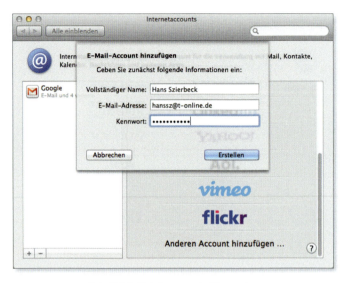

Die E-Mail-Adresse wird benötigt.

Wenn Sie anschließend auf *Erstellen* klicken, nimmt der Rechner über das Internet Verbindung zum E-Mail-Anbieter auf und überprüft Ihre Angaben. War bei der Überprüfung alles in Ordnung, ist das neue Postfach fertig eingerichtet.

Den gesamten Vorgang können Sie für jedes E-Mail-Postfach wiederholen. Wenn Sie fertig sind, können Sie das Programm *Mail* wieder starten. Sie werden sehen, dass in der linken Spalte beim Ordner *Eingang* nun die einzelnen E-Mail-Postfächer aufgelistet sind, mit denen Sie ab sofort arbeiten können.

Alle E-Mail-Postfächer sind eingerichtet.

E-Mails mit Mail

Nachdem alles eingerichtet ist, starten Sie das Programm *Mail* aus dem Dock heraus. Das Fenster ist aufgeteilt in drei Spalten. Falls nur zwei Spalten angezeigt werden, klicken Sie auf die Funktion *Einblenden* links oben im Fenster. Damit wird die Spalte mit den Postfächern eingeblendet. In dieser sehen Sie die verschiedenen Postfächer mit dem Eingangsordner. Dort werden die neu eingegangenen Mails abgelegt. Des Weiteren sehen Sie einen *Gesendet*-Ordner in Form eines Papierfliegers. In der zweiten Spalte werden die E-Mails der einzelnen Postfächer aufgelistet. Die dritte Spalte ist für die Anzeige des E-Mail-Inhalts zuständig. Sobald Sie eine empfangene E-Mail auswählen, wird im rechten Teil der Inhalt der E-Mail dargestellt.

Das leere Fenster des Programms „Mail".

Eine E-Mail empfangen

Der Empfang der E-Mails geht standardmäßig automatisch. Die E-Mails werden vom E-Mail-Computer in regelmäßigen Intervallen aus dem Internet abgerufen. Der Zeitraum kann in den *Einstellungen* des Programms eingesehen und geändert werden.

Gehen Sie unter dem Menüpunkt *Mail* zu *Einstellungen* oder drücken Sie die Tastaturkombination *cmd + , (Komma)*. Es erscheinen die Einstellungen zum Programm *Mail*.

Kapitel 3 Internet: Safari, Mail, FaceTime und Skype

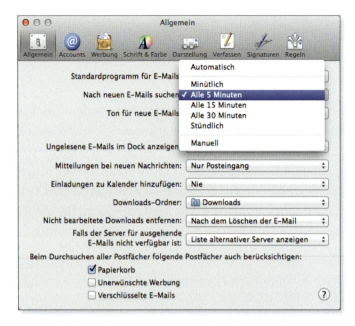

Die Einstellungen zum Intervall des Mailempfangs.

> **Tipp:** In jedem Apple-Programm lassen sich die jeweiligen **Grundeinstellungen** mit der Tastenkombination **cmd + ,** aufrufen.

Wenn Sie nun eine E-Mail erhalten, sehen Sie, dass sich die zweite Spalte mit einer Betreffzeile und einem Absender sowie dem Datum füllt. Links ist ein blauer Knopf zu sehen, der anzeigt, dass die E-Mail noch nicht gelesen wurde.

Eine neue Mail ist angekommen. Man erkennt an dem voranstehenden blauen Punkt, dass sie noch nicht gelesen wurde.

Möchten Sie die E-Mail jetzt lesen, so klicken Sie auf den Namen oder den Betreff. Der blaue Punkt verschwindet, und der rechte Bereich füllt sich mit dem Inhalt der E-Mail.

Die Mail kann erst gelesen werden, wenn man sie anklickt.

Wenn Sie nicht den gesamten Inhalt lesen können, müssen Sie im rechten Feld entweder scrollen oder Sie ziehen das Fenster an der rechten Seite größer. Reicht Ihnen das immer noch nicht, können Sie die E-Mail mit einem Doppelklick auf die Betreffzeile auch in einem separaten Fenster öffnen.

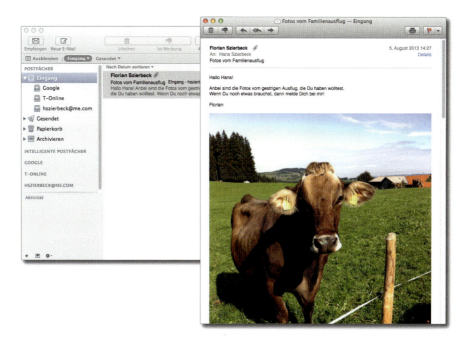

Die E-Mail wurde per Doppelklick in einem extra Fenster geöffnet.

Kapitel 3 Internet: Safari, Mail, FaceTime und Skype

Eine E-Mail beantworten

Markieren Sie die E-Mail durch einmaliges Anklicken und klicken Sie dann auf den Knopf *Antworten*. Die E-Mail öffnet sich in einem separaten Fenster.

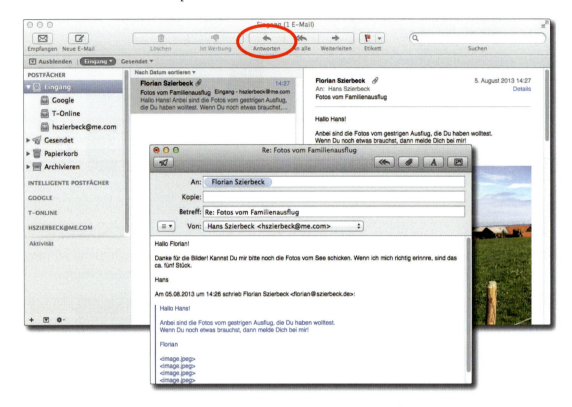

Es ist auf „Antworten" geklickt worden. Die Antwort-E-Mail ist schon für den Versand vorbereitet.

Eigentlich müssen Sie nicht mehr viel tun, außer die E-Mail zu beantworten. Der Absender wird automatisch als Adressat eingesetzt. Sie können die Betreffzeile gleich so lassen, wie sie ist. So weiß der Absender, dass Sie auf seine E-Mail Bezug nehmen. Sie sehen, die Betreffzeile bekommt ein *Re* und einen Doppelpunkt davor, was so viel heißt wie *Return*, also zurück zum Absender.

Der Cursor blinkt schreibbereit in der ersten Zeile des unteren Teils des Fensters. Sie können also schon loslegen und den gewünschten Text eintippen.

 Schalten Sie zwischen **Zeilen** bzw. den inhaltlichen **Absätzen** immer wieder ein ↵, dann wird die E-Mail übersichtlicher.

Der ursprüngliche E-Mail-Text wird ebenfalls mit in die E-Mail einkopiert. So kann der Absender sich sofort daran erinnern, worauf Sie eigentlich antworten.

Sind Sie nun fertig mit dem Schreiben, klicken Sie auf den *Senden*-Knopf, der das Papierfliegersymbol trägt. Zur Erinnerung: Er befindet sich unterhalb der drei farbigen Knöpfe. Und ab geht die Post!

Eine beantwortete E-Mail wird so angezeigt, dass Sie nun vorne einen Pfeil, der nach links zeigt, sehen. Somit signalisiert Ihnen das Programm, dass Sie diese E-Mail bereits beantwortet haben.

Diese E-Mail ist beantwortet worden. Der kleine graue Pfeil vor dem Absender zeigt das an.

Möchten Sie Ihre Antwort noch einmal lesen, so klicken Sie einfach auf den kleinen grauen Pfeil, und das Programm wird die von Ihnen geschriebene Antwort anzeigen.

Die von Ihnen gesendete Nachricht befindet sich im Gesendet-Ordner. Bitte einige Zeit aufbewahren, damit Sie die Korrespondenz verfolgen können.

Eine Gesamtübersicht über Ihre gesendeten E-Mails finden Sie in den Postfächern links, im Ordner *Gesendet* (das Ordnersymbol sieht wie ein kleiner Papierflieger aus). Wenn Sie von Zeit zu Zeit einmal daraufklicken, sehen Sie alle E-Mails, die Sie jemals geschrieben haben (sofern sie nicht bereits gelöscht wurden).

Kapitel 3 Internet: Safari, Mail, FaceTime und Skype

Eine ganz neue E-Mail verfassen

Möchten Sie eine E-Mail an jemanden verfassen, der Ihnen noch keine E-Mail gesendet hat, so tun Sie das über den Knopf *Neue E-Mail* . Wenn Sie diesen gedrückt haben, erscheint wiederum ein neues Fenster, diesmal ist dieses Fenster aber komplett leer.

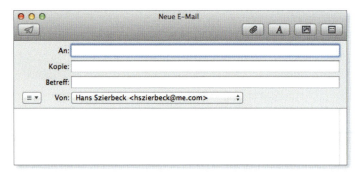

Eine neue E-Mail verfassen. Das Fenster ist komplett leer und muss mit Inhalt beschrieben werden.

Schreiben Sie zunächst die Adresse des Empfängers in das dafür vorgesehene Feld namens *An:*. Dazu brauchen Sie natürlich die korrekte E-Mail-Adresse des Empfängers.

 Sollte **nur eine der Komponenten in der E-Mail-Adresse falsch geschrieben** sein, wird die E-Mail **nicht zugestellt** werden können. **Zur Erinnerung: keine Leerräume angeben.**

Mehrere Adressaten eingeben

Sie können auch mehrere Empfänger angeben: Schreiben Sie dazu eine weitere Adresse in das Feld *Kopie:*.

Diese E-Mail geht an vier verschiedene Empfänger.

So wird eine einzige E-Mail mit dem gleichen Inhalt an mehrere Empfänger gesendet. Allerdings können alle, die die E-Mail erhalten, sehen, dass es noch weitere Empfänger gibt.

Eine E-Mail mit Anhang verschicken

Eine E-Mail kann nicht nur Text enthalten, sondern Sie können auch eine Datei oder ein Bild mit der E-Mail verschicken. Dabei gibt es keine Einschränkung, welche Art von Datei Sie mit der E-Mail versenden, egal ob es ein Bild, ein PDF oder eine Word-Datei ist.

Um eine E-Mail mit Anhang zu erstellen, müssen Sie wie gehabt eine neue E-Mail erstellen. Anschließend klicken Sie auf die Büroklammer im oberen Bereich des E-Mail-Fensters. Daraufhin werden Sie aufgefordert, die Datei auszuwählen, die an die E-Mail angehängt werden soll.

Mit der Büroklammer können Sie Dateien als E-Mail-Anhang verschicken.

Haben Sie die Datei ausgewählt, wird diese in die E-Mail integriert und erscheint im E-Mail-Text. Dort können Sie den Anhang noch beliebig positionieren.

Kapitel 3 Internet: Safari, Mail, FaceTime und Skype

Die Datei wurde an die E-Mail angehängt.

> Ein E-Mail-Anhang muss nicht nur aus einer Datei bestehen, Sie können auch mehrere Dateien anhängen. Führen Sie die Arbeitsschritte zum Anhängen einfach so oft aus, bis alle Dateien an die E-Mail angehängt sind.

Fotos mit einer E-Mail verschicken

Auch Fotos können per E-Mail verschickt werden. Wie Sie ein Foto aus der iPhoto-Bibliothek verschicken, erfahren Sie im Kapitel 4 auf Seite 182.

Eine E-Mail löschen

Möchten Sie eine vorhandene E-Mail löschen, so wählen Sie die E-Mail in der zweiten Spalte aus und klicken anschließend auf *Löschen* im Kopf des Programmfensters. In diesem Moment wird die E-Mail aber noch nicht gelöscht. Sie können die E-Mail endgültig entfernen, indem Sie sie im *Papierkorb*-Ordner, der nun in der ersten Spalte bei den Postfächern sichtbar ist, noch einmal anwählen und die Funktion *Löschen* in der Symbolleiste erneut aktivieren oder die ←-Taste *(Backspace)* verwenden. Dann wird die E-Mail definitiv entfernt.

> **Sinn des Papierkorbs** ist, wie im echten Leben, sich des (Daten-)Mülls zu entledigen. **Löschen Sie also von Zeit zu Zeit E-Mails**, die Sie nun wirklich nicht mehr benötigen, aus Ihren Postfächern.

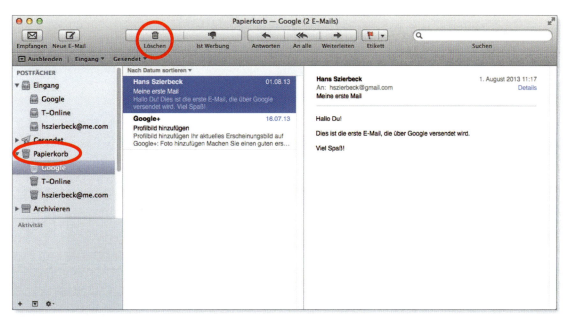

Die Mail liegt nun im Papierkorb. Endgültig wird sie allerdings erst gelöscht, wenn man den „Löschen"-Knopf erneut betätigt.

> **!** **Dieser Vorgang ist tatsächlich endgültig und die E-Mails sind für immer vom Computer entfernt.** Später, wenn Sie gelernt haben, eine Sicherungskopie Ihrer Daten zu erstellen, haben Sie vielleicht noch die Chance auf eine Wiederherstellung.

> **!** Das Löschen von E-Mails **sollten Sie sich gut überlegen**, denn eigentlich zeigt **Mail** ja, wie bereits erwähnt, die Korrespondenz Ihrer elektronischen Post. **Und vielleicht möchten Sie ja zu einem späteren Zeitpunkt einmal nachsehen, was Ihnen jemand geschrieben und was Sie darauf geantwortet haben.** Meine Empfehlung: Heben Sie E-Mails mindestens ein halbes Jahr auf – oder für immer, falls sie sehr wichtig zu sein scheinen.

Empfangen von E-Mails mit Bildern

Wenn Sie eine E-Mail bekommen, an der ein Bild angehängt ist, so handhabt das Programm *Mail* das ganz unkompliziert. Sie bekommen den Text zusammen mit dem Bild im unteren Bereich angezeigt. So können Sie das Bild betrachten und einfach in der E-Mail belassen. Zum anderen aber gibt es nun verschiedene Verwendungsmöglichkeiten.

Kapitel 3 Internet: Safari, Mail, FaceTime und Skype

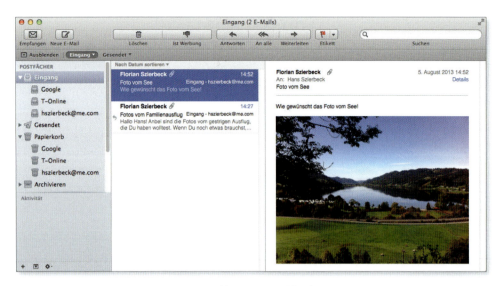

Die E-Mail hat einen Bildanhang.

Bilder aus dem Programm Mail exportieren

Bild in iPhoto exportieren

Ein Beispiel wäre, das Bild in das Programm *iPhoto* zu exportieren. Möchten Sie das Bild aus dem E-Mail-Programm herausholen, drücken Sie die ctrl-Taste und klicken Sie auf das Bild.

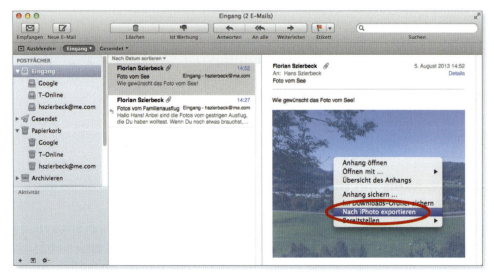

Bei der Einstellung „Nach iPhoto exportieren" kopiert „Mail" das Bild in das Bildverwaltungsprogramm „iPhoto".

Daraufhin klappt das Kontextmenü auf, das den Unterpunkt *Nach iPhoto exportieren* beherbergt. Wählt man diesen aus, wird das Foto automatisch zum Programm *iPhoto* hinzugefügt. Wie man versiert mit *iPhoto* umgeht, lernen Sie ausführlich in Kapitel 4 ab Seite 156.

Bild in den Ordner Downloads exportieren

Wenn Sie das Bild nur archivieren wollen, müssen Sie aus dem Kontextmenü (*ctrl + Klick* bzw. rechte Maustaste) die Funktion *Im Downloads-Ordner sichern* auswählen. Wenn Sie das getan haben, hüpft das Dock einmal, und das Bild wird automatisch in den *Downloads*-Ordner gelegt, von wo aus Sie es dann betrachten können. Sie erreichen den *Downloads*-Ordner über das Dock.

Das Bild steht anschließend dem Betriebssystem zur Verfügung. Vom *Downloads*-Ordner aus können Sie, wie in weiteren Kapiteln beschrieben, das Bild z. B. in anderen Programmen verwenden.

Bild 1: Das Bild ist im „Downloads"-Ordner gelandet.
Bild 2: Wenn Sie den „Downloads"-Ordner im Dock anklicken, klappt der Inhalt des Ordners sichtbar auf.
Bild 3: Wenn Sie auf „Im Finder öffnen" klicken, öffnet sich das Fenster des Ordners und zeigt seinen Inhalt an.

Wenn Sie das Foto im Fenster doppelt anklicken, wird es im Programm „Vorschau" angezeigt.

Kapitel 3 Internet: Safari, Mail, FaceTime und Skype

Wenn Sie das Bild im Programm *Vorschau* geöffnet und betrachtet haben, beenden Sie das Programm wieder, um zu *Mail* zurückzukehren.

Suchen von verloren gegangenen E-Mails

Stellen Sie sich vor, Sie haben sehr viele E-Mails bekommen, und es wird unübersichtlich. Sie haben aber noch im Kopf, dass sich das Thema der Korrespondenz z. B. um Fotos gedreht hat. Dann geben Sie oben in der Titelleiste in die längliche Eingabezeile bei der Lupe den Begriff *foto* ein. Auf diese Weise wird sofort nach dem Begriff gesucht. Meist reichen schon ein paar Buchstaben, um die korrekten E-Mails zu finden.

Geben Sie oben rechts in die Suchfunktion den Suchbegriff ein. „Mail" listet alle zutreffenden Mails auf.

Es werden alle E-Mails, die das Stichwort enthalten, aufgelistet. Das können mehrere E-Mails sein. Um die Suche weiter einzugrenzen, geben Sie einen zweiten Begriff ein, den die E-Mail enthalten könnte. So wird die Anzahl der zutreffenden E-Mails reduziert.

E-Mails als Werbung markieren

Bekommen Sie – aus welchen Gründen auch immer – viele Werbe-E-Mails oder unerwünschte E-Mails, so können Sie diese als Werbung markieren. Neben dem *Löschen*-Knopf finden Sie den Knopf *Ist Werbung*. Wenn Sie diesen Knopf drücken, wird die ausgewählte E-Mail als *Werbung* markiert.

Ist eine E-Mail als Werbung markiert, wird sie bräunlich gekennzeichnet.

Sie können diesen Mechanismus jederzeit wieder aufheben, indem Sie die E-Mail erneut anklicken und den Werbe-E-Mail-Knopf, der jetzt *Keine Werbung* anzeigt, noch einmal drücken.

> **!** Viele **E-Mail-Accounts haben einen extra Werbe-E-Mail**-Ordner. Das nachfolgende Bildschirmfoto zeigt Werbeordner in der linken Spalte von Mail.

Bei vielen E-Mail-Accounts wird ein eigener Papierkorb für Werbung erstellt, der sogenannte Spam-Ordner, der dann in der linken Spalte zu sehen ist. Unerwünschte E-Mails werden dort gesammelt. So kann man sich ihrer schnell entledigen.

> **Spam-E-Mails** sind E-Mails, **die unerwünschte Werbung, Viren oder dubiose Daten** enthalten können. Aber keine Angst, Ihr Apple ist vor Viren und sonstigen Krankheiten bestens geschützt.

> Manchmal „verlaufen" sich auch **heiß ersehnte E-Mails** eines neuen Absenders in die Ordner für Werbung. Sollten Sie eine erwarten, jedoch **auch nach Nachfragen nicht erhalten** haben, wäre es an der Zeit, einmal den Werbe-E-Mail-Ordner danach zu durchstöbern.

Kapitel 3 Internet: Safari, Mail, FaceTime und Skype

Das Ordnen von E-Mails

Wenn Sie Ihre E-Mails so ordnen wollen, dass nicht alle im Posteingang lagern, haben Sie die Möglichkeit, neue Postfachordner zu erstellen. Links unten in der Ecke des Mailprogramms befindet sich ein kleines Plus. Dieses drücken Sie und klicken dann auf *Neues Postfach*.

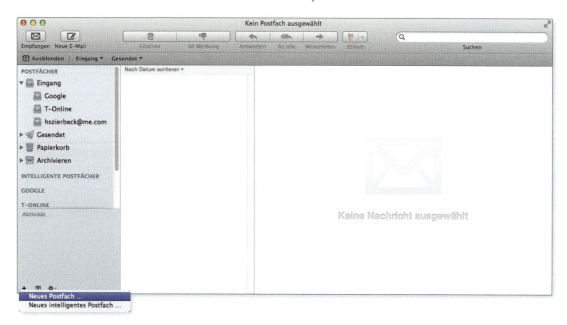

In der linken unteren Ecke des Mailprogramms können Sie neue Postfachordner generieren.

Sie geben jetzt einen Namen ein, z. B. den Namen *Gelesen*. Dieses neue Postfach wird unter dem Register *Lokal* vorgeschlagen. Es könnte dazu dienen, bereits gelesene Mails zu archivieren. Falls Sie zuvor ein Postfach ausgewählt hatten, erscheint nicht die Bezeichnung *Lokal*, sondern der Name des Postfachs wie z. B. *iCloud*. Klappen Sie das Menü *Ort* auf und Sie stellen auf *Lokal* um.

Neuen Postfachordner anlegen: Erstellen Sie unter dem Ort „Lokal" ein Postfach namens „Gelesen".

Wenn Sie nun die linke Spalte betrachten, ist bei *Lokal* der Ordner *Gelesen* sichtbar.

Neues Postfach angelegt.

Ziehen Sie jetzt die E-Mails, die Sie in den *Gelesen*-Ordner einsortieren wollen, an der *Betreff*-Zeile vom E-Mail-Fenster aus in das neue Postfach hinein.

VIP

Besonders clever ist die sogenannte *VIP-Funktion*. Damit können E-Mail-Kontakte zu *VIPs* (Very Important Person = sehr wichtige Person) deklariert werden. Mail erzeugt automatisch ein neues Postfach und sortiert darin die VIP-E-Mails noch einmal an einem prominenten Ort ein.

Wie erstellt man einen VIP-Kontakt?

E-Mail-Kontakt zur „VIP-Liste" hinzufügen.

Suchen Sie sich eine E-Mail, die von der Person abgesendet wurde, die nun ein VIP-Partner werden soll. Zeigen Sie mit der Maus auf die Absenderadresse und klicken Sie dann das eingeblendete Sternchen an ❶. Dadurch wird der Name der Person in die *VIP-Liste* aufgenommen ❷. Sie können grundsätzlich beliebig viele Kontakte als VIP-Partner einstufen. Damit entsteht automatisch ein neues Postfach. Sobald Sie dieses anklicken, erscheinen alle E-Mails, die Sie von Ihren VIP-Partnern erhalten haben.

Kapitel 3 Internet: Safari, Mail, FaceTime und Skype

 Um einen E-Mail-Partner wieder von der **VIP-Liste** zu entfernen, klicken Sie erneut in der rechten Spalte neben dem Absender das Sternchen ❶ an, und der Kontakt wird aus der **VIP-Liste** entfernt.

Alle E-Mails, die Sie nun mit Ihren VIP-Partnern ausgetauscht haben, erhalten auch in der *Posteingang*-Liste das *Sternchen*-Icon ❸.

 Um sehr schnell und elegant in Ihr **VIP-Postfach** zu gelangen, können Sie ab nun die Tastenkombination **cmd + 2** verwenden. Alternativ gehen Sie über den Menüpunkt **Postfach –> Favoriten-Postfach öffnen** und wählen dort **VIPs** aus.

Vollbildmodus

Zum komfortablen Arbeiten bietet das Programm *Mail* noch den sogenannten Vollbildmodus. Im Vollbildmodus werden alle Dinge, die im Hintergrund angezeigt werden, wie der Schreibtisch oder andere Programme, ausgeblendet, und das Programmfenster wird auf maximale Bildschirmgröße geändert. Damit können Sie sich voll und ganz auf das Programm konzentrieren und werden nicht durch andere Dinge im Hintergrund abgelenkt.

Der Vollbildmodus lässt sich sehr leicht aktivieren. Klicken Sie nur auf den diagonalen Doppelpfeil rechts oben in der Ecke. Der Vollbildmodus wird dadurch sofort aktiviert.

Mit dem Doppelpfeil kann der Vollbildmodus aktiviert werden.

Um den Vollbildmodus wieder zu verlassen und den Bildschirmhintergrund wieder sichtbar zu machen, müssen Sie nur die *esc*-Taste (escape = verlassen) links oben auf Ihrer Tastatur drücken.

 Es gibt noch andere Programme, die den Vollbildmodus unterstützen. Dazu gehören Safari, Kalender, iTunes und die Programme der Apple-iWork-Serie (Pages, Keynote und Numbers).

Videokonferenz mit FaceTime

FaceTime ist eine sehr elegante Möglichkeit, via Bildtelefon mit anderen Mac-Rechnern in Kontakt zu treten, also zu chatten. Aber damit nicht genug: Auch iPhone- und iPad-Geräte können über FaceTime angerufen werden. Notwendig hierfür ist ein iPad ab der zweiten Generation bzw. das iPhone 4/4S oder neuer. Die Geräte verfügen über zwei Kameras: eine an der Front und eine an der Rückseite. Darüber hinaus muss ein iPhone 4 mit einem WLAN-Netzwerk verbunden sein, um über die mobile Telefonnummer per FaceTime erreichbar zu sein. Ab dem iPhone 4S funktioniert FaceTime auch über das mobile Netz. Das iPad und auch der Computer werden über eine E-Mail-Adresse angerufen. Wenn wir also nun FaceTime auf dem Rechner starten und konfigurieren, muss dabei eine E-Mail-Adresse hinterlegt werden.

> **Chat** (engl.: to chat – „plaudern, sich unterhalten") bezeichnet elektronische Kommunikation in Echtzeit über das Internet. **Eine frühere Form des Chats gab es in den 80er-Jahren über den CB-Funk**. Die ursprüngliche Form des Internetchats ist der reine Textchat, bei dem nur Zeichen ausgetauscht werden konnten. Mittlerweile kann – je nach System – eine Ton- und/oder Videospur dazukommen bzw. den **Textchat** ersetzen. Man spricht von **„Audio-"** bzw. **„Videochat"**. (Quelle: Wikipedia)

FaceTime ist ein eigenständiges Programm und kann entweder über den *Programme*-Ordner, das Dock oder über das Launchpad (siehe Kapitel 5 Seite 243) gestartet werden.

Apple-ID eintragen.

Wenn FaceTime gestartet wird, können Sie dort Ihre Apple-ID hinterlegen.

Kapitel 3 Internet: Safari, Mail, FaceTime und Skype

 Sie erinnern sich: Die Apple-ID beinhaltet die Zugangsdaten, die Sie auch im Rahmen von iCloud oder iTunes verwenden. Sofern Sie ein iPad oder ein iPhone besitzen, haben Sie ebenfalls bereits eine Apple-ID, die Sie nun hier eintragen können.

Sollten Sie noch keine Apple-ID haben, können Sie innerhalb von FaceTime eine neue Apple-ID erstellen.

 Es ist notwendig, dass es eine zentrale Stelle gibt, auf die alle Anwender, die über FaceTime verfügen, zugreifen. Jede Apple-ID bzw. Mobilfunknummer, die auf einem iPhone läuft und auch in FaceTime aktiviert ist, meldet sich zentral bei einem Apple-Server an. Darüber wird dann die Kommunikation etabliert.

Nachdem Sie neben Ihrer Apple-ID möglicherweise auch weitere E-Mail-Adressen haben, können Sie zusätzliche E-Mail-Adressen definieren, unter denen Sie ebenfalls per FaceTime erreichbar sein möchten. Wählen Sie dazu den Eintrag *FaceTime –> Einstellungen*.

Einstellungen in FaceTime.

Sie sehen in den Voreinstellungen, dass an diesem Arbeitsplatz derzeit FaceTime aktiv ist Ⓐ. Darunter sehen Sie die Apple-ID Ⓑ. Damit haben Sie alle Grundeinstellungen am Mac erledigt, um für zukünftige

FaceTime-Anrufe gewappnet zu sein. Versucht jemand, mit Ihnen Kontakt aufzunehmen, so erscheint der Name der anrufenden Person im Titel. Sie können darunter den Anruf mit dem grünen Button annehmen.

Anruf über FaceTime.

Sobald der Anruf durchgestellt ist, sehen Sie das Livebild Ihres Gegenübers. Sie haben in dem nun erscheinenden Fenster einige sehr interessante Funktionen.

Sie sehen zum einen das Bild Ihres Gegenübers und Ihr eigenes Bild. Sie können Ihr eigenes miniaturisiertes Bild an eine beliebige Stelle innerhalb des Fensters ziehen ❶. Wenn Sie die Darstellung von

Quer- auf Hochformat drehen wollen, so verwenden Sie den Button ❷. Möchten Sie den FaceTime-Anrufer bildschirmfüllend sehen, klicken Sie auf den Button ❸, um in den Vollbildmodus zu gelangen. Um kurzfristig das Mikrofon stumm zu schalten, verwenden Sie den dazugehörigen Button ❹. Und ist das Gespräch zu Ende, können Sie via *Beenden* ❺ auflegen.

Da sowohl iPhones als auch iPads auf der Rückseite der Geräte Kameras besitzen, kann Ihr Gegenüber, sofern Sie mit derartigen Geräten verbunden sind, auf die rückwärtige Kamera umschalten. Sie sehen dann, was der Anwender auf der anderen Seite zu Gesicht bekommt. Besonders nett ist, dass FaceTime auch erkennt, ob das iPhone bzw. das iPad im Hoch- oder im Querformat gehalten wird.

Das iPhone verwendet die rückwärtige Kamera – einmal im Hoch- und einmal im Querformat.

FaceTime zeigt die Kontaktliste.

Möchten Sie selbst einen FaceTime-Call starten, so bietet Ihnen *FaceTime* im rechten Teil des Fensters die Kontaktliste an ❶. Die Kontaktliste wird selbstverständlich aus Ihren Kontakten ausgelesen. Deshalb sind auch die Gruppen ❷ verfügbar, die Sie in den Kontakten definiert haben. Natürlich können Sie sehr einfach über die Suchfunktion ❸ aus Ihrer umfangreichen Kontaktliste Personen ausfindig machen. Um einen neuen Kontakt zu erstellen, wählen Sie das +-Icon ❹. Im Regelfall wird es so sein, dass Sie Personen immer wieder per *FaceTime* anrufen. Nehmen Sie diese einfach in die *Favoriten*-Liste ❺ auf.

In Ihrer *Anrufliste* ❻ wird ein Protokoll darüber geführt, welche ein- und ausgehenden FaceTime-Anrufe Sie getätigt haben.

Kontakt im Detail.

Sobald Sie einen Kontakt in Ihrer Liste anklicken, sehen Sie dessen Details. Und dort sind möglicherweise E-Mail-Adresse und Telefonnummer hinterlegt. Ist die E-Mail eine *.mac-*, *.me-* oder *.icloud-*Adresse und hat der andere das Programm *FaceTime* geöffnet, können Sie auf die E-Mail-Adresse klicken, und sofort wird ein Anruf zu dieser Person aufgebaut Ⓐ. Nutzt der Gesprächspartner zusätzlich ein iPhone und ist dieses iPhone in ein WLAN-Netzwerk eingeloggt, so können Sie ebenfalls die Mobilfunknummer anklicken und damit eine FaceTime-Verbindung zum iPhone aufbauen Ⓑ, beim iPhone 4S und neuer auch über das Mobilfunknetz.

Sie sehen also, dass die Videotelefonie über *FaceTime* sowohl über E-Mail-Adressen als auch über Telefonnummern möglich ist. Einmal eingerichtet, funktioniert sie wirklich ganz hervorragend. Sofern Sie ein iPhone besitzen, sollten Sie nicht vergessen, *FaceTime* auch zu aktivieren. Sie finden diese Funktion in den *Einstellungen* bei *FaceTime*. Schieben Sie den Regler nach rechts und nach wenigen Sekunden ist die Aktivierung abgeschlossen, und Ihr iPhone ist nun für FaceTime-Anrufe verfügbar. Anwender wählen dazu Ihre Mobiltelefonnummer.

> Ein FaceTime-Anruf kann Sie auf dem iPhone 4 nur dann erreichen, wenn Sie per WLAN mit dem Internet verbunden sind. Ab dem iPhone 4S beherrschen die neueren Modell **FaceTime** auch über das Mobilfunknetz, dazu muss es allerdings unter **Einstellungen –> Mobiles Netz** bei **Mobile Daten verwenden** aktiviert sein.

„FaceTime" über das Mobilfunknetz muss am iPhone erst eingeschaltet werden.

Und das Gleiche gilt natürlich auch für *FaceTime* auf dem iPad. Gehen Sie dort ebenfalls in die *Einstellungen* und bringen Sie den Schieberegler in die dafür vorgesehene Position. Vergessen Sie beim iPad nicht, ebenfalls Ihre Apple-ID einzutragen. Und das iPad verhält sich genauso wie *FaceTime* am Computer: Sie können weitere E-Mail-Adressen eintragen, unter denen Sie FaceTime-Gespräche empfangen möchten. iPads ab dem Produktionsjahr 2012 können *FaceTime* nicht nur über WLAN, sondern auch über das mobile Datennetz betreiben.

> iPhone- und iPad-Besitzer können zudem seit iOS 7 mit **FaceTime** nur einen Audioverbindung aufbauen. Dabei funktioniert **FaceTime** wie ein normales Telefon oder wie die App **Skype**. Leider kann diese Audioverbindung nur zwischen iOS-Geräten verwendet werden. **FaceTime** am Mac kann dies zurzeit nicht (Stand: Oktober 2013).

Auf dem iPhone oder iPad können Sie mit „FaceTime" auch ganz normal telefonieren.

Mit Skype telefonieren

> **E-Mails** dienen dazu, **zeitversetzte** Kommunikation zu betreiben. Mit **Skype** ist die Kommunikation **direkt** und **unmittelbar** über drei Komponenten möglich: **Text, Ton und Video.** Und damit wir uns nicht falsch verstehen: Weder für E-Mails noch für Skype braucht man einen Apple. Wenn Ihr Gegenüber einen Windows-PC hat, so ist das kein Problem. **Skype gibt es für beide Welten.**

Skype ist kostenfrei und, wie Sie gerade gelesen haben, plattformübergreifend (für Mac und PC). Sie können sogar per Videoübertragung überall auf der Welt telefonieren. Sie können chatten, sich mit Ihren Liebsten „live" unterhalten. Wie das geht, zeigen wir Ihnen im folgenden Abschnitt.

Das Programm Skype installieren

Um chatten zu können, brauchen Sie ein Programm, das die Funktionen, über die wir gerade gesprochen haben, auch ausführen kann. Das prominenteste Programm ist Skype. Skype kann man kostenlos aus dem Internet herunterladen und nach der Einrichtung einer persönlichen Adresse quasi sofort benutzen. Sie brauchen allerdings Partner, die ebenfalls Skype im Einsatz haben, sonst macht das alles nur wenig Sinn.

Kapitel 3 Internet: Safari, Mail, FaceTime und Skype

1. Starten Sie *Safari*.
2. Geben Sie im *Safari*-Fenster beim Eingabefeld den Begriff „Skype für Mac" ein. Die Internetsuche startet sofort und bringt folgende Begriffe:

Wählen Sie den ersten Begriff an …

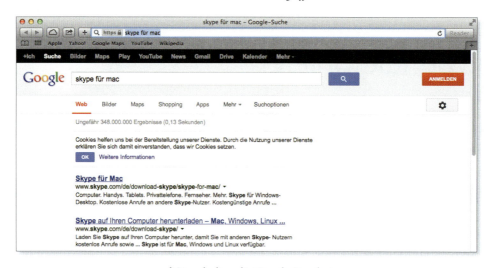

… und Sie erhalten die Google-Ergebnisse.

3. Wählen Sie z. B. den ersten Eintrag der Suche: *„Skype für Mac"* Damit haben Sie die Skype-Seite in Deutsch angewählt.

 Skype wird natürlich **immer wieder verbessert und aktualisiert,** darum lassen Sie sich von **der angegebenen Versionsnummer nicht irritieren**. Auch das Foto in diesem Buch könnte zu dem Zeitpunkt, an dem Sie Skype herunterladen, schon wieder veraltet sein.

4. Wenn Sie die Schaltfläche *Skype für Mac herunterladen* auf der Skype-Internetseite drücken, startet der Download des Programms automatisch. In der Zwischenzeit können Sie sich über die Installation informieren, während Skype im Ordner *Downloads* im Dock abgelegt wird. Das dauert – je nach Verbindungsgeschwindigkeit – ein paar Minuten.

Das Programm wird automatisch heruntergeladen.

> **Downloaden** = herunterladen. Eine Datei, auch Englisch **File** genannt, wird von einem Computer irgendwo auf der Welt über die DSL-Leitung auf Ihren Computer **heruntergeladen**. Der Mac ist so organisiert, dass sich alle **Downloads** im gleichnamigen Ordner sammeln. **Diesen erreichen Sie über das Dock.**

5. Ist der Download beendet, müssen Sie das Paket zuerst entpacken. Um den Download zu beschleunigen, werden Daten sehr häufig in einem Paket zusammengefasst und reduziert, den Vorgang nennt man Komprimieren. Bevor man komprimierte Daten verwenden kann, müssen sie wieder dekomprimiert bzw. entpackt werden. Öffnen Sie dazu im Dock den *Downloads*-Ordner und klicken Sie auf die Datei, deren Name mit *Skype* beginnt. Ihr Mac öffnet bzw. entpackt nun automatisch das Skype-Paket, und Sie erhalten anschließend ein neues Fenster.

Das Skype-Paket im „Downloads"-Ordner muss zuerst entpackt werden.

6. Ziehen Sie, wie im nächsten Bildschirmfoto abgebildet, innerhalb des Fensters das *Skype*-Symbol auf das *Applications*-Symbol (*Programme*-Ordner).

Dieses Fenster müsste sich nun auf Ihrem Schreibtisch befinden.

7. Daraufhin wird folgender Dialog erscheinen.

Sie haben keine Berechtigung, den „Programme"-Ordner zu verändern. Das darf nur der Administrator.

8. Klicken Sie auf *Authentifizieren* und geben Sie den Namen des Administrators und dessen Kennwort ein (siehe Kapitel 1 Seite 25).

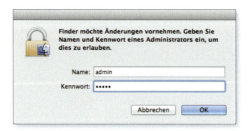

Geben Sie die Administratordaten ein, um Skype in den „Programme"-Ordner zu legen.

Damit ist die Installation abgeschlossen.

Skype starten

Zunächst holen Sie sich *Skype*, wie in Kapitel 2 gelernt, über *Launchpad* in das Dock. Öffnen Sie dazu *Launchpad*, geben Sie oben in das Suchfeld „Skype" ein und wählen Sie das Programm aus.

Mit „Launchpad" ist „Skype" sehr schnell auffindbar.

Wenn Sie es anklicken, startet *Skype*, und das Icon findet sich im Dock ein. Wenn Sie es dort permanent behalten wollen, klicken Sie es nach dem Start an, halten Sie die Maus gedrückt und wählen Sie *Optionen –> Im Dock behalten*.

Bevor Sie aber mit Skype arbeiten können, will Ihr Rechner noch wissen, ob er das Programm wirklich starten soll, da es ja aus dem Internet heruntergeladen wurde und eventuell eine Schadsoftware sein könnte. Dieser Abfragemechanismus wurde von Apple integriert, um zu verindern, das Schadsoftware aus dem Internet automatisch installiert und gestartet wird und unter Umständen Ihre Daten beschädigt. Bei dem Programm *Skype* brauchen Sie allerdings keine Sorgen zu haben. Klicken Sie auf *Öffnen*, um das Programm endgültig zu starten.

Kapitel 3 Internet: Safari, Mail, FaceTime und Skype

Die einmalige Sicherheitsabfrage für Software, die aus dem Internet geladen und gestartet wurde.

 Die Sicherheitsabfrage wird nur beim ersten Mal eingeblendet. Beim zukünftigen Öffnen des Programms erscheint dieser Sicherheitshinweis nicht mehr.

Nachdem das Programm nun läuft, müssen Sie einen Skype-Zugang erstellen, damit Sie sich anmelden können. Das dauert nur wenige Minuten. Wenn Sie auf *Erstellen Sie ein Konto* klicken, werden Sie zur Skype-Internetseite weitergeleitet, wo Sie nun ein Skype-Konto anlegen können.

Sie benötigen ein Skype-Konto, um das Programm zu nutzen bzw. sich anmelden zu können.

Tragen Sie die relevanten Daten in die Eingabefelder ein und beenden Sie die Registrierung. Danach können Sie wieder zum Programm Skype zurückwechseln und dort Ihre Anmeldedaten hinterlegen.

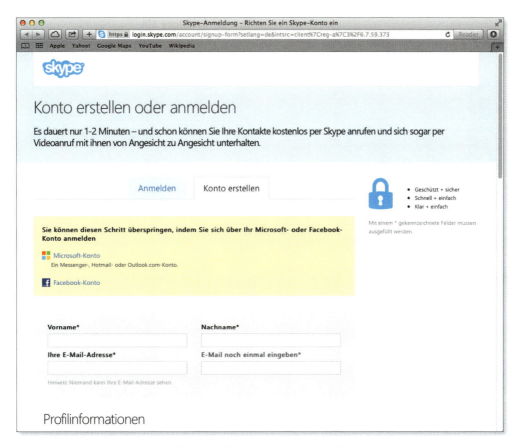

Ein neues Skype-Konto wird erstellt.

> Damit Sie nicht immer wieder Ihre Anmeldedaten eintippen müssen, wenn Sie Skype benutzen, können Sie die Option **Bei Skype-Start automatisch anmelden** aktivieren. Das Programm merkt sich dadurch Ihre Anmeldedaten und startet sofort durch, wenn Sie das Programm öffnen.

Kapitel 3 Internet: Safari, Mail, FaceTime und Skype

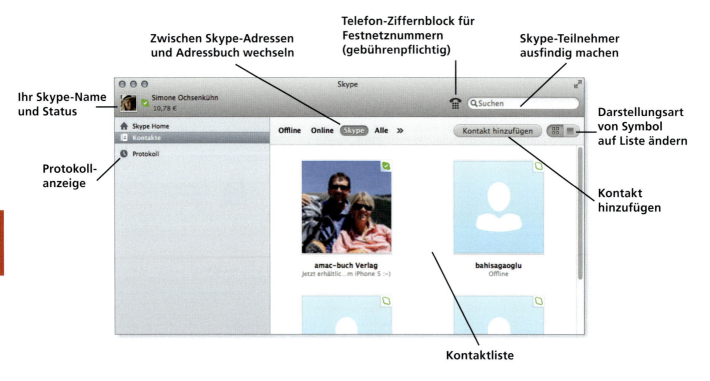

So sieht Skype nach erfolgreicher Installation und Anmeldung aus.

War die Anmeldung erfolgreich, erhalten Sie das Hauptfenster, mit dem Sie nun per Internet telefonieren oder einen Videochat durchführen können. Skype greift auf die Kontakte von Ihrem Mac zu. Sie können also sofort mit dem Telefonieren loslegen.

Kapitel 4

Nützliche Programme am Mac: iPhoto, Kalender, Kontakte, Erinnerungen, Mitteilungen

Kapitel 4 Nützliche Programme am Mac

iPhoto

 iPhoto dient dazu, um die digitalen Bildinformationen von Kameras zu importieren, zu verwalten und zu organisieren. Im Laufe dieses Kapitels werden wir einige Bearbeitungsfunktionen, die iPhoto bietet, Verwaltungsmöglichkeiten und auch Weitergabefunktionen kennenlernen.

Der erste Start

Der „Willkommen"-Bildschirm.

iPhoto begrüßt Sie beim ersten Start mit dem *Willkommen*-Bildschirm. Eine Grundeinstellung ist zu erledigen, bevor es mit der Arbeit in iPhoto losgehen kann: iPhoto möchte nämlich wissen, ob es automatisch starten soll, sobald Sie eine digitale Fotokamera an Ihren Mac anschließen. Wenn Sie an der Stelle mit *Ja* bestätigen, haben Sie zugestimmt. Wenn Sie sich erst später entscheiden wollen oder *Nein* sagen, wird beim ersten Anschließen der Kamera entweder ein anderes Programm starten oder erneut die Frage erscheinen.

iPhoto fragt an, ob die Orte der Fotos verwendet werden sollen.

Eine Funktion in iPhoto ist die Eigenschaft, Bilder ihren geografischen Positionsdaten zuzuordnen. Diese geografischen Daten werden den Bildern über GPS-Koordinaten zugewiesen. Leider sprengt die nähere Erläuterung dieser Funktion den Rahmen dieses Buches. Falls Sie mehr darüber wissen möchten, empfehlen wir Ihnen eine erweiterte Lektüre über iPhoto '11 aus unserem Verlag.

 GPS (Global Positioning System) ist ein **globales Navigationssatellitensystem** zur **Positionsbestimmung** und **Zeitmessung.** GPS hat sich als das **weltweit wichtigste Ortungsverfahren etabliert** und wird in Navigationssystemen weitverbreitet genutzt. (Quelle: Wikipedia)

 Haben Sie an dieser Stelle diese oder die vorigen Funktionen **deaktiviert**, können Sie sie nachträglich jederzeit über die **iPhoto-Einstellungen** wieder einschalten.

Ein kleines Programm, vielleicht ein kleines Problem

Es gibt neben dem Programm *iPhoto* ein zweites Programm auf Ihrem Mac-Rechner, das in der Lage ist, mit digitalen Bildern zu arbeiten. Dieses Programm heißt *Digitale Bilder* und ist abgelegt im *Programme*-Ordner Ihres Rechners. Manchmal kommt es vor, dass man eine Kamera oder ein Telefon anschließt und dieses Programm anstelle von iPhoto geöffnet wird.

Das Programm „Digitale Bilder" im Einsatz.

Das Programm *Digitale Bilder* ist nämlich wie *iPhoto* in der Lage, mit Ihrer Digitalkamera über das USB-Kabel zu kommunizieren. Wie Sie anhand des Bildschirmfotos sehen, ist auch das iPhone mit seiner integrierten Kamera ein potenzieller Partner für die Zusammenarbeit mit dem Programm *Digitale Bilder*. Das Programm *Digitale Bilder* verfügt über keine Verwaltungsfunktionen für Ihre Bilder, sondern ist eben nur ein Werkzeug, um Bilder von einer Kamera auf den Rechner zu übertragen.

> Was aber ist zu tun, wenn immer, sobald Sie eine digitale Kamera anschließen, eben nicht **iPhoto**, sondern das Programm **Digitale Bilder** startet? Ganz einfach: Sie können sowohl im Programm **iPhoto** als auch in **Digitale Bilder** in den Einstellungen festlegen, mit welchem Programm gearbeitet werden soll, sobald eine Kamera über den USB-Anschluss mit dem Rechner verbunden wird.

Stellen Sie entweder im Programm *Digitale Bilder* links unten bei *Anschließen von Kamera öffnet:* auf *iPhoto* um oder verwenden Sie im Programm *iPhoto* den Menüpunkt *iPhoto –> Einstellungen*. Es genügt dabei, wenn Sie diese Einstellung in einem der beiden Programme vornehmen.

Entweder die Einstellungen im Programm „Digitale Bilder" links unten bei „Anschließen von Kamera öffnet:" verwenden ...

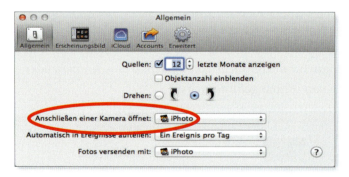

... oder die „Einstellungen –> Allgemein" im Programm „iPhoto".

> **Wiederholung**: Erinnern Sie sich an den Kurzbefehl **cmd + , (Komma)** für die Programmeinstellungen? Den können Sie für das Programm **iPhoto** verwenden, wenn Sie die Kamera-Importoptionen umstellen möchten.

Ereignisse

Zurück zu den *iPhoto-Einstellungen*. Eine Funktion, die in den *Einstellungen* von *iPhoto* noch kontrolliert werden muss, bevor die ersten Bilder eingebracht werden, ist die Einstellung zu den *Ereignissen*.

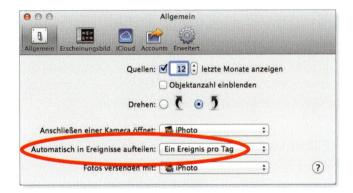

Einstellungen für Ereignisse.

Was sind *Ereignisse*? Neben den GPS-Koordinaten enthalten digitale Bilder eine unglaubliche Fülle an Zusatzinformationen, die iPhoto auswerten kann. So werden beispielsweise das Datum und die Uhrzeit, das Kameramodell, die Brennweite etc. mit dem Bild in iPhoto importiert. Ein *Ereignis* verwendet die Datumsangaben des Bildes. Sie sehen hier Einstellungsoptionen, wie iPhoto die Bilder während des Imports in verschiedene *Ereignisse* aufteilen soll. *Ein Ereignis pro Tag*: Alle Bilder, die am selben Tag aufgenommen wurden, werden ein und demselben Ereignis zugeordnet. Wenn Sie an dieser Stelle das Menü *Automatisch in Ereignisse* aufklappen, haben Sie die Wahl zwischen vier verschiedenen Aufteilungszeiträumen.

Ereignisoptionen.

> ! Natürlich können Sie **nachträglich** jederzeit die zu einem Ereignis zusammengefassten Bilder **erneut in mehrere Ereignisse aufteilen oder anderweitig kombinieren.** Hier legen Sie lediglich eine **Grundeinstellung** fest, sodass Sie beim Import bereits vordefinierte Ereignisse bekommen und sich somit eine Menge Arbeit sparen.

Kapitel 4 Nützliche Programme am Mac

Import von Bilddateien einer Kamera in iPhoto

Nach all diesen Einstellungen und Grundkonfigurationen kann es nun endlich losgehen. Flugs die Kamera mittels USB-Kabel mit dem Rechner verbunden, wird iPhoto sogleich starten und in der linken Übersichtsspalte im Bereich *Geräte* den Namen der Fotokamera anzeigen und die Bilder in einer miniaturisierten Vorschau anzeigen. So einfach funktioniert das mit iPhoto '11.

Ich habe es in den vergangenen Jahren noch **nie erlebt**, dass eine Kamera nicht automatisch von iPhoto erkannt wurde. Sämtliche Zusatzsoftware, die notwendig wäre, um mit den Kameras zu kommunizieren, ist unnötig, sodass **Sie einfach Ihr Gerät anschließen und loslegen können**.

Wir wollen uns nun den Bildimport etwas genauer ansehen.

Darstellungsgröße der Miniaturen ändern

Sie sehen: Die angeschlossenen Kamera enthält aktuell 40 Bilder. Darüber werden Statusinformationen angezeigt, und Sie erkennen, in welchem Zeitraum diese Bilder aufgenommen wurden. Oben sehen Sie den Begriff *Name des Ereignisses*.

160

Des Weiteren sehen Sie im unteren Teil des Fensters das Häkchen bei *Ereignisse teilen*. Wenn Sie in den *Einstellungen* ausgewählt haben, dass iPhoto die Bilder tageweise zu Ereignissen gruppieren soll, dann wird iPhoto diese Bilder auf das Datum ihrer Entstehung untersuchen und aufgrund des Datums eine bestimmte Anzahl von Ereignissen erstellen. Dabei wird normalerweise das Erstellungsdatum der Bilder als Ereignisname verwendet. Es sei denn, Sie tragen bei dem Ereignisnamen einen anderen Begriff ein.

Weiterhin sehen Sie an der linken unteren Seite des iPhoto-Fensters einen Regler, mit dem Sie die Miniaturvorschau stufenlos größer oder kleiner darstellen können, um einen Eindruck von den Bildinhalten zu bekommen. Das kann durchaus notwendig und sinnvoll sein, wenn Sie nicht alle Bilder importieren möchten, sondern nur eine Auswahl der Bilder vornehmen wollen.

> Wie aber erstellt man eine solche Auswahl? Ganz einfach! Wenn Sie die **cmd-Taste** gedrückt halten, können Sie durch Klicken mit der Maus sukzessive Bilder in die Auswahl aufnehmen. Wenn Sie mit der **cmd-Taste** ein bereits selektiertes Bild (erkennbar an seinem gelben Rahmen) anklicken, so wird dieses Bild aus der Auswahl entfernt. Verwenden Sie die Tastenkombination **cmd + A**, werden alle Bilder markiert, was identisch ist mit dem Button **Alle importieren**. Möchten Sie einen fortlaufenden Bereich von Fotos importieren, so empfiehlt es sich, das erste Bild der Selektion anzuklicken und mit gedrückter **Shift-Taste** das letzte Bild. So werden alle Bilder, die zwischen dem ersten und dem letzten liegen, in die Auswahl mit aufgenommen. Wenn Sie nun **Auswahl importieren** anklicken, werden genau diese Bilder in iPhoto übertragen.

Ist der Import erfolgreich durchgeführt, wird iPhoto danach fragen, was mit den Bildern auf der Kamera geschehen soll.

Bildimport von der Kamera erfolgreich abgeschlossen.

Sie können nun über den Knopf *Fotos löschen* die erfolgreich importierten Bilder von der Digitalkamera entfernen und müssen damit nicht manuell an der Kamera diesen Schritt erledigen. Wenn Sie hingegen *Fotos behalten* auswählen, werden die Bilder auf der Digitalkamera erhalten und können später einzeln oder komplett gelöscht werden.

Kapitel 4 Nützliche Programme am Mac

 Wie dies bei Ihrem Kameramodell zu bewerkstelligen ist, entnehmen Sie bitte der Bedienungsanleitung Ihrer Fotokamera.

Ist der Import erfolgreich abgeschlossen, werden Sie unter dem Begriff *Letzter Import* die zuletzt geladenen Bilder und möglicherweise auch Filminformationen sehen. Werden anschließend weitere Bilder in iPhoto aufgenommen, so wird bei *Letzter Import* natürlich der zuletzt ausgeführte Vorgang erscheinen.

Import von Bild- oder Filmdateien von einem Datenträger

Neben der Möglichkeit, Bilder oder Filme von einer Kamera zu laden, können sich diese auch auf einem Datenträger (CD, DVD, USB-Stick) befinden. Oder aber Sie verfügen über einen sogenannten Cardreader.

 Die neuen tragbaren Computer von Apple haben einen eingebauten **Cardreader** auf der linken Seite, wo sich die Anschlüsse befinden.

Der Cardreader bei einem MacBook.

 Cardreader = Kartenleser. Die Speicherkarten in einer Kamera lassen sich bekanntlich entnehmen und austauschen. Der Vorteil des Cardreaders am Computer ist, dass man kein Kabel zur Übertragung der Bilder braucht. Die Cardreader, die in den Geräten von Apple verbaut sind, können z. B. keine Vollformat-Karten lesen, denn dazu ist die Buchse zu klein. In solch einem Fall müssen Sie auf externe USB-Cardreader zurückgreifen.

Importieren der Fotos vom Cardreader

Entnehmen Sie die Speicherkarte Ihrer Kamera und stecken Sie sie in den Cardreader. Sogleich wird sich die Speicherkarte in aller Regel mit dem Namen *NO NAME* oder mit dem Namen der Kamera im Programm *iPhoto* als angeschlossene Kamera melden. Im Programm ist kein Unterschied zu einer mittels Kabel angeschlossenen Kamera zu erkennen. Der Import und das Löschen der Bilder funktionieren exakt genauso wie bei einer via Kabel angeschlossenen Kamera.

Vom Cardreader in die Mediathek importieren. Die Speicherkarte erscheint im Bereich „Geräte" auf der linken Seite.

Gelungener Import vom Datenträger, die Bilder liegen nach erfolgreichem Import im Bereich „Letzter Import".

 Sie erinnern sich an die von uns getätigte Einstellung, dass **importierte Bilder** in Ereignisse aufgeteilt werden können. Wie Sie am Bildschirmfoto erkennen, wurden die importierten Bilder **sofort in Ereignisse aufgeteilt**.

Kapitel 4 Nützliche Programme am Mac

 Nutzen Sie an dieser Stelle die Möglichkeit, die **Ereignisse sofort zu beschriften.** Klicken Sie dazu einfach auf den Begriff **Neues Ereignis** und geben Sie diesem Ereignis einen sinnvollen Namen. Andernfalls bekommt ein Ereignis nur das Datum oder den Zeitraum zugewiesen, in dem die Fotos aufgenommen wurden.

Importieren von Filmen

Mit digitalen Fotokameras können Sie auch kleine Filme aufnehmen. Importierte Filmdateien erkennen Sie an dem entsprechenden Icon in der linken unteren Ecke des jeweiligen Bildes und der Angabe der Filmdauer. Durch einen Doppelklick auf den Film können Sie ihn ansehen. Werden später Diashows in iPhoto erstellt, dann können einige zur Verfügung stehende Diashow-Themen mittlerweile sogar Filme komplett abspielen.

Links eine Fotodatei, rechts eine Filmdatei in iPhoto.

Import per Drag & Drop von einem Datenträger

Es gibt daneben noch eine intuitivere Funktion, um Bilder von einem Datenträger, z. B. einer CD, in Ihre Mediathek aufzunehmen.

Legen Sie zunächst die CD ein oder schließen Sie eine externe Festplatte über den USB-Anschluss an. Auch USB-Sticks können Bilder bzw. Filme enthalten.

Wenn Sie auf Ihrem Datenträger einen Ordner haben, in dem sich Bilder und Filminformationen befinden, die Sie auch tatsächlich alle importieren möchten, dann nehmen Sie einfach den Ordner und ziehen Sie diesen per Drag & Drop in die linke Spalte, die mit *Mediathek* gekennzeichnet ist. iPhoto signalisiert Ihnen durch einen grünen Kreis mit einem weißen „+" (➕) darin, dass Sie nun einen Ordner inklusive der darin enthaltenen Daten importieren wollen.

Ordner mit Bildern per Drag & Drop importieren.

> **Drag & Drop** heißt übersetzt: ziehen und loslassen. Damit drückt man aus, dass man nicht durch Menübefehle Aktionen auslöst, sondern einfach per Maus Dateien von A nach B befördert. Dazu klicken Sie auf das gewünschte Symbol, halten die Maus gedrückt und ziehen so die Auswahl an die gewünschte Stelle.

Kapitel 4 Nützliche Programme am Mac

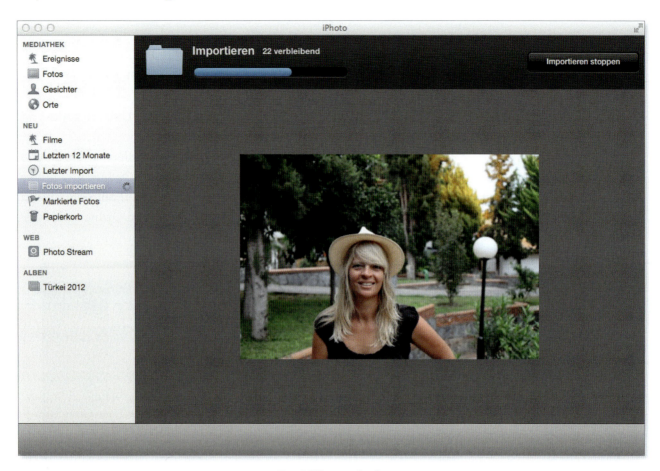

Der Bildimport läuft.

Sie sehen, dass alle Bildinformationen, die in dem zu importierenden Ordner enthalten sind, an iPhoto übermittelt werden. An einem Balken am oberen Rand des Fensters erkennen Sie, wie weit der Importvorgang bereits fortgeschritten ist. Wenn Sie das Bildschirmfoto ansehen, sind hier noch 22 Bilder zu importieren. Sie können mit einem Klick auf den Button *Importieren stoppen* den Import jederzeit abbrechen. iPhoto fragt Sie danach, ob Sie diejenigen Bilder, die Sie bis zum Zeitpunkt des Abbruchs importiert hatten, behalten möchten oder ob Sie diese verwerfen wollen. Weiterhin können Sie von dort aus auch den Import fortsetzen.

Statt den Ordner einfach in die Spalte zu legen, können Sie ihn ebenso auf den Begriff *Fotos* oder *Ereignisse* ziehen. Der weitere Ablauf ist genau der gleiche. iPhoto beginnt jetzt also, die Bilder zu importieren. Je nachdem, welche Einstellungen getroffen wurden, werden diese nach Ereignissen, zum Beispiel tageweise, aufgeteilt und in iPhoto übernommen.

Ist nun Methode a oder Methode b zu bevorzugen? Nun, im Fall von Methode a erhalten Sie ein sogenanntes *Album*. Dieses *Album* übernimmt den Namen des Ordners. Wie Sie wissen, bedeutet die Eigenschaft *Ereignisse* standardmäßig eine zeitliche Zuordnung Ihrer importierten Bilder. Bei *Alben* hingegen werden die Bilder thematisch sortiert.

Wenn Sie also zum Beispiel bei einer Feierlichkeit fotografiert haben (etwa bei einer Hochzeit) und die Bilder befinden sich in einem Ordner, der so betitelt ist, dann ziehen Sie den Ordner „Hochzeit" in die Spalte *Mediathek*. Somit erhalten Sie ein *Album*, das alle Bilder enthält, die anlässlich dieses Events aufgenommen worden sind. Falls sich die Hochzeit über mehrere Tage erstreckt hat, werden die Bilder im Bereich *Ereignisse* möglicherweise automatisch auf mehrere Gruppen verteilt. Sie können jedoch alle Bilder nachträglich in ein gemeinsames Ereignis zusammenführen.

Über weitere Ablage- und Sortiermechanismen sprechen wir später in diesem Abschnitt ausführlicher.

Alben und Ordner

iPhoto bietet Ihnen, wie eingangs schon erwähnt, verschiedene Funktionen an, um Bilder gemeinsam abzulegen. Der Bereich *Alben* bzw. *Ordner* ist schlichtweg der Klassiker. Sie haben Bilder, die beispielsweise thematisch zusammengehören. Vielleicht Bilder, die aus dem Urlaub stammen. Also könnte der erste und simpelste Weg sein, über das Menü *Ablage –> Neu –> Ordner* einen neuen Ordner zu erzeugen und diesem den Namen „Urlaub" zuzuweisen. Dieser Ordner „Urlaub" könnte nun Alben enthalten, an denen etwas Besonderes stattgefunden hat. Also untergruppieren Sie den Ordner „Urlaub" zum Beispiel erneut durch einen Ordner, den Sie „Pilgerreisen" nennen. Und innerhalb des Ordners „Pilgerreisen" könnten Sie dann ein Album anlegen, in dem Sie Urlaubsbilder ablegen.

Wenn Sie ein neues Album anlegen, ohne Bilder markiert zu haben, so bekommen Sie zunächst folgenden Dialog, den Sie aber auch deaktivieren können, sollten Sie eine ganze Albenstruktur aufbauen wollen. Der Dialog enthält Vorschläge, wie Sie nachträglich Ihre Bilder in die Alben einbringen können.

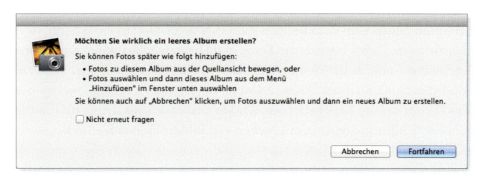

Es waren keine Fotos ausgewählt, als versucht wurde, ein neues Album anzulegen.

Das Ganze könnte wie im nachfolgenden Bildschirmfoto aussehen:

Ordner- und Albenstruktur.

> Wie können Sie **nachträglich** Ordner bzw. Alben in einen anderen Ordner oder in ein anderes Album einbringen, um Ebenen zu erzeugen, sodass zusätzlich „Via Augusta" der Unterordner von „Pilgerreisen" ist? Wenn der Ordner außerhalb der Hierarchie erstellt wurde, klicken Sie den Ordner „Via Augusta" an, lassen **die Maustaste gedrückt und schieben den Ordner auf „Pilgerreisen"**.

Wenn Sie die Ordner- oder Albennamen ändern wollen, so klicken Sie einfach mit der linken Maustaste auf den Namen und warten anschließend zwei Sekunden, um diesen zu editieren. Sie sehen also: Sie können damit ein Fotoalbum erstellen, mit verschiedenen Bezeichnungen versehen und die Bilder dort strukturiert unterbringen.

> Jedoch besteht ein fundamentaler Unterschied zu Ihrem normalen papierenen Fotoalbum, das Sie vor Jahren noch hatten. Denn jedes Bild, das Sie in iPhoto hinzugefügt haben, ist physisch zwar nur einmal in der Mediathek enthalten, wird aber im Quellbereich bei **Fotos** und **Ereignisse** angezeigt. Sie können so ein und dasselbe Bild an mehreren Stellen einsortieren.

Dazu ziehen Sie zum Beispiel aus dem Bereich *Fotos* Ihre Selektion auf ein Album, um diese Bilder in das Album einzusortieren. Dabei können die Fotos in mehreren Alben gleichzeitig verwendet werden. Das bedeutet andererseits aber auch: Wenn Sie ein Bild in ein Album eingefügt haben und es von dort wieder löschen, wird es damit nicht aus iPhoto gelöscht, sondern nur aus dem jeweiligen Album entfernt. Erst wenn Sie das Bild im Bereich *Fotos* entfernen, wird es tatsächlich aus iPhoto und damit auch aus allen Alben entfernt. Weitere Informationen zum Löschen von Bildern finden Sie im Bearbeitungsteil einige Seiten weiter hinten.

Ereignisse

Anders verhält es sich bei Ereignissen. Ein Bild, das in einem Ereignis beinhaltet ist, kann nur in diesem existieren und nicht zugleich in einem anderen Ereignis. Denn ein Ereignis ist ja normalerweise eine zeitliche Staffelung von Bildinformationen. Aber mit Ereignissen kann man noch deutlich mehr machen.

Angenommen, Sie waren 14 Tage im Urlaub. Beim Import der Bilder wurden diese möglicherweise tageweise in verschiedene Ereignisse aufgeteilt, abhängig von den iPhoto-Einstellungen. Sie möchten aber in der Summe nun alle diese Urlaubsbilder zu einem einzigen Ereignis zusammenfassen. Dann können Sie dies nachträglich jederzeit tun. Sie markieren entweder mit der *cmd-Taste* oder der *Shift-Taste* mehrere Ereignisse und wählen dann die Eigenschaft *Ereignisse verbinden* aus dem Menü *Ereignisse* aus. So wird aus mehreren verschiedenen Ereignissen ein gemeinsames erstellt.

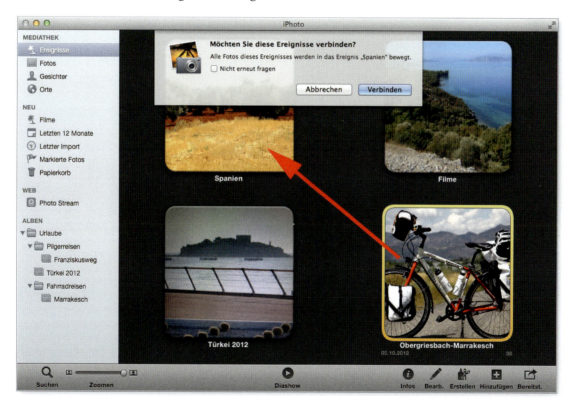

Ereignisse können per Drag & Drop verbunden werden.

Noch etwas einfacher geht die ganze Geschichte, wenn Sie ein Ereignis mit der Maus auf ein anderes ziehen. Sie sehen dann einen grünen Kreis mit weißem Pluszeichen, dieser symbolisiert die Funktion, dass das Ereignis nun in das andere integriert wird.

Kapitel 4 Nützliche Programme am Mac

Ebenso leicht ist es, Bilder wieder aus einem gemeinsamen Ereignis zu lösen. Dazu sollten Sie mit einem Doppelklick das Ereignis öffnen, innerhalb des Ereignisses einige Bilder markieren und dann die Funktion *Ereignisse –> Ereignis teilen* verwenden.

Ereignis teilen.

Sogleich wird aus der markierten Bilderselektion ein neues Ereignis erstellt, das Sie am besten gleich betiteln sollten, um es nicht mit anderen zu verwechseln.

 Sollten Sie **aus Versehen einmal eine Funktion ausgelöst** haben, dann können Sie als Apple-Benutzer mit der Tastenkombination **cmd + Z** den letzten Arbeitsschritt widerrufen. Das funktioniert übrigens in allen Programmen auf Ihrem Computer.

Noch einige Detailanmerkungen zur Arbeit mit Ereignissen: Sie haben sicher schon bemerkt, dass – sobald ein Ereignis mehrere Bilder enthält – Sie beim Darüberstreichen mit der Maus alle dazugehörigen Bilder zu Gesicht bekommen. Eines dieser Bilder repräsentiert das Ereignis. Apple nennt das ein sogenanntes *Schlüsselfoto*. Sie können jedes beliebige Bild, das Bestandteil des Ereignisses ist, als Schlüsselfoto verwenden. Dazu fahren Sie einfach mit der Maus über das Ereignis, bis das von Ihnen gewünschte Bild zum Vorschein kommt, und drücken einmal die Leertaste. Damit wird dieses Bild fortan als Schlüsselfoto verwendet. Ereignisse sind also eine sehr angenehme Möglichkeit, Ihre Daten zu strukturieren und zu organisieren. Und es spricht nichts dagegen, diese Ereignisse in Kombination mit Alben zu verwenden, wo die Bilder eher nach Thema sortiert werden. Es handelt sich dabei nämlich um ergänzende und nicht um konkurrierende Konzepte, um Ihre digitalen Daten zu verwalten. Sie haben sicherlich schon bemerkt, dass, wenn Sie durch einen Doppelklick ein Ereignis geöffnet haben, Sie am oberen Rand des iPhoto-Fensters einige Funktionen vorfinden.

Funktionen in Ereignissen.

In der Mitte sehen Sie den Namen des Ereignisses ❶. Sie können nach dem Anklicken dort einen anderen Begriff eingeben. An der linken Seite kommen Sie mit dem Schalter *Alle Ereignisse* ❷ wieder zurück zur Ereignisübersicht. Und wenn Sie die Pfeile an der rechten Seite ❸ verwenden, können Sie, ohne in die Ereignisübersicht zurückzukehren, durch die Ereignisse navigieren, was sehr effizient und zeitsparend ist.

Sortierfunktion

Die Sortierfunktionalität ist grundsätzlich nach verschiedenen Kriterien möglich:
- Nach Datum
- Nach Schlagwort
- Nach Titel
- Nach Wertung
- Manuell

Kapitel 4 Nützliche Programme am Mac

„Darstellung –> Fotos sortieren".

Bei allen Begriffen außer *Manuell* können Sie darüber hinaus noch festlegen, ob Sie in aufsteigender oder in absteigender Reihenfolge sortieren möchten.

> ! Bitte passen Sie auf, denn die **manuelle Sortierung ist bei Ereignissen nicht möglich.** Wenn Sie ein Ereignis durch einen Doppelklick geöffnet haben, wird eines der vier obigen Sortierkriterien verwendet. Lediglich die Ereignisübersicht oder Fotos, die in Alben erscheinen, können auch manuell sortiert werden. **Manuelle Sortierung bedeutet: Sie können ein Bild bzw. ein komplettes Ereignis an eine beliebige Stelle innerhalb Ihres Arrangements ziehen.**

Die Bearbeitungsfunktionen in iPhoto

iPhoto bietet neben dem Verwalten von Bildern auch die Möglichkeit an, Bilder zu bearbeiten. Die Bearbeitungsfunktionen erhalten Sie, wenn Sie auf das Stiftsymbol in der unteren Symbolleiste klicken. Ein zuvor ausgewähltes Bild wird damit vergrößert angezeigt, und auf der rechten Seite des Fensters finden Sie die verschiedenen Bearbeitungsmöglichkeiten.

Der Stift führt zu den Bearbeitungsmöglichkeiten …

… die dann auf der rechten Seite eingeblendet werden.

Drehen

Das Drehen von Bildern ist in iPhoto eine sehr einfache Geschichte. Und doch gibt es mehrere Möglichkeiten und einen simplen Trick. Zunächst einmal könnten Sie den Button *Drehen* in der rechten Symbolleiste von iPhoto verwenden. Sie können aber auch aus dem Menü *Fotos* das Bild im oder entgegen dem Uhrzeigersinn drehen.

Drehen mit Menüpunkten oder den entsprechenden Kurzbefehlen.

Kapitel 4 Nützliche Programme am Mac

Beschneiden

Auch eine *Beschneiden*-Funktion wird angeboten. Wenn Sie diese Funktion auswählen, können Sie überflüssige Bildelemente entfernen und Ihr Bild auf das Wesentliche reduzieren. iPhoto gibt Ihnen durch Rasterlinien eine Hilfestellung. Sie können auch das Häkchen bei *Format* anbringen, um vordefinierte Größen für den Beschnitt des Bildes zu verwenden.

Beschneiden des Bildes mit freiem Rahmen oder mit vorgegebenen Maßen.

Begradigen

Auch kann es bisweilen vorkommen, dass Sie beim Ablichten eines Objekts Ihre Kamera schräg gehalten haben. Über die Funktion *Begradigen* und die unterstützend eingezeichneten Hilfslinien können Sie das Bild waagerecht oder senkrecht an den Hilfslinien ausrichten.

Verbessern

Auch diese Situation ist Ihnen sicherlich schon einmal untergekommen: Sie haben einen sehr hellen Hintergrund, und alles, was Sie im Vordergrund fotografieren – Personen, Tiere oder Gegenstände –, erscheint deutlich zu dunkel. Über den Button *Verbessern* erhalten Sie eine Ein-Klick-Lösung, mit der iPhoto versucht, das Beste aus Ihrem Bild herauszuholen. Die Kontraste werden verbessert, helle Positionen etwas abgemildert und dunkle Stellen stärker nach vorne gebracht, um in der Summe die Bildqualität zu verbessern.

 Sollte das Ergebnis nicht Ihren Erwartungen entsprechen und das Original tatsächlich besser gewesen sein als die verbesserte Version von iPhoto, dann verwenden Sie einfach die Schaltflächen **Zurück zum Orginal** bzw. **Widerrufen**, die sich rechts unten befinden.

Rote Augen entfernen

Verwenden Sie diese Funktion, falls Sie beim Fotografieren auf dem Bild rote Augen erhalten haben. Probieren Sie zunächst die Funktion *Autom.*, also die automatische Reduzierung der roten Augen. Sollte dies nicht funktionieren, wählen Sie rechts daneben bei *Größe* die Größe Ihres Pinsels aus und überdecken Sie die roten Augen mit dem Pinsel in schwarzer Farbe.

Retuschieren

Retuschieren bietet eine sehr einfache Funktion, um bei Aufnahmen im Detail, also etwa im Gesichtsbereich, zum Beispiel Verunreinigungen durch den *Retuschierpinsel* zu beseitigen. Dabei wird der Retuschierpinsel die Umgebungsfarbtöne aufnehmen. An der Stelle, an der Sie mit dem Pinsel arbeiten (dessen Größe Sie auch einstellen sollten), werden dann die Problemstellen übermalt.

Effekte

Doch damit nicht genug! iPhoto stellt Ihnen neben dem Original acht weitere Effekte zur Verfügung, mit denen Sie mit nur wenigen Klicks Ihr Bild verfremden und anderweitig interessant gestalten können. Die Effekte können Sie einblenden, wenn Sie auf die gleichnamige Schaltfläche rechts oben klicken. Die Effektpalette bietet:

- Schwarz-Weiß
- Sepia
- Antik
- Maske
- Vignette
- Unscharf
- Überblenden
- Verstärkt

Dabei ist die Anwendung kinderleicht: Mit einem ersten Klick wird die Funktion angewendet. Bei dem jeweiligen Effekt sehen Sie eine Ziffer. Die Ziffer gibt den Grad, also die Stärke, des Effekts an. In diesem Fall sehen Sie auf dem Bildschirmfoto, dass wir den Effekt *Maske* in der Stufe drei angewandt haben.

Der Menüpunkt „Effekte" mit verschiedenen Vorschlägen.

Sie können nun durch wiederholtes Klicken den Effekt verstärken oder ihn durch den kleinen Pfeil nach links wieder abschwächen. Nachdem Sie einen ersten Effekt angewandt haben, können Sie auch einen zweiten Effekt anwenden, zum Beispiel nach der Verwendung der Funktion *Maske* noch den *Sepia*-Effekt. Und Sie sehen: iPhoto registriert live alle von Ihnen gemachten Änderungen. Das heißt: Es ist nicht notwendig, das Bild an dieser Stelle zu speichern oder irgendetwas anderes zu tun. Über die *Shift-Taste* kehren Sie zum vergleichenden Original zurück.

 Noch einmal der Hinweis: Wenn Sie mit der Qualität nicht zufrieden sind und von vorne beginnen möchten, klicken Sie auf die Schaltfläche **Zurück zum Original,** um erneut mit dem Button **Effekte** zu starten.

Anpassen

Sie haben vorhin bereits über den *Verbessern*-Button eine sehr einfach anzuwendende Lösung gesehen, wie iPhoto versucht, Ihre Bilder zu optimieren. Deutlich feiner justieren können Sie die Bildbearbeitung, indem Sie die *Anpassen*-Funktion rechts oben anwählen. Denn hier steht Ihnen eine ganze Reihe von Reglern zur Verfügung, wie Sie auch Profiprogramme wie Photoshop etc. aufweisen, um Bilder zu verbessern. iPhoto hält dabei folgende Regler für Sie bereit:

- Tonwerte
- Belichtung
- Kontraste
- Sättigung
- Definition
- Licht
- Schatten
- Schärfe
- Rauschen reduzieren
- Temperatur
- Färbung

Der Menüpunkt „Anpassen".

Kapitel 4 Nützliche Programme am Mac

Am besten „spielen" Sie etwas mit dem Regler, um das Beste aus Ihren Bildern herauszuholen. Sie sollten in allen Fällen – sofern sich Personen auf dem Bild befinden – den Eintrag **Hauttöne nicht sättigen** aktiv halten, sodass die Hauttöne der besonderen Aufmerksamkeit von iPhoto unterliegen und die Hauttonfarbe relativ natürlich belassen bleibt.

Haben Sie die Farbpipette neben dem Begriff *Färbung* gesehen? Damit können Sie nach Anwählen der Pipette und Auswahl eines weißen oder grauen Bildpunkts im Foto den Farbstich darin entfernen.

Sind Sie mit Ihren Einstellungen am Ende nicht zufrieden, klicken Sie auf den Button *Zurück zum Orginal*, um alle Regler wieder in die Standardposition zu stellen und von vorne zu beginnen.

Über die Funktionen *Anpassungen kopieren* und *Anpassungen einsetzen* aus dem Menü *Bearbeiten* kann sich iPhoto ein Editierarrangement merken. Das heißt: Sie haben jetzt ein Bild aus einer Reihe von Fotos optimiert. In dem Augenblick, in dem Sie die *Anpassungen kopieren*, merkt sich das Programm die Einstellungen der diversen Regler. Sie wählen nun ein anderes Bild aus und verwenden dann *Anpassungen einsetzen*. Somit erhält dieses Bild die gleichen Reglerpositionen wie das vorherige. Damit können Sie auf eine Reihe von Bildern schnell und effektiv die identischen Bearbeitungsschritte anwenden.

Bild löschen

Wenn Sie Bilder tatsächlich für so schlecht erachten, dass Sie sie nicht mehr in Ihrer Mediathek haben möchten, dann können Sie die Bilder selbstverständlich auch aus iPhoto entfernen.

Bitte beachten Sie dabei, dass Sie sich im richtigen Bereich befinden. Das heißt: Sie sollten den Bereich **Fotos** oder **Ereignisse** angewählt haben, denn dort sind tatsächlich die **Originalbilder** abgelegt. Wenn Sie in den **Alben** unterwegs sind, dann bedeutet das Löschen lediglich, dass Sie die gewählten Bilder aus dem **Album, aber nicht aus der Mediathek** entfernen. Anders verhält es sich, wenn Sie im Bereich **Fotos** oder **Ereignisse** sind. Von dort aus können Sie Bilder löschen, wobei ein Bild, das Sie gelöscht haben, nicht sofort und unwiderruflich gelöscht wird, denn es wandert zunächst als Zwischenstation in den Papierkorb. **Erst wenn Sie den Papierkorb entleeren, wird das Bild unwiderruflich gelöscht.**

Wollen Sie ein Foto aus dem Album und damit zugleich aus der gesamten Mediathek entfernen, dann verwenden Sie die Tastenkombination **cmd + alt + Backspace**.

Wie löscht man ein Bild? Ganz einfach: Sie klicken das Bild an, das Sie löschen möchten, und verwenden die *Backspace*-Taste, um es in den Papierkorb zu befördern.

Sie können eine Reihe von Bildern markieren – entweder getrennt voneinander mit der **cmd-Taste** oder zusammenhängende Bilder durch die Markierung mit der **Shift-Taste** –, um sie **gemeinsam in den Papierkorb zu legen.**

Wenn Sie den Papierkorb leeren möchten, klicken Sie mit der rechten Maustaste auf den Papierkorb und wählen den Befehl *Papierkorb entleeren* an, um die Daten unwiederbringlich aus Ihrer Mediathek zu entfernen. iPhoto wird Sie noch einmal mit einer Warnmeldung darauf aufmerksam machen, dass Sie diese Bilder nun endgültig löschen.

Papierkorb-Abfrage.

Fotos bereitstellen und verteilen

Nachdem Sie nun ziemlich viel Zeit investiert haben, um Ihre Fotos perfekt aussehen zu lassen und sie optimal in Ihre Strukturen einzusortieren, ist es an der Zeit, sich Funktionen anzusehen, mit denen Sie die Fotos von iPhoto aus zum Beispiel anderen Personen zur Verfügung stellen können.

Einige dieser Funktionen erhalten Sie direkt in der Symbolleiste von iPhoto mit der Schaltfläche *Bereitstellen*. Darunter fallen zum Beispiel die Begriffe *Facebook*, *Flickr* und *E-Mail*. Einige davon greifen wir auf und erklären sie Ihnen.

Schreibtischhintergrund

Eine einfache Funktion ist die Eigenschaft *Schreibtischhintergrund*. Dazu aktivieren Sie einfach ein Bild Ihrer Wahl, gehen zum Menüpunkt *Bereitstellen –> Schreibtischhintergrund*, und schon wird dieses Bild als Schreibtischbild an Ihrem Computer verwendet.

Wenn Sie diese Option wählen, erhalten Sie einen neuen Schreibtischhintergrund.

Exportieren

Unter *Ablage* ist die *Exportieren*-Funktion zugänglich. Beim Export können Sie zwischen verschiedenen Dateiformaten wählen und die Bilder auf eine bestimmte Größe herunterrechnen lassen.

Exportieren.

Dateien auf Datenträger exportieren Sollen die Bilder zum Beispiel auf einen USB-Stick oder eine extern angeschlossene Festplatte exportiert werden, so verwenden Sie den Dateien-Export. Wählen Sie dort unter *Format* das Dateiformat, in dem der Export stattfinden soll. Standardmäßig ist JPEG voreingestellt. Sofern Sie JPEG verwenden, haben Sie die Möglichkeit, die JPEG-Qualität zu ändern. Wählen Sie hier zwischen *Niedrig*, *Mittel*, *Hoch* und *Maximal*. Weiterhin können Sie Titel und Schlagwörter ebenso wie Ortsinformationen dem Export mit auf den Weg geben. Der wohl interessanteste Eintrag ist die *Größe*. Wenn Sie dort das Pull-down-Menü anwählen, können Sie sich zwischen *Originalgröße*, *Groß*, *Klein*, *Mittel* oder auch *Eigene* entscheiden. Das macht insbesondere Sinn, wenn Sie mit einer qualitativ sehr hochwertigen Kamera, zum Beispiel einer digitalen Spiegelreflexkamera, die über 12 Megapixel verfügt, Aufnahmen gemacht haben und diese einer anderen Person in niedrigerer Qualität zur Verfügung stellen wollen. Weiterhin wird Ihnen die Option angeboten, die bestehenden Dateinamen zu verwenden oder neue Namen beim Export zu vergeben. Es ist schwierig, an dieser Stelle zu raten, was Sie einstellen sollen. Grundsätzlich gilt: Halten Sie die Datenmenge so gering wie nur möglich bei größtmöglicher Qualität. Sind Sie sich nicht sicher, so exportieren Sie die Bilder in Originalgröße, dann sind diese eben so groß, wie sie ursprünglich von der Kamera gekommen sind.

Diashow in iTunes exportieren

Gehen Sie unter den Menüpunkt *Bereitstellen*. Sie geben in den Exporteinstellungen bei *Diashow* die Qualität des Filmes an, also ob Sie ihn 480 x 300 Pixel, 640 x 400 Pixel etc. groß haben möchten. Die Datei wird dann automatisch in iTunes in der Rubrik *Filme* erscheinen, wenn Sie die entsprechende Option beim Exportieren gewählt haben.

Für welchen Zweck möchten Sie die Diashow exportieren? Orientieren Sie sich an den Symbolen, z. B. für iPod, Computer usw.

Bilder als E-Mail versenden

Eine weitere, sehr einfach zu realisierende Möglichkeit, die Bilder weiterzugeben, ist es, diese per E-Mail an den oder die Empfänger zu senden. Bevor Sie ausgewählte Bilder verschicken, sollten Sie noch festlegen, welche Anwendung die E-Mail versendet. In iPhoto haben Sie nämlich die Möglichkeit, die E-Mail direkt aus iPhoto heraus zu verschicken oder ein externes Programm wie z. B. *Mail* zu verwenden. Öffnen Sie im Menü *iPhoto* die *Einstellungen* und wählen Sie den ersten Bereich *Allgemein* aus. Dort finden Sie im unteren Bereich die Option *Fotos versenden mit*. Bei dieser Option können Sie nun auswählen, welche Anwendung für das Versenden der Bilder per E-Mail zuständig sein soll.

In den Einstellungen von iPhoto wird festgelegt, mit welchem Programm die Bilder versendet werden sollen.

Wir wollen Ihnen an dieser Stelle das Versenden von Bildern mit iPhoto und Mail beschreiben. Die Grundeinstellung ist iPhoto, weswegen wir damit beginnen.

Bilder mit iPhoto versenden

Zuerst müssen Sie die gewünschten Bilder, die per E-Mail verschickt werden sollen, in iPhoto auswählen. Anschließend öffnen Sie durch einen Mausklick auf die Schaltfläche *Bereitstellen* rechts unten in der Symbolleiste ein Auswahlmenü. Dort wählen Sie dann den Punkt *E-Mail* aus.

Fotos mit iPhoto verschicken.

> ❗ Falls Sie in iPhoto bereits eine E-Mail-Adresse in den Einstellungen angegeben haben, gelangen Sie unmittelbar zum E-Mail-Fenster. Ansonsten müssen Sie eine E-Mail-Adresse in iPhoto einrichten. Gehen Sie dabei genauso vor wie in Kapitel 3 auf Seite 106 beschrieben.

Kapitel 4 Nützliche Programme am Mac

In iPhoto ist noch keine E-Mail-Adresse hinterlegt, weswegen diese zuerst noch eingerichtet werden muss.

Ist der E-Mail-Zugang korrekt eingerichtet, gelangen Sie zum E-Mail-Fenster von iPhoto. Im oberen Bereich müssen Sie die E-Mail-Adresse des Empfängers und einen Betreff eingeben. Auf der rechten Seite können Sie das Erscheinungsbild der E-Mail ändern. iPhoto bietet einige interessante Vorlagen, um die E-Mail mit den Bildern ansprechender zu gestalten. Zusätzlich können Sie noch einen Text eingeben.

iPhoto bietet einige E-Mail-Vorlagen zum Verschicken der Bilder.

Haben Sie alles erledigt, dann brauchen Sie nur noch auf die Schaltfläche *Senden* im unteren Bereich des Fensters klicken. iPhoto baut daraufhin eine Internetverbindung auf und verschickt die E-Mail inklusive der Bilder.

 Damit die Datenmenge der E-Mail nicht zu groß wird und damit die Übertragung zu lange dauert, können Sie noch rechts unten bei **Fotogröße** die Datenmenge der Bilder reduzieren. Links unten wird Ihnen die **Dateigröße der E-Mail** angezeigt. E-Mails mit mehr als 5 MByte Größe sollten Sie vermeiden, da viele kostenlose E-Mail-Postfächer eine Größenbeschränkung für E-Mails haben.

Bilder mit Mail versenden

Falls Sie Ihre Bilder lieber mit *Mail* verschicken wollen, müssen Sie zuerst die Einstellungen von iPhoto ändern (siehe Abschnitt weiter vorne). Danach wählen Sie die Bilder zum Versenden aus und öffnen die Schaltfläche *Bereitstellen* rechts unten in iPhoto. Klicken Sie dann auf die Option *E-Mail*. Wenn Sie die Funktion aktiviert haben, müssen Sie Einstellungen bezüglich des Versands der Bilder vornehmen. Hier sollten Sie im Allgemeinen die Größe der Bilder verringern. Wählen Sie den Eintrag *Mittel* oder *Klein*, um die ausgewählten Bilder an eine E-Mail anzuhängen, damit die Dateigröße nicht zu groß wird. Definieren Sie, ob *Titel*, *Beschreibungen* und *Ortsinformationen* mit den Bildern übertragen werden sollen.

Einstellungen für den E-Mail-Versand.

Sind alle Einstellungen erfolgt, beginnt iPhoto mit der Komprimierung der Bilder auf das vorgesehene Format, startet das E-Mail-Programm, öffnet eine neue E-Mail und legt die Bilder in der E-Mail-Nachricht als Anhang ab. Sie müssen lediglich noch den E-Mail-Empfänger angeben sowie einen Betreff eintragen, und schon können die Bilder auf die Reise gehen.

 Wir merken an dieser Stelle an, dass selbstverständlich bei jeder der Exportaktionen **Kopien** der Fotos versandt werden. Also keine Angst davor, dass Bilder verloren gehen könnten.

Diashow

Mit der *Diashow* haben Sie die Möglichkeit, Ihre Bilder sehr kurzweilig und interessant zu präsentieren. Denn in iPhoto '11 hat Apple neue Themen eingebaut, um die Diashow noch attraktiver zu gestalten.

Die Vorgehensweise ist einfach: Sie wählen ein Album oder ein Ereignis aus oder selektieren einige Fotos eines Ereignisses und wählen dann den Button *Erstellen* unten in der Mitte der Symbolleiste. Dadurch öffnet sich ein kleines Menü, in dem Sie die Option *Diashow* auswählen.

Eine neue Diashow entsteht.

Nachdem Sie die Diashow ausgewählt haben, wechselt das Hauptfenster von iPhoto, und in der linken Spalte erhalten Sie einen neuen Eintrag bei *Diashow*. Dort können Sie der Diashow gleich einen Namen geben. Der Name wird dann später in der fertigen Diashow zu Beginn eingeblendet.

Diashows werden in der linken Spalte gesichert.

Themen

In der unteren Symbolleiste haben sich die Schaltflächen geändert. Die Symbolleiste enthält nun alle wichtigen Funktionen für die Diashow. Als Erstes sollten Sie sich dem Bereich *Themen* zuwenden.

Die verfügbaren Themen für eine Diashow.

Kapitel 4 Nützliche Programme am Mac

Apple bietet aktuell zwölf verschiedene Themen an, um Ihr Bild- und auch Filmmaterial am Computermonitor zu präsentieren. Um einen Eindruck zu bekommen, was die einzelnen Themen zu bieten haben bzw. wie die Bilder dort präsentiert werden, müssen Sie nur mit der Maus auf ein Thema zeigen. Im Themensymbol läuft dann eine kleine Animation ab, anhand derer Sie das Thema bestimmen können.

Musik

Um Ihre Diashow mit Songs zu unterlegen, müssen Sie die Schaltfläche *Musik* in der unteren Symbolleiste anklicken. Sie können zunächst einem der mit iPhoto mitgelieferten Songs wählen oder über die Suchfunktion auf iTunes zugreifen und die dort hinterlegten Lieder auswählen.

Standardmusik von iPhoto für die Diashow.

Wenn Sie es noch etwas individueller haben wollen, dann aktivieren Sie *Eigene Wiedergabeliste für Diashow* und ziehen einfach per Drag & Drop aus dem oberen Teil des Fensters die Lieder in den unteren Bereich. So werden die Lieder in der Reihenfolge gespielt, wie Sie sie in die Wiedergabeliste aufgenommen haben.

 Wenn Sie später Musik in iTunes eingepflegt haben, können Sie natürlich auch eine Wiedergabeliste aus iTunes verwenden. Wählen Sie dazu aus dem Aufklappmenü **Quelle** Ihren Favoriten aus. Vergessen Sie dabei nicht, die Lieder der Liste noch zu markieren. Sollen es alle Songs sein, dann verwenden Sie einfach **cmd + A**. Für eine Selektion markieren Sie die einzelnen Titel mit der **cmd-** oder **Shift-Taste**. Sobald Sie auf **Anwenden** klicken, werden damit die Lieder in die eigene Wiedergabeliste übernommen.

Einstellungen

Und zu guter Letzt sollten Sie die *Einstellungen* überprüfen. Dort geben Sie vor, wie lange jedes Bild auf dem Monitor dargestellt werden soll, und definieren zusätzlich, wie es sich mit der Abstimmung der Musik verhält. Wollen Sie, dass die Diashow genauso lange läuft wie die Musik, oder soll die Zeit der Dias Priorität besitzen? Geben Sie an, mit welcher Hintergrundfarbe die Präsentation ablaufen soll, ob die Diashow am Ende wiederholt, die Reihenfolge der Dias zufällig ausgewählt und der Diashow-Titel eingeblendet werden soll.

Einstellungen für die Diashow.

Wenn Sie während einer Diashow Änderungen vornehmen wollen – vorspulen, zurückspulen –, dann sollten Sie an den unteren Monitorrand fahren und in dem dort erscheinenden Kontrollpanel die entsprechende Funktion auswählen.

Kontrollpanel während der Diashow.

Wenn Sie es noch individueller haben möchten, dann können Sie zudem jedem Foto einer Diashow eigene Einstellungen vorgeben. Das Fenster mit den Einstellungen der Diashow enthält noch einen zweiten Bereich mit dem Namen *Dieses Dia*. Dort können Sie individuelle Einstellungen für jedes Bild innerhalb einer Diashow vornehmen.

Kapitel 4 Nützliche Programme am Mac

Individuelle Diashow-Einstellungen für ein oder mehrere Bilder.

 Die Bilder werden natürlich nur für die Diashow verändert. In den Ereignissen bzw. Fotos bleiben sie im Original erhalten. Also keine Angst davor, dass eventuell ein Bild verändert werden könnte.

Drucken

Selbstverständlich können Sie auch auf Ihrem eigenen Drucker die Bilder in Papierform ausgeben. Sie verwenden dazu Ihren am Rechner installierten Tintenstrahl- oder Laserdrucker (siehe Kapitel 7, Seite 299). Wählen Sie zunächst zum Beispiel ein Ereignis Ihrer Wahl, um dann über den Menüpunkt *Ablage* –> *Drucken* die dazugehörige Funktion aufzurufen. Dann sehen Sie auf der linken Seite verschiedene Vorlagen, die Apple hier schon eingebaut hat. Wählen Sie eine entsprechende Vorlage aus und versäumen Sie es nicht, über den Button *Anpassen* diese Vorlage Ihren Bedürfnissen anzupassen.

„Ablage –> Drucken".

Mit „Anpassen" können Sie die Vorlage verändern.

Kapitel 4 Nützliche Programme am Mac

Organisiert sein – die Kontakte

 Die Kontakte sind dazu da, Adressen, Telefonnummern, Notizen sowie Geburtstage der Menschen aufzunehmen, mit denen Sie häufig in Kontakt treten. Wenn Sie mit einem Computer arbeiten, werden Sie damit nicht nur im Internet surfen, E-Mails versenden und Dokumente erstellen, sondern Sie werden es auch mit Terminen oder Telefonnummern zu tun haben. Es wäre doch eine schöne Geschichte, wenn diese Daten nicht immer neu eingegeben werden müssten, sondern in jedem Programm verfügbar wären, sind sie einmal hinterlegt.

 Das Eingeben von **E-Mail-Empfängern wird leichter,** sobald die E-Mail-Adresse in **Kontakte** hinterlegt wurde. Ist das der Fall, so wird z. B. in **Mail** beim Tippen der ersten Buchstaben des Namens der Empfänger vorgeschlagen.

Adressen eintragen

Wenn Sie das Programm *Kontakte* gestartet haben, klicken Sie unterhalb der rechten Spalte auf das + und wählen *Neuer Kontakt*, um eine neue Adresse einzugeben.

Neue Adresse eintragen.

192

Beachten Sie hierbei, dass Sie nicht alle Felder ausfüllen müssen. Sie können aber zu der Vorlage, die erscheint, zusätzliche Felder hinzufügen. Beispielsweise wird in der Standardeinstellung nur eine Telefonnummer angeboten. Wählen Sie zunächst aus, um welche Telefonnummer es sich handelt (die private, die mobile oder ...). Ist die Telefonnummer eingetragen, können Sie links daneben mit dem grauen Doppelpfeil weitere Telefonnummern aufnehmen.

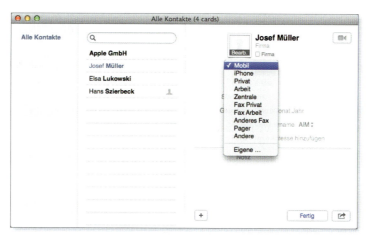

Weitere Felder können angelegt werden.

> Fehlt Ihnen ein passender Begriff, so gibt es noch eine Reihe zusätzlicher Felder, die Sie der Visitenkarte hinzufügen können. Wählen Sie hierzu **Visitenkarte –> Feld hinzufügen.**

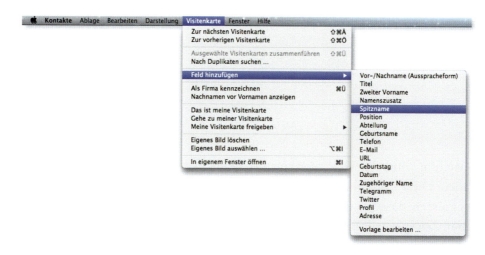

Fehlende Felder werden über das Menü eingefügt.

Wenn alle Daten eingegeben sind, klicken Sie auf die Schaltfläche *Fertig* im unteren Bereich, um die Eingaben zu sichern.

Meine Visitenkarte

Wenn Sie an Ihrem Computer einen E-Mail-Account haben, dann legt beim Einrichten eines neuen Benutzers Ihr Computer zugleich im Programm *Kontakte* eine Visitenkarte für Sie an. Diese Visitenkarte wird als die ihrige tituliert.

 Im Programm **Kontakte** können Sie diese stets sehr schnell ausfindig machen. Wählen Sie den Menüpunkt **Visitenkarte –> Gehe zu meiner Visitenkarte** an. Sogleich zeigt Ihnen das Programm nur noch Ihre Visitenkarte mit den dort hinterlegten Daten an.

„Meine" Visitenkarte.

Warum ist es wichtig, seine eigene Visitenkarte zu kennzeichnen und diese mit möglichst allen Daten ausgefüllt zu haben? Diese Funktion ermöglicht es, falls Sie im Internet auf ein Formular stoßen und dort Daten eintragen müssen, dass aus Ihren Kontakten die persönlichen Einträge automatisch übernommen werden. Was Ihnen Zeit sparen hilft, denn Sie können das Formular durch die Eingabe weniger Informationen an den relevanten Stellen wie *Straße, Telefonnummer, Faxnummer, E-Mail* automatisch ausfüllen lassen.

Einstellungen für Kontakte

Selbstverständlich verfügt auch das Programm *Kontakte* über eine Reihe von sinnvollen Voreinstellungen. Rufen Sie diese *Voreinstellungen* wie in den meisten Apple-Programmen mit der Tastenkombination *cmd + , (Komma)* auf oder verwenden Sie den Menüpunkt *Kontakte –> Einstellungen*.

Allgemeine Einstellungen für Kontakte.

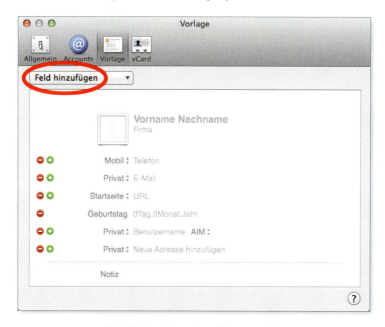

Die Vorlage kann bearbeitet werden.

Weiterhin von Interesse sind die Einstellungen bei *Vorlage*. Mit *Vorlage* definieren Sie, wie ein neuer Kontakt standardmäßig aussieht, also welche Felder in welcher Reihenfolge enthalten sein sollen.

Kapitel 4 Nützliche Programme am Mac

 Vielleicht möchten Sie Ihren Einträgen immer die Geburtstagsinformationen hinzufügen. Das Feld **Spitzname** gibt es aktuell nicht im Standardlayout. Wählen Sie deshalb die Eigenschaft **Feld hinzufügen** und den Eintrag **Spitzname** aus. Damit haben Sie die Standardvorlage verändert. Wenn Sie nun in Zukunft eine neue Adresse erstellen, wird der Eintrag **Spitzname** stets mit aufgelistet.

Kontakte bearbeiten

Ab und zu kann es vorkommen, dass sich eine Telefonnummer oder eine E-Mail-Adresse von den Personen ändert, die Sie in Ihre Kontakte aufgenommen haben. Ein Kontakt kann nachträglich geändert werden, indem Sie auf die Schaltfläche *Bearbeiten* rechts unten klicken.

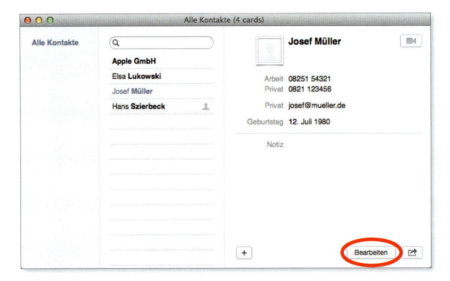

Einträge lassen sich jederzeit nachbearbeiten.

Nun können Sie die vorhandenen Kontaktinformationen bearbeiten bzw. neue Felder hinzufügen. Ist dies geschehen, klicken Sie auf die Schaltfläche *Fertig*, und die Änderungen werden gespeichert. Die Kontaktinformationen sind damit wieder auf den aktuellen Stand.

Geburtstage in den Kontakten

Wenn Sie die Geburtstage in den Kontakten mit erfassen, werden die Einträge im Kalenderprogramm automatisch übernommen. So können Sie diese nie wieder vergessen.

Spotlight in den Kontakten

Wie auch in den vorigen Programmen können Sie in den Kontakten nach Personen, Straßen, Orten usw. suchen lassen. Klicken Sie dazu einfach in das ovale Feld links oben und geben Sie einen oder mehrere Begriffe ein.

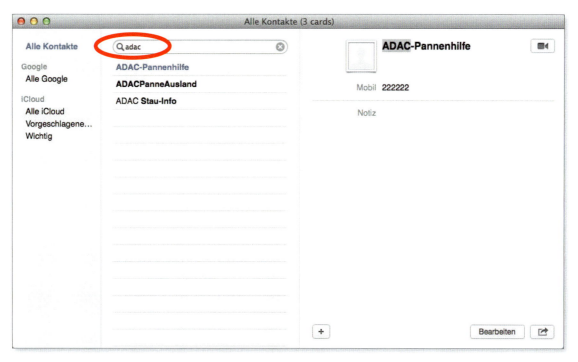

Die Suche ergibt einige Treffer.

Vergrößerte Darstellung der Telefonnummer

Bevor wir das Programm *Kontakte* verlassen und uns mit dem Programm *Kalender* beschäftigen, noch eine kleine Nettigkeit, die das Leben erleichtert.

Vielleicht kennen Sie diese Situation: Sie wollen ein Fax verschicken und sehen in Ihrem Rechner die Faxnummer nach. Dann gehen Sie zu dem Faxgerät, das einige Meter von Ihrem Computer entfernt steht, und schon haben Sie die Faxnummer vergessen. Sie gehen erneut zurück zum Rechner, um sich die Faxnummer zu merken oder irgendwo auf das Fax zu notieren. Deutlich einfacher ist folgender Trick: Sie klicken einfach links neben eine Telefon- oder Fax- oder Mobilnummer und wählen die Eigenschaft *Vergrößern* aus.

Kapitel 4 Nützliche Programme am Mac

Vergrößern.

Damit können Sie sich ruhig einige Meter von Ihrem Monitor entfernen und noch immer bequem die Telefon-, Fax- oder Mobilnummer lesen.

Kalender

 Seit wann machen Termine Spaß? Seit *Kalender* werden keine Geburtstage mehr vergessen, Mülltonnen bleiben niemals ungeleert, keine Festivitäten werden versäumt. Auch Medikamente, die regelmäßig eingenommen werden müssen, stehen pünktlich als Erinnerung auf dem Plan.

Immer wiederkehrende Ereignisse können niemals mehr versäumt werden. Lernen Sie im Folgenden, wie Sie Termine verwalten und mit Erinnerungen versehen.

Einstellungen in Kalender

Nutzen Sie *Kalender* für die Planung Ihrer Termine, so kann es zunächst sinnvoll sein, in die *Allgemeinen Einstellungen* zu gehen. Egal ob privat oder beruflich: Die Funktion *Geburtstagskalender einblenden* sollte auf jeden Fall aktiv sein. Damit werden aus dem Programm *Kontakte* die Geburtstagsinformationen in *Kalender* schon mal automatisch eingetragen. Sie ersparen sich damit gleich eine Menge Tipparbeit.

Kalender –> Einstellungen-> Allgemein.

Kapitel 4 Nützliche Programme am Mac

Neue Ereignisse in Kalender erstellen

Neues Ereignis in Kalender aufnehmen.

Neues Ereignis: Wenn Sie über den Menüpunkt *Ablage –> Neues Ereignis* oder über die Tastenkombination *cmd + N* einen neuen Termin bzw. ein neues Ereignis festlegen, taucht links oben in Kalender ein kleines Feld für die Schnelleingabe des Ereignisses auf. Dort tippen Sie den Namen des Ereignisess bzw. Termins ein und bestätigen die Eingabe mit der *Return*-Taste.

Ein neues Ereignis entsteht.

Das neue Ereignis wird dadurch beim aktuellen Tag zum aktuellen Zeitpunkt eingetragen. Es wird zunächst einmal eine Stunde dauern. Die Dauer und den Tag können Sie ändern, indem Sie das Pop-up-Fenster neben dem Ereignis aufrufen.

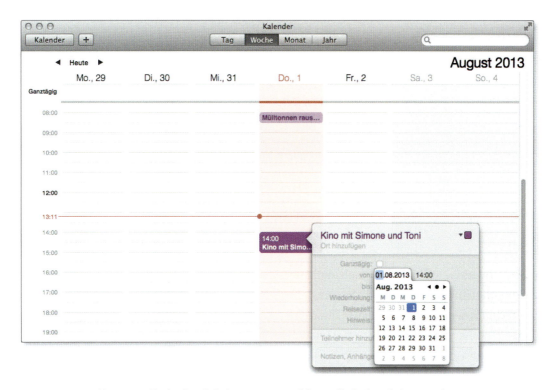

Das neue Ereignis wird eingetragen und kann direkt bearbeitet werden.

Sie können das Fenster aber auch durch Drücken der *esc-* oder *Return*-Taste schließen und den Termin mit der Maus ändern. Wenn Sie die Startzeit ändern wollen, dann schieben Sie das Ereignis einfach weiter nach oben oder auf einen anderen Tag. Die Zeitdauer beeinflussen Sie durch Ziehen an der unteren Kante.

Das Ereignis kann verschoben und verlängert werden. Zeigen Sie dazu an den unteren Rand des Ereignisses, der Cursor wird zum Doppelpfeil.

 Wenn Sie ein Ereignis bearbeiten wollen, dann können Sie **cmd + E** verwenden, um den Termin zu ändern. Wird ein normaler Doppelklick mitten auf den Eintrag ausgeführt, kann das **Ereignis betrachtet** werden.

Wenn Sie einen Doppelklick ausführen, können Sie sich einen Überblick über Ihren Termin verschaffen und ihn direkt bearbeiten.

Sie können sehr exakt, weil nummerisch, definieren, wann ein Termin beginnen und wann er enden soll. Sie können die Zuordnung zu einem Kalender definieren oder auch eine Erinnerung eintragen. Weiterhin können Sie Teilnehmer zu diesem Termin einladen oder Dateianhänge hinzufügen, eine Internetadresse angeben oder eine Notiz anfügen. Ihnen stehen also vielfältigste Einstellungen für die Definition eines Ereignisses zur Verfügung.

Wiederholungen

Besonders die Wiederhol- und Erinnerungsfunktionen haben es in sich. Es gibt in regelmäßigen Zyklen Dinge, die Sie erledigen müssen, wie z. B. Zahlungen an das Finanzamt, das Hinausbringen der Mülltonne, das Verlängern eines Abonnements etc. Mit den Wiederholfunktionen können Sie jedes denkbare Zeitintervall realisieren. Definieren Sie darüber hinaus, wie lange diese Wiederholfunktion laufen soll. Die Standardeinstellung ist *Nie*, das heißt, der wiederkehrende Rhythmus endet niemals.

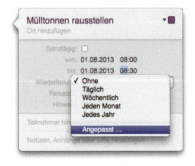 

Eigene Wiederholungen von Terminen: Alle zwei Wochen Mülltonne rausstellen.

Sie können auch bestimmte Tage im Monat (l.) oder unregelmäßige Intervalle eingeben.

Hinweis

Besonders gut gelungen sind darüber hinaus auch die Erinnerungshinweise. Sie können sich innerhalb eines bestimmten Zeitraums vor dem Ereignis vom Kalender daran erinnern lassen. Das kann eine Stunde oder auch ein Tag vorher sein. Klicken Sie dazu bei *Hinweis* auf *Ohne* und wählen Sie einen Zeitpunkt aus. Sie werden an das Ereignis dann in Form einer Nachricht, die am Rechner erscheint, erinnert.

Ist kein passendes Zeitintervall dabei oder wollen Sie zusätzlich zur Nachricht auch noch eine E-Mail erhalten, dann wählen Sie den Punkt *Eigene* und stellen die Art der Erinnerung nach den eigenen Bedürfnissen um.

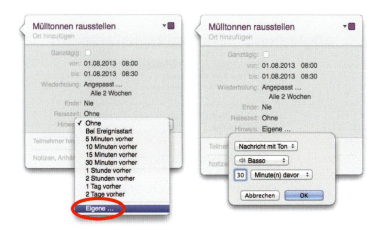

Möglichkeiten, sich erinnern zu lassen.

Sind Sie wegen eines Termins ganztägig unterwegs, dann können Sie dem Termin diese Eigenschaft zuordnen. Im Informationsfenster des Termins findet man die Einstellung *Ganztägig*. Sofern Sie dort das Häkchen anbringen, wird der Termin auf ganztägig gesetzt und ist dann am oberen Ende des Kalender-Fensters zu finden. Wir haben einen neuen Termin dafür verwendet.

Ein ganztägiger Termin.

Neue Kalender erstellen

Ganz klar, es ist eine wesentliche Aufgabe des Programms Kalender, verschiedene Kalendarien zu führen. Beispielsweise einen Kalender für die Tätigkeit in einem Verein, einen Kalender für Ihre privaten Aktivitäten, einen Kalender für die Fußballspiele des FC Bayern München etc. Haben Sie tatsächlich viele, viele Termine, wäre es eine Überlegung wert, diese wirklich thematisch zu trennen, indem Sie mit Kalendern und Farben arbeiten.

Sie haben standardmäßig einen Kalender namens *Privat* und einen *Büro*-Kalender links oben bei der Schaltfläche *Kalender*. Wenn Sie nun einen neuen hinzufügen wollen, gehen Sie unter den Menüpunkt *Ablage –> Neuer Kalender*.

Einen neuen Kalender erstellen.

Daraufhin erscheint links die Spalte mit den Kalendern, in dem die bereits vorhandenen Kalender *Privat* und *Büro* und ein neuer Eintrag aufgelistet sind. Diesen können Sie gleich nach Ihren Vorstellungen benennen. Wir haben ihn *Medizin* genannt.

Der neue Kalender namens „Medizin".

Die Kalender unterscheiden sich in der Farbe. So können sie optisch schön unterschieden werden.

> **Tipp:** Sollte Ihnen dennoch einmal ein Termin in den verkehrten Kalender rutschen, so klicken Sie den Termin doppelt an. Sie finden rechts oben ein Aufklappmenü, wo Sie nachträglich den richtigen Kalender zuweisen können.

Kapitel 4 Nützliche Programme am Mac

Hat man den Termin versehentlich falsch eingetragen, ist die nachträgliche Korrektur kein Problem.

Alles Ansichtssache

Kalender ausblenden

Damit Sie nicht stets von der Fülle aller Termine und Ereignisse erschlagen werden, können Sie nicht benötigte Kalender ganz einfach ausblenden. Entfernen Sie das Häkchen vor dem jeweiligen Kalender.

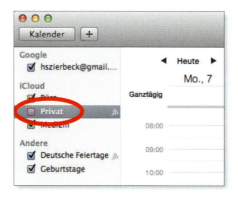

Kalender ausblenden.

 Heute anzeigen: Wenn Sie viel hin- und herspringen in Ihrem Kalender, kann es notwendig werden, dass Sie schnell zum heutigen Tag zurückkehren wollen. Klicken Sie hierzu auf **Heute** links oben im Kalender oder verwenden aSie lternativ die Tastenkombination **cmd + T**.

Darstellung als Tag, Woche, Monat

Sie sehen oben im Titel des Kalender-Fensters die vier Buttons für die tage-, wochen-, monats- und jahreweise Anzeige.

Umschalten der Darstellung.

Ich verwende hier immer die Tastenbefehle, denn die kann man sich einfach merken. *cmd + 1* = Tag, *cmd + 2* = Woche, *cmd + 3* = Monat, *cmd + 4* = Jahr.

Ganztägige Ereignisse einblenden

Wie Sie vorher gesehen haben, können Sie Ereignissen oder Terminen die Eigenschaft *Ganztägig* vergeben. Wenn Sie mit ganztägigen Terminen arbeiten, dann müssen Sie gewährleisten, dassOta diese in Ihrem Kalender auch zu Gesicht bekommen. Zuständig hierfür ist der Menüpunkt *Darstellung –> Ganztägige Ereignisse einblenden.* Achten Sie darauf, dass dieser aktiviert ist, damit Sie nicht irgendwelche gesetzten Termine versäumen.

Kapitel 4 Nützliche Programme am Mac

Karten

Das Programm *Karten* kennen sicher schon viele vom iPhone oder iPad. Dort erweist sich die App naturgemäß als extrem wichtig. Denn Karten kann nicht nur den aktuellen Ort anzeigen, auch Routen können definiert werden, eine Stecknadel kann gesetzt werden und noch einiges mehr.

Mit OS X Maverick hat Apple die Karten-App auf den Mac gebracht. Vielleicht ist Ihr erster Kontakt zu diesem Programm indirekt gewesen. Sie haben beispielsweise eine E-Mail mit einer Adresse erhalten und über die sogenannte *Data Detector*-Funktion zufällig die Karten-App entdeckt.

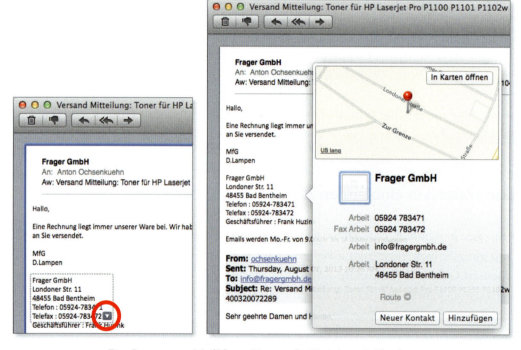

Das Programm „Mail" kann Karten als Mini-App einblenden.

Fahren Sie dazu im Programm *Mail* einfach mit der Maus über eine Adresse und klicken Sie auf den Pfeil nach unten.

Natürlich bringen andere Programme ebenfalls den Luxus mit, die Karten-App zusätzlich nutzen zu können. So können Sie beispielsweise bei einem Eintrag im *Kalender* den Ort anfügen, um einen Kartenausschnitt zu erhalten.

Die Kalender-App arbeitet ebenfalls mit „Karten" zusammen.

Wird einem Ereignis ein Ort hinzugefügt, dann reagiert zunächst während des Eintippens die Kontakte-App und schlägt Adressen vor. Ist die Eingabe abgeschlossen, wird unterhalb eine Mini-Kartendarstellung eingeblendet. Klickt man darauf, startet das *Karten*-Programm.

Natürlich kann die Kontakte-App via *Karte einblenden* ebenfalls auf *Karten* zugreifen.

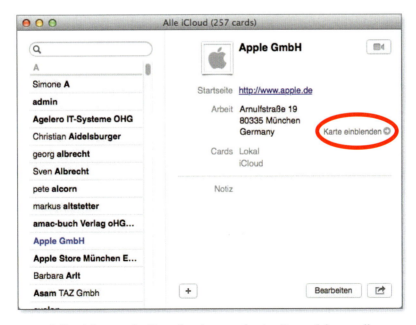

Selbst Adressen der Kontakte-App werden in „Karten" dargestellt.

Kapitel 4 Nützliche Programme am Mac

Die wichtigsten Funktionen

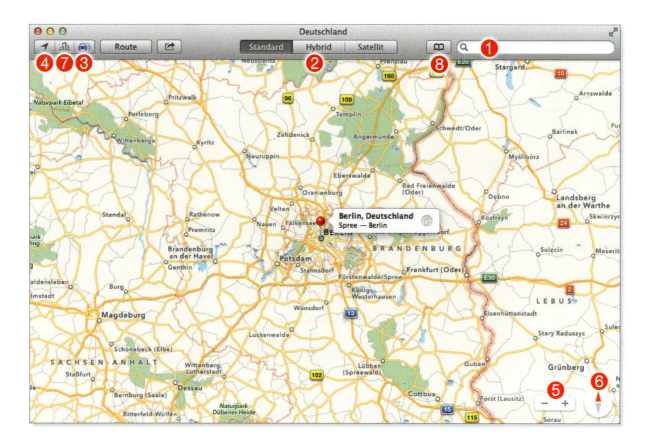

Sicher haben Sie die wichtigsten Funktionen möglicherweise schon intuitiv erkundet. Über das Suchfeld ❶ kann ein Ort inklusive Straßenname und Hausnummer eingetragen werden. Via *Return* wird der Ort sogleich darunter in der Karte dargestellt. Mit einem Finger auf der Maus oder dem Trackpad können Sie entspannt auf der Karte navigieren. Entscheiden Sie sich zwischen der *Standard-*, der *Hybrid-* und der *Satelliten*-Darstellung ❷. Optional können Sie sich noch aktuelle Verkehrsinformationen einblenden lassen ❸.

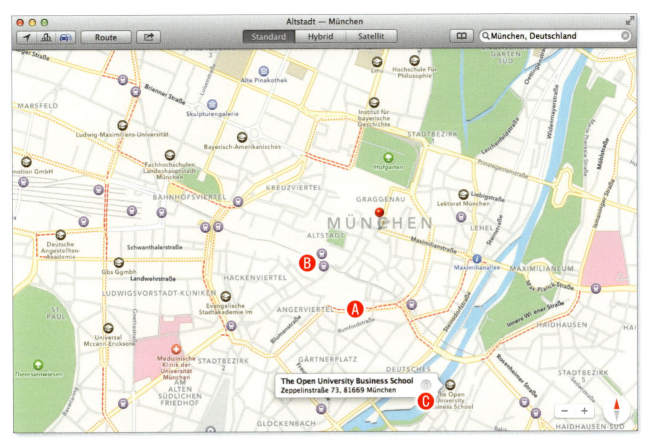

Neben den aktuellen Verkehrsinformationen Ⓐ (gestrichelte rote Linien) sehen Sie im Detail viele weitere nützliche Informationen Ⓑ (Etiketten), die Sie ebenfalls anklicken können. Via „Darstellung –> Etiketten" können Sie diese ausblenden oder noch größer darstellen lassen. Sie können Sie die Etiketten nach Anklicken von „i" Ⓒ als Fenster mit vielen Zusatzinformationen darstellen und dieses am Titel anpacken und als eigenständiges Fenster wegziehen.

Haben Sie den Pfeil ganz links oben ❹ schon entdeckt? Auch Ihr Mac kann über WLAN seine Position bestimmen (*cmd + L*). Voraussetzung hierfür ist neben einer WLAN-Verbindung, dass Sie es über *Sicherheit –> Privatsphäre* auch zugelassen haben, dass die App *Karten* die *Ortungsdienste* verwenden darf.

Karten darf die Ortungsdienste nutzen und kann so per WLAN Ihren aktuellen Ort anzeigen.

Über die Plus- und Minustaste ❺ im rechten unteren Eck der Karten-App kann die Zoomstufe eingestellt werden. Intuitiver geht es entweder über das Trackpad, wo Sie durch Ziehen mit zwei Fingern dies deutlich bequemer bewerkstelligen können. Oder verwenden Sie die Shortcuts *cmd + Plus* bzw. *cmd + Minus*.

 Über das Menü **Darstellung** kann zudem der Maßstab eingeblendet werden.

Mit dem Kompass ❻ rechts unten kann die Kartendarstellung zudem gedreht werden.

Und ein ganz besonderes Schmankerl ist die 3D-Darstellung (*cmd + 0*) ❼. Leider ist diese aktuell (September 2013) nur in ausgewählten Städten wie München oder Berlin etc. verfügbar.

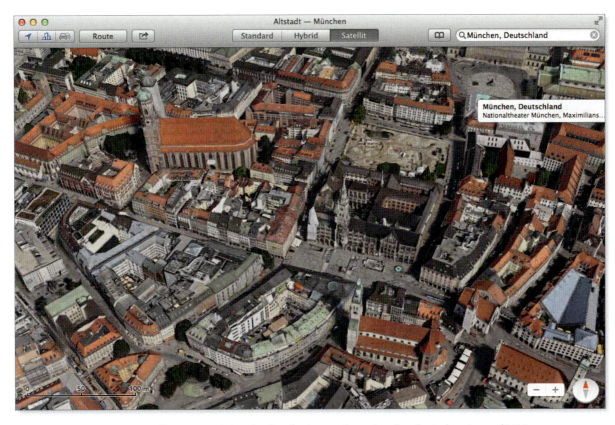

Die 3D-Darstellung zeigt einige Großstädte in atemberaubend realistischer Art und Weise.

Routen planen und ans iPhone/iPad weitergeben

Besonders elegant ist die Routenplanung am Computer. Und das Tolle ist, dass diese Route dann mit einem Klick auf ein iPhone oder iPad übertragen werden kann. Notwendig hierfür sind:
- die Verwendung der gleichen Apple-ID für die iCloud am Computer (*Systemeinstellungen –> iCloud*) und am mobilen Gerät (*Einstellungen –> iCloud*)
- sowie iOS 7 auf dem iPhone bzw. iPad

Sind diese Voraussetzungen erfüllt, geht das ganz simpel.
1. Via *cmd + R* (*Bearbeiten –> Route einblenden*) den Bereich *Route* einblenden
2. Start- und Endpunkt eintragen und mit *Return* bestätigen
3. Möglicherweise schlägt das Programm mehrere Routen vor. Durch einmaliges Anklicken die bevorzugte Route auswählen
4. Auf das *Teilen*-Feld klicken und iPhone oder iPad auswählen

Kapitel 4 Nützliche Programme am Mac

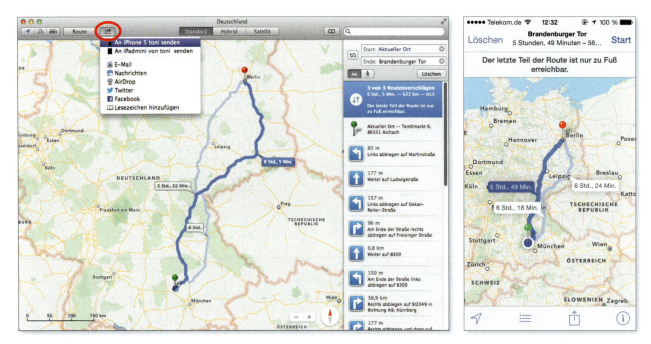

Die am Computer geplante Route wird nun versendet (links) und erscheint sogleich auf dem iPhone oder iPad (rechts), und die Reise kann losgehen.

5. Am iPhone oder iPad erhalten Sie optional einen Hinweis oder Banner (je nach Konfiguration der Mitteilungszentrale: *Einstelllungen –> Mitteilungen –> Karten*). Wechseln Sie nun in die Karten-App, um dort die Route vorzufinden.
Alternativ dazu können Sie im alten Stil die Route als PDF-Datei exportieren (*Ablage –> Als PDF exportieren*) oder via E-Mail versenden.

Und das sei ebenso noch erwähnt: Sowohl Routen als auch Orte können als Lesezeichen ❽ abgelegt und so rasch wieder aufgefunden werden. Um eine Route oder einen Ort als Lesezeichen zu definieren, verwenden Sie erneut das *Teilenfeld* und wählen *Lesezeichen hinzufügen* an.

 Über Apples iCloud werden die Lesezeichen der Karten-App zwischen den iOS-Geräten wie iPhone und iPad mit dem Computer in beide Richtungen synchronisiert.

214

Um ein Lesezeichen zu entfernen, gehen Sie wie folgt vor:
- *Ort als Lesezeichen entfernen:* Klicken Sie den Ort in der Lesezeichenliste an, sodass er auf der Karte erscheint. Tippen Sie nun auf das kleine *i* und anschließend auf *Lesezeichen entfernen*.

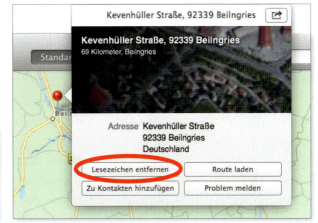

Ein Ort wird aus der Lesezeichenliste entfernt.

- *Ort oder Route aus der Lesezeichenliste entfernen:* Klicken Sie auf das Lesezeichen-Icon im Fenstertitel und dann auf *Bearbeiten*. Nun können Sie Orte oder Routen bequem durch *x* entfernen.

 Um einen Ort kurzfristig zu markieren, können Sie die Stecknadel-Funktion verwenden. Über **Darstellung –> Stecknadel setzen (cmd + D)** erhalten Sie eine lilafarbene Stecknadel. Packen Sie die Stecknadel am Kopf, um sie zu verschieben, und klicken Sie auf das kleine **i**, um die Stecknadel zu einem Lesezeichen umzuwandeln oder zu löschen.

Kapitel 4 Nützliche Programme am Mac

Erinnerungen

Das Programm *Erinnerungen* ist das perfekte Werkzeug, um Aufgaben bzw. Tätigkeiten zu erstellen. Dabei gibt es die Möglichkeit, den Aufgaben eine zeitliche Komponente hinzuzufügen und sich automatisch vom Mac daran erinnern zu lassen. Für die iOS-Geräte wie das iPhone und iPad existiert die App *Erinnerungen* schon länger. Verfügen Sie über einen iCloud-Account (der auch an dieser Stelle wieder wärmstens zu empfehlen ist), werden die Erinnerungseinträge zwischen Ihrem Computer und den iOS-Geräten drahtlos abgeglichen, was eine äußerst praktische Funktion darstellt.

Weiterhin nutzt das Programm *Erinnerungen*, in dem Sie Ihre To-dos ablegen, natürlich auch sehr stark die *Mitteilungszentrale*, in der Mitteilungen erscheinen, sobald eine Aufgabe zu erledigen ist. Aber wollen wir uns erst einmal die wichtigsten Funktionen des Programms *Erinnerungen* im Detail ansehen. Fangen wir doch an der Stelle an, an der wir vorhin beim Programm *Kalender* aufgehört haben:

Über die Tastenkombination *cmd + T* gelangen Sie zum heutigen Tag und sehen dort alle Aufgaben, die es heute zu erledigen gilt.

Zu erledigende Aufgaben des heutigen Tages.

In diesem Fenster können wir eine Reihe von weiteren sinnvollen Funktionen des Programms *Erinnerungen* erkennen. Sie sehen, dass die Aufgaben des heutigen Tages mit unterschiedlichen Prioritäten versehen werden können ❶. Drei Ausrufezeichen bedeuten dabei die höchste Priorität, zwei Ausrufezeichen stehen für mittlere, ein Ausrufezeichen steht für geringe Priorität. Ist gar kein Ausrufezeichen vorhanden, ist diese Aufgabe nicht priorisiert.

Wenn Sie links im Fenster *Erinnerungen* die *Minikalender*-Darstellung eingeblendet haben ❹, dann können Sie anhand von kleinen Punkten auch erkennen, dass Sie Erinnerungen eingetragen haben, die an Termine gebunden sind ❷. Sie sehen hier am 23. und auch am 24. August jeweils ein kleines Pünktchen unterhalb des Termins, das Sie daran erinnert, dass es Aufgaben gibt, die an diesem Tag erledigt werden sollen. Bei der Erstellung von Aufgaben, die wir uns später noch ansehen werden, können Sie also festlegen, ob diese auch zeitabhängig definiert werden sollen.

Überhaupt sind Sie mit dem Programm *Erinnerungen* in der Lage, verschiedene To-do- oder Aufgabenlisten zu führen ❸. Sie sehen hier Listen wie *Abgeschlossen*, *Verein* etc. Das heißt, Sie können Ihre Aufgaben sehr schön strukturieren. Mit dem Schalter ❺ blenden Sie die linke Leiste komplett aus und sehen nur noch Ihre Aufgaben ohne die Minikalender- und die Aufgabenliste.

Wenn Sie die seitliche Leiste ausgeblendet haben, können Sie sehr einfach durch die verschiedenen Listen hindurchblättern, indem Sie mit Ihrem Finger von rechts nach links oder von links nach rechts auf Ihrer Maus bzw. Ihrem Trackpad wischen. Haben Sie aktuell einen Termin ausgewählt, so blättern Sie tageweise; haben Sie eine Liste aktiviert, werden die Listen durchgeblättert.

Blättern in den Listen bzw. Tagen.

Und ähnlich wie auf dem iPhone oder iPad, sehen Sie, wenn Sie durch die Listen hindurchblättern, am unteren Rand des Fensters ein paar kleine Pünktchen, die Ihnen zeigen, auf welcher Liste Sie sich befinden und wie viele Listen aktuell vorhanden sind.

Und zu guter Letzt: Sofern Sie die seitliche Leiste eingeblendet haben (*cmd + alt + S*), finden Sie links oben auch noch eine Suchlupe, mit der Sie das komplette Programm *Erinnerungen* durchsuchen können ❼.

Wenn Sie nun eine neue Aufgabe oder ein neues Ereignis ❽ eintragen möchten, gibt es hierzu grundsätzlich zwei verschiedene Möglichkeiten: Entweder Sie aktivieren eine Liste, so wird in dieser entsprechenden Liste der Eintrag vorgenommen, oder Sie wählen im Kalender einen Termin aus. Dann wird dieser Termin auch gleich dem aktuellen Datum zugeordnet.

> Sofern Sie einen Termin auswählen und ein neues To-do eintragen, wird dieses To-do automatisch alphabetisch der ersten Liste zugeordnet.

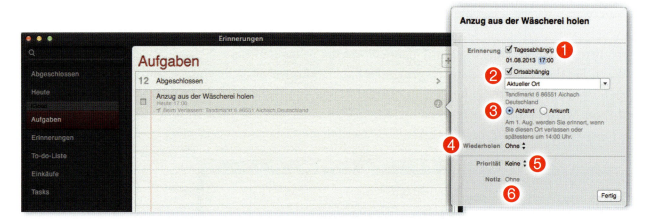

Neues Ereignis erstellen.

Sie erstellen also ein neues Ereignis, indem Sie entweder rechts oben auf die +-Taste klicken oder einfach in eine leere Zeile den Eintrag eingeben. Tippen Sie nun den Text für Ihr To-do ein. Vergessen Sie nicht, danach rechts daneben auf den *Info*-Button zu klicken.

Über den „Info"-Button sind die weiteren Einstellungen zugänglich.

Sogleich erhalten Sie eine Fülle von Einstellungsmöglichkeiten für Ihr neues Ereignis. Wollen Sie, dass die Aufgabe bis zu einem bestimmten Termin erledigt wird, so aktivieren Sie die Funktion *Tagesabhängig* ❶ und geben darunter den Tag und auch die Uhrzeit ein. Ihr Rechner wird Sie dann über die *Mitteilungszentrale* benachrichtigen, um Sie an diese Aufgabe zu erinnern.

Besonders clever ist vor allem für die mobilen Apple-Geräte wie iPhone oder iPad die *ortsabhängige Aufgabendefinition* ❷. Für einen mobilen Apple-Rechner kann es durchaus interessant sein, auch hier Einstellungen vorzunehmen. Geben Sie an, an welchem Ort Sie erinnert werden möchten und ob dies bei Ankunft oder Abfahrt von diesem Ort geschehen soll ❸.

Und wie es sich für ein vernünftiges Erinnerungsprogramm gehört, können Sie bei *Wiederholen* ❹ einen Zeitzyklus eingeben, wie oft diese Aufgabe wiederholt werden muss. Denken Sie hier z. B. an die Klassiker wie das Herausstellen der Mülltonne oder das Abgeben Ihrer Unterlagen an den Steuerberater, die in regelmäßigen Zyklen zu erledigen sind.

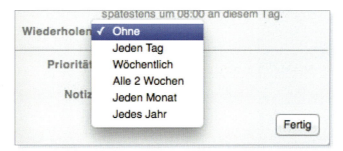

Wiederholungszyklen einstellen.

Natürlich können Sie einer Aufgabe auch eine Priorität zuordnen, wie wir es vorhin schon besprochen haben ❺. Und zu guter Letzt haben Sie die Möglichkeit, sich in den *Notizen* noch Zusatzinformationen zu einem Ereignis einzutragen ❻. Mit einem Klick auf *Fertig* bestätigen Sie alle Einstellungen.

Und auch das sollte an dieser Stelle noch einmal erwähnt werden: Auch in den Mitteilungen werden die Erinnerungseinträge dargestellt, dazu auf Seite 221 mehr.

Mitteilungen zeigen Erinnerungen.

Kapitel 4 Nützliche Programme am Mac

Haben Sie eine Erinnerung bzw. eine Aufgabe erledigt, können Sie diese Aufgabe abhaken. Sogleich wird in einer Animation dargestellt, wie die Aufgabe aus der aktuellen Liste verschwindet und in die Liste *Abgeschlossen* einsortiert wird.

Die Liste „Abgeschlossen" zeigt alle erledigten Aufgaben.

Möchten Sie hingegen einen Eintrag löschen, so klicken Sie neben den Text, sodass die komplette Zeile leicht dunkelgrau hinterlegt wird, und verwenden die *Backspace*-Taste, um den Eintrag zu löschen.

> ! Und zu guter Letzt können Sie jede Liste als eigenes Fenster darstellen. Klicken Sie hierzu einfach doppelt auf die Liste und schon haben Sie für jede Liste ein eigenes Fenster.

Jede Liste in einem eigenen Fenster.

Mitteilungen

Beim iPhone und iPad ist die Funktion *Mitteilungszentrale* in iOS fest integriert. Die Anwender schätzen die Einfachheit in der Bedienung und den Komfort, über wichtige Informationen direkt informiert zu werden.

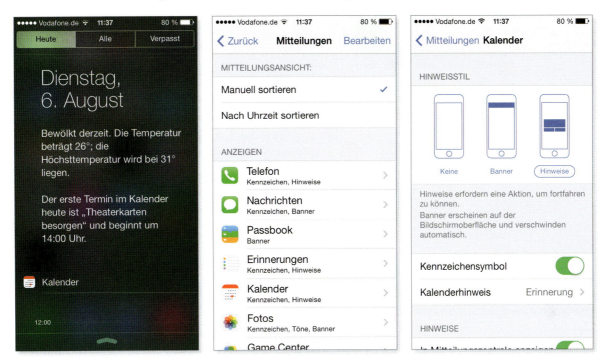

Mitteilungszentrale konfigurieren am iPhone.

Anhand der Bildschirmfotos sehen Sie, wie am iPhone die Mitteilungszentrale und deren Einträge eingestellt werden. Ähnlich sieht es auf dem iPad aus. Und Apple hat diese sehr nützliche Funktion auf den Mac übertragen. Diese ist zu finden in den *Systemeinstellungen* bei *Mitteilungen*.

Kapitel 4 Nützliche Programme am Mac

„Systemeinstellungen –> Mitteilungen".

Wollen wir uns nun die Einstellungen für die Mitteilungszentrale etwas genauer ansehen. Zunächst einmal sehen Sie in der linken Spalte den Begriff *In der Mitteilungszentrale* ❶ und darunter Programme, die sich eingenistet haben. Das sind im Regelfall Programme, die Apple standardmäßig mitliefert. Aber auch Drittanbieter können Programme schreiben, die sich in die Mitteilungszentrale einklinken ❷. Wenn Sie nun eines dieser Programme nicht in der Mitteilungszentrale vertreten haben möchten, so klicken Sie den Eintrag an, wählen rechts daneben *In der Mitteilungszentrale anzeigen* ❸ und deaktivieren das entsprechende Häkchen. Sogleich wird die App darunter eingereiht bei *Nicht in der Mitteilungszentrale* ❹. Bringen Sie das Häkchen bei *In der Mitteilungszentrale anzeigen* erneut an, wird es wieder nach oben verschoben. Apropos Reihenfolge: Die Nachrichten der Mitteilungszentrale können Sie entweder nach Zeit oder manuell ❺ sortieren. Bei der Einstellung *Manuell* können Sie in der linken Spalte die Einträge an die gewünschte Position stellen. Wenn Sie zum Beispiel Kalender- und Erinnerungseinträge als sehr wichtig erachten, ziehen Sie die beiden in den oberen Bereich des Fensters.

Haben Sie nun entschieden, welche Einstellungen in der Mitteilungszentrale dargestellt werden sollen, dann sollten Sie als Nächstes für jeden Eintrag der Mitteilungszentrale festlegen, wie er denn präsentiert wird. Sie können wählen zwischen *Ohne* ❻, *Banner* ❼ und *Hinweise* ❽.

Mitteilungen können als Banner (oben) oder Warnhinweis (unten) ausgegeben werden.

Wie Sie anhand des Bildschirmfotos sehen, muss ein Warnhinweis auf jeden Fall vom Anwender bestätigt werden, entweder über *Schließen* oder über *Wiederholung*, womit der Hinweis erneut vorgelegt wird. Haben Sie hingegen die Eigenschaft *Banner* verwendet, dann erscheint die Meldung, bleibt einige Sekunden auf Ihrem Monitor stehen, um dann nach rechts zu verschwinden. Der Warnhinweis geht dabei natürlich nicht verloren, er befindet sich nach wie vor in den *Mitteilungen*. Die Mitteilungen können Sie ganz einfach aufrufen, indem Sie rechts oben in der Ecke das dazugehörige Icon anklicken.

Mitteilungen auf dem Schreibtisch.

Kapitel 4 Nützliche Programme am Mac

 Sofern Sie an einem tragbaren Rechner sitzen oder ein Trackpad haben, können Sie diese Benachrichtigungsspalte sehr einfach einblenden, indem Sie mit zwei Fingern vom rechten Rand aus in Richtung Mitte ziehen. Von der Mitte aus mit zwei Fingern nach rechts zu wischen bedeutet, diese Spalte wieder auszublenden. Diese wird übrigens auch eingeblendet, wenn Programme wie Safari, Mail, iPhoto etc. im Vollbildmodus dargestellt werden.

In den „Systemeinstellungen –> Trackpad" kann im Bereich „Weitere Gesten" diese Funktion aktiviert werden.

Aber zurück zu den Einstellungen für die Mitteilungszentrale. Bei ❾ können Sie definieren, wie viele Objekte maximal in der Mitteilungszentrale aus der entsprechenden App dargestellt werden. Sie haben die Auswahl zwischen 1, 5, 10 und 20 benutzten Objekten.

Blenden Sie zusätzlich das *Kennzeichen*-Symbol ❿ ein, erhalten Sie neben einem Eintrag in der Mitteilungszentrale, wie vom iPhone und iPad bekannt, eine Nummer direkt am Programmicon, zum Beispiel im Dock.

Kennzeichen für App-Symbole sind anhand der Dock-Icons zu sehen.

Und soll bei eingehenden Mitteilungen auch noch ein Ton abgespielt werden, so aktivieren Sie die entsprechende Option ⓫.

> Selbstverständlich müssen die diversen Applikationen nicht gestartet sein, um Mitteilungen zu senden. Wenn Sie beispielsweise eine Erinnerung terminabhängig definiert haben, so wird diese auch erscheinen, wenn das Programm **Erinnerungen** gar nicht gestartet ist. Ähnlich verhält es sich mit anderen Programmen. Klicken Sie hingegen auf eine Benachrichtigung, so wird gleich das entsprechende Programm gestartet und der dazugehörige Eintrag hervorgeholt. In Mail wird so eine E-Mail dargestellt, in Kalender oder Erinnerungen wird der betreffende Eintrag angesprungen etc.

Als Letztes enthält die Mitteilungszentrale noch die Funktion *Nicht stören* ⓬. Damit können Sie praktisch Ihren Mac auf „nicht erreichbar" stellen. Sie sind dann z. B. für FaceTime-Anrufe nicht verfügbar, und alle Mitteilungen bzw. Hinweise und Banner werden stumm geschaltet. In den Systemeinstellungen können Sie dafür sogar feste Uhrzeiten angeben. Ansonsten können Sie *Nicht stören* aktivieren, wenn Sie die Mitteilungszentrale nach unten scrollen und dann den Schieberegler für *Nicht stören* aktivieren.

„Nicht stören" wird in der Mitteilungszentrale aktiviert.

Kapitel 4 Nützliche Programme am Mac

 Apple hat auch an ein anderes Detail gedacht: Wird Ihr Rechner an einen Beamer angeschlossen, so wird die Mitteilungszentrale automatisch stumm geschalten damit Ihre Präsentation nicht ständig durch Mitteilungen gestört wird. ;-)

Sie werden bereits nach kurzer Zeit erfahren, dass Sie ohne die Mitteilungszentrale an Ihrem Rechner nicht mehr leben möchten. Denn sie ist eine äußerst nützliche Funktion, die Apple vom iPhone und iPad auf das Computerbetriebssystem übertragen hat. Allerdings kann die Mitteilungszentrale bisweilen auch unter der Last der Mitteilungen sozusagen zusammenbrechen und Sie als Anwender zu sehr von der Arbeit ablenken. Deswegen gibt es eine sehr einfache Möglichkeit, die Mitteilungszentrale stumm zu schalten. Klicken Sie dafür bei gedrückt gehaltener *alt*-Taste auf das *Mitteilungszentrale*-Icon in der rechten oberen Ecke der *Menüleiste*. Dann erscheint ein hellgraues Benachrichtigungssymbol, das Ihnen signalisiert, dass die Mitteilungszentrale bis auf Weiteres schweigen wird.

Mitteilungszentrale stumm geschaltet.

Kapitel 5

Gut gemacht: Mission Control, Launchpad und Mac App Store

Kapitel 5 Gut gemacht: Mission Control, Launchpad und Mac App Store

Mission Control

Mission Control ist eine Funktion von OS X Mavericks, mit deren Hilfe Sie sehr schnell zwischen geöffneten Fenstern und Programmen hin- und herwechseln können. Bevor wir das erste Mal Mission Control verwenden, sollten Sie in den *Systemeinstellungen* die Voreinstellungen Ihren Wünschen entsprechend konfigurieren. Starten Sie dazu die *Systemeinstellungen* und wählen Sie in der ersten Zeile die Eigenschaft *Mission Control* aus.

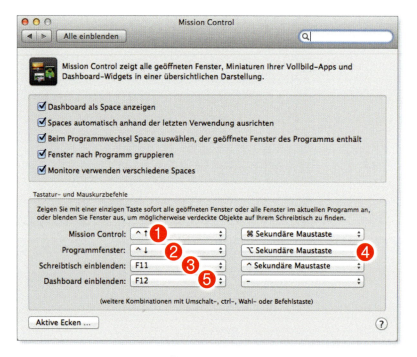

„*Systemeinstellungen –> Mission Control*".

Wenn Sie das Fenster geöffnet haben, wird es zunächst nicht so aussehen wie hier in unserem Bildschirmfoto. Aber Sie werden gleich sehen, dass Sie selbst vernünftige Einstellungen in kürzester Zeit vornehmen können. Wollen wir uns zunächst dem Teil des Fensters zuwenden, der mit *Tastatur- und Mauskurzbefehle* überschrieben ist.

Sie sehen dort im linken Teil drei Begriffe untereinander: *Mission Control*, *Programmfenster* und *Schreibtisch einblenden*. Und Sie sehen, dass die Funktion *Mission Control* mit der Kombination *ctrl + Pfeiltaste nach oben* belegt ist ❶. Das heißt: Wenn Sie nun die Tastenkombination drücken, werden Sie eine Übersicht über alle Fenster bekommen, die Sie aktuell auf Ihrem Mac geöffnet haben. Und das Schöne ist: Es sind alle Fenster, unabhängig davon, in welchem Programm sie geöffnet wurden.

Alle Fenster im Überblick via Mission Control.

Das besonders Tolle an dieser übersichtlichen Darstellung ist nicht nur, dass Sie erkennen, welche Programme aktuell geöffnet sind und welche Fenster innerhalb dieser Programme dargestellt werden – nein, Sie können auch mit der Maus über die Fenster streifen. Dadurch wird das aktuelle Fenster, auf das Ihr Mauszeiger gerade zeigt, blau hinterlegt, und mit einem Tipp auf die *Leertaste* (*Quick Look*) können Sie ganz einfach einen kurzen Blick auf das Fenster werfen. Wollen Sie dann tatsächlich zu dem entsprechenden Fenster bzw. Programm wechseln, klicken Sie das blau umrahmte Fenster einmal an und holen es so in den Vordergrund. Gleichzeitig sind Sie damit zum entsprechenden Programm gewechselt.

Sie beginnen zu verstehen, dass die Funktion *Mission Control* eine hervorragende Möglichkeit ist, den Überblick auf Ihrem Rechner zu behalten. Wir werden wenig später noch einmal darauf zurückkommen und uns die Funktionalität etwas genauer ansehen.

Kapitel 5 Gut gemacht: Mission Control, Launchpad und Mac App Store

Das genaue Gegenteil von *Mission Control* ist die Funktion *Schreibtisch einblenden* ❷. Standardmäßig liegt diese auf der Funktionstaste *F11*, die Sie aber – wie viele andere Dinge in den Systemeinstellungen – Ihren Bedürfnissen entsprechend anpassen können. Sofern Sie also nun die Funktionstaste *F11* drücken, wird der Schreibtisch dargestellt und alle vorher eingeblendeten Fenster werden an den Bildschirmrand bewegt, sodass Sie freien Zugriff auf alles haben, was sich auf Ihrem Schreibtisch befindet.

> ❗ Sollte es bei Ihnen mit den Tasten **F11** und auch **F12** nicht funktioniert haben, sollten Sie noch einmal einen Blick in die **Systemeinstellungen** bei **Tastatur** riskieren, ob die Funktionstasten als solche verwendet werden oder für eine alternative Funktionalität wie die Lautstärke im Einsatz sind. Stellen Sie also dort die entsprechenden Vorgaben ein. Das heißt: Wenn Sie die Funktionstasten als Standardfunktionstasten verwenden, können Sie ganz entspannt **F11** und **F12** betätigen. Wenn Sie an dieser Stelle das Häkchen aber entfernt haben, müssen Sie zusätzlich auf der Tastatur die Taste **fn** drücken.

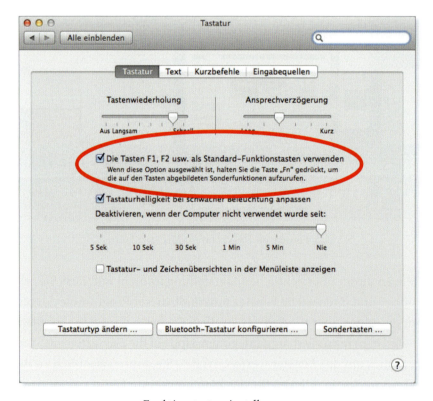

Funktionstasteneinstellungen.

Kommen wir wieder zurück zu den *Mission Control*-Einstellungen. Das *Programmfenster* in den Einstellungen ist mit *ctrl + Pfeiltaste nach unten* belegt ❸. Das heißt: Wenn Sie die Kombination verwenden, werden alle Fenster des aktuellen Programms auf dem Monitor dargestellt.

Wollen Sie nun diese Mission-Control-Funktionen nicht über die Tastatur, sondern vielleicht über die Maustasten im Zugriff haben, so finden Sie in der Spalte daneben die Möglichkeit, alle drei Funktionen auf eine bestimmte Maustaste zu legen. Dabei können Sie zusätzlich die *cmd*-, die *alt*-, aber auch die *ctrl*-Taste verwenden ❹, denn die Maus selbst hat ja relativ wenige Eigenschaften. Durch die zusätzlichen Tasten angereichert, kann man der Maus jedoch relativ simpel viele Funktionen mit auf den Weg geben.

Ein letzter kurzer Blick auf das Fenster *Mission Control*: Dort sehen Sie etwas, das sich *Dashboard* ❺ nennt und mit der Funktionstaste *F12* aufgerufen wird. Über diese Funktion werden wir etwas später noch genauer sprechen.

Kapitel 5 Gut gemacht: Mission Control, Launchpad und Mac App Store

Gestensteuerung von Mission Control

Mission Control kann auch mit Gesten gesteuert werden, die Sie sehr einfach auf einem Trackpad oder Magic Trackpad und teilweise auch auf einer Magic Mouse ausüben können. Wie bereits bei den Trackpad-Einstellungen (siehe Seite 84) gesehen, rufen Sie die *Mission Control*-Übersicht auf, indem Sie mit drei Fingern nach oben streichen. Damit erhalten Sie eine Darstellung aller Schreibtische mit ihren dazugehörigen Programmen und Fenstern.

Mission Control im Einsatz.

Verwenden Sie erneut drei Finger und streichen Sie nach unten, kehren Sie wieder zu dem Schreibtisch zurück, an dem Sie zuletzt gearbeitet haben. Nehmen Sie erneut drei Finger und streichen Sie nach oben, um die Übersicht über alle Schreibtische inklusive des Dashboards zu erhalten.

> Sie sehen, dass das Dashboard als eigenständiger Schreibtisch erscheint. Das ist eine Einstellung, die wir in den **Systemeinstellungen** bei **Mission Control** vorgenommen haben. Dort finden Sie die Eigenschaft **Dashboard als Space anzeigen**. Damit wird das Dashboard als ein eigenständiger Schreibtisch dargestellt. Das Dashboard kann im Übrigen auch standardmäßig über die Taste **F12** erreicht werden. Oder Sie können eine beliebige Maus- oder Trackpad-Funktion zuordnen, auch aktive Ecken können das Dashboard anzeigen.

Wenn Sie die Übersicht über alle Schreibtische aufgerufen haben, können Sie mit drei Fingern in der Übersicht bleiben und durch Streifen auf dem Trackpad durch Ihre Schreibtische navigieren. Wenn Sie an dem Schreibtisch angelangt sind, an dem Sie weiterarbeiten möchten, nehmen Sie erneut drei Finger, um nach unten zu streichen. Und schon finden Sie sich auf einem neuen Schreibtisch mit den dazugehörigen Applikationen wieder.

Möchten Sie jetzt ohne die Übersicht zwischen den verschiedenen Schreibtischen (*Spaces*) hindurchwechseln, so tun Sie das mit drei Fingern, indem Sie nach rechts oder nach links streifen.

Sie sehen: Die Gestensteuerung ist enorm intuitiv und beschleunigt die Arbeitsweise an einem Rechner doch erheblich. Angelehnt ist die Funktionsweise natürlich an die Touchgeräte wie das iPhone oder das iPad. Diese Funktionalität ist jetzt quasi auf den Mac gekommen und erleichtert das Arbeiten an modernen Computern.

Schreibtische und Vollbildfenster.

Wir haben bereits erfahren, dass einige Applikationen, die OS-X-ready sind, schon den Vollbildmodus unterstützen, beispielsweise Safari, Kalender, iPhoto, Pages usw. Wenn Sie in diesen Programmen ein Fenster im Vollbild darstellen, werden diese zu einem eigenen Schreibtisch. Das heißt: Neben Dashboard und den Schreibtischen wird jedes Vollbildfenster auch ein Eintrag in der Mission-Control-Übersichtsdarstellung, und Sie können mit drei Fingern auch durch diese Vollbildfenster navigieren.

> Um Mission Control zu starten, haben Sie also eine ganze Reihe von Möglichkeiten:

1. Verwenden Sie die Gestensteuerung mit drei Fingern, um zu Mission Control zu gelangen.

2. In den *Systemeinstellungen* bei Mission Control haben Sie hierzu *ctrl + Pfeiltaste noch oben* als Shortcut definiert. Zudem kann über *Aktive Ecken* oder über die Maus Mission Control ebenfalls aufgerufen werden.
3. Mission Control ist als Symbol im Dock eingebracht. Ein Klick genügt, um es zu starten.
4. Oder verwenden Sie die Funktionstaste *F3*, die ebenfalls Mission Control aufrufen kann. Übrigens: *F4* ist für das Launchpad zuständig.

F3 startet Mission Control und F4 Launchpad.

Spaces oder Schreibtisch

Wollen Sie es noch etwas übersichtlicher, klarer und geordneter auf Ihrem Bildschirm haben? Dann ist *Spaces* genau die richtige Funktion für Sie. Über Mission Control haben Sie bereits sehr gute Werkzeuge an der Hand, um dem Fensterchaos auf dem Bildschirm Einhalt zu gebieten. Noch deutlich cleverer geht *Spaces* bzw. *Schreibtisch* an diese Aufgabe heran.

Spaces wird in Mission Control konfiguriert.

Definieren Sie zuallererst, wie viele Schreibtische Sie haben möchten. Dazu starten Sie die Mission-Control-Ansicht und bewegen die Maus nach rechts oben an den Bildschirmrand. Ein +-Zeichen erscheint. Sie können bis zu 16 Schreibtische definieren. Aber was ist denn nun eigentlich ein Schreibtisch? Nun, stellen Sie es sich einfach so vor, als würden Sie sich zusätzliche Monitore kaufen. Standardmäßig arbeiten Sie an einem Monitor, also an einem *Schreibtisch*. Wenn Sie die Anzahl auf vier erhöhen, arbeiten Sie nun auf vier virtuellen Monitoren gleichzeitig. Nun können Sie auf diese vier Monitore diejenigen Programme verteilen, die Sie am häufigsten im Einsatz haben. Klicken Sie dazu den Schreibtisch Ihrer Wahl an

Kapitel 5 Gut gemacht: Mission Control, Launchpad und Mac App Store

und starten Sie anschließend über das Dock ein Programm. Dieses wird nun mit seinen Fenstern und Funktionen auf diesem Schreibtisch dargestellt.

 Sie können natürlich auch mehrere Programme auf einen Schreibtisch legen. In meinem Fall verwende ich die Programme Mail und Safari auf ein und demselben Schreibtisch. Das liegt einfach daran, dass ich die beiden Programme sehr häufig gemeinsam verwende und es deshalb als sinnvoll erachte, beide Applikationen auf demselben Schreibtisch laufen zu lassen.

Sie sehen also, dass Sie durch eine vernünftige Konfiguration der Schreibtische sehr effizient mit vielen Programmen an Ihrem Rechner umgehen können.

Klicken Sie nun in einem der Schreibtische im Dock auf ein Programmicon. Dadurch wird zu dem Schreibtisch gewechselt, in dem sich die dazugehörigen Fenster befinden. Die Zuordnung der Programme zu einem Schreibtisch ist lediglich temporär. Wird das Programm in einem Schreibtisch beendet, zu einem anderen gewechselt und dort erneut geöffnet, so ist es nunmehr diesem Schreibtisch zugeordnet. Um nach wie vor die Übersicht zu behalten, könnten Sie natürlich erneut mit *cmd + Pfeil nach oben* Mission Control aufrufen, und sogleich erkennen Sie am oberen Bildschirmrand, dass Sie nun mehrere Schreibtische nutzen. Darüber hinaus verfügen Sie auch noch über einen eigenen Schreibtisch, der sich *Dashboard* nennt.

Um von einem Schreibtisch zu einem anderen zu wechseln, gibt es mehrere Vorgehensweisen:

a) Sie verwenden die *ctrl*-Taste und die *Pfeiltaste nach links* oder nach *rechts*, um durch Ihre Schreibtische zu navigieren.

b) Sie klicken im Dock (das übrigens in jedem Schreibtisch verfügbar ist) auf das entsprechende Programmsymbol, um den dazugehörigen Schreibtisch aufzurufen.

c) Sie rufen mit *ctrl + Pfeiltaste nach oben* Mission Control auf und sehen am oberen Rand die verschiedenen Schreibtische. Sie klicken einfach den Schreibtisch Ihrer Wahl an, um diesen nach vorne zu bringen, und klicken dann darunter auf ein Fenster, um es aktiv werden zu lassen.

 Sie haben sicher schon bemerkt, dass sowohl das Dock als auch der Desktop mit den dort abgelegten Daten in jedem Schreibtisch erscheinen.

Und auch das ist möglich:

Angenommen, Sie haben mit den Programmzuweisungen eine ordentliche Struktur aufgebaut, aber nun erfordert es die aktuelle Situation, dass tatsächlich ein Fenster von einem Schreibtisch zu einem anderen bewegt werden muss. Keine Sorge, auch das ist möglich. Rufen Sie mit *cmd + Pfeil nach oben* die Mission-Control-Darstellung auf und navigieren Sie zu dem Schreibtisch, auf dem sich das zu bewegende Fenster befindet. Packen Sie nun das Fenster an und ziehen Sie es auf den Schreibtisch, auf dem Sie es benötigen. Und sogleich wird dieses Fenster in diesen Schreibtisch bewegt und steht dort zur Verfügung.

> Natürlich können Schreibtische auch wieder gelöscht werden. Gehen Sie dazu erneut in die Ansicht von Mission Control und Sie fahren mit dem Mauszeiger auf das miniaturisierte Schreibtischbild. Sogleich erscheint ein **x**, und damit wird der Schreibtisch gelöscht. Die darauf befindlichen Fenster werden automatisch zum aktiven Schreibtisch übertragen. Bis auf Schreibtisch 1 können alle vernichtet werden. Und sofern Sie die **alt-Taste** gedrückt halten, können Sie in einem Arbeitsschritt mehrere Schreibtische rasch hintereinander löschen oder über das Plus-Icon am rechten oberen Monitorrand neue Schreibtische hinzufügen.

> Sie können auch einen neuen Schreibtisch erzeugen, indem Sie ein Fenster des aktuellen Schreibtischs auf das Plussymbol am rechten oberen Monitorrand ziehen.

Neuer Schreibtisch mit einem Fenster.

Sollte der Rechner beim Anklicken eines Programmicons im Dock nicht zum korrekten Schreibtisch wechseln, so müssen Sie prüfen, ob Sie in den Systemeinstellungen bei Mission Control die Funktion *Beim Wechseln zu einem Programm einen Space auswählen, der geöffnete Fenster des Programms enthält* aktiviert haben.

Noch zwei interessante Dinge im Zusammenhang mit mehreren Schreibtischen:

a) Jeder Schreibtisch kann seinen eigenen Schreibtischhintergrund haben.

Jeder Schreibtisch kann seinen eigenen Schreibtischhintergrund haben.

b) Sobald mehrere Schreibtische angelegt worden sind, können Sie über das Dock-Icon des Programmes bestimmen, auf welchem Schreibtisch es angezeigt werden soll.

Ein Programm kann über das Dock einem oder allen Schreibtischen zugewiesen werden.

Wenn Sie den Eintrag *Alle Schreibtische* verwenden, verhält sich das Programm wie die Dateien auf dem Desktop oder das Dock: Es wird schlichtweg auf jedem Schreibtisch mit all seinen Fenstern dargestellt.

Dashboard

Dashboard ist spaßig! Dashboard ist nützlich! Dashboard ist nach einer Weile unersetzlich! Dashboard bietet Ihnen den superschnellen Zugriff auf Informationen an. Diese können z. B. das aktuelle Wetter oder Börsendaten sein. Oder benötigen Sie einen Taschenrechner? Dashboard bietet Ihnen im Zusammenhang mit dem Internet eine Reihe von Informationsquellen, z. B. Flugauskunft, Bahnauskunft etc., an.

 Dashboard, engl. für Armaturenbrett, Anzeigetafel.

Dashboard starten und benützen

Dashboard wird standardmäßig über die Funktionstaste *F12* geöffnet oder lässt sich auf eine Maustaste legen (siehe Kapitel 2, Seite 81).

Dashboard.

Kapitel 5 Gut gemacht: Mission Control, Launchpad und Mac App Store

Sogleich erscheinen die sogenannten *Widgets*. Widgets sind kleine Programme, die meist sehr einfach strukturiert sind. Das ist aber auch so gewollt. Betrachten wir das *Programm* für die *Uhrzeit*. Dieses Widget tut nichts anderes, als für einen Ort auf dieser Welt die Uhrzeit anzuzeigen.

 Widget: Im Zusammenhang mit **Dashboard** wird der Begriff für das einzelne Programm verwendet.

Wenn Sie mit der Maus auf dieses Uhrzeit-Widget fahren, erscheint unten rechts in der Ecke des Widgets ein kleines **i**. Klicken Sie dieses **i** an, dreht sich das Widget um. Auf der Rückseite können Sie z. B. einen beliebigen Ort auswählen, von dem Sie die Uhrzeit eingeblendet haben möchten. Klicken Sie auf *Fertig*, dreht sich das Widget wieder und zeigt nun die Uhrzeit des ausgewählten Orts an.

Ebenso verhält es sich beim *Wetter*-Widget. Sie fahren auf das Wetter-Widget, klicken rechts unten auf das kleine **i**, geben den Ort Ihrer Wahl ein, stellen möglicherweise von Grad Fahrenheit auf Celsius um und lassen sich zudem die tiefsten Temperaturen in den nächsten sechs Tagen anzeigen. Sie bestätigen mit *Fertig*, und sogleich dreht sich das Widget wieder und zeigt die Wetterdaten der Ortschaft an. Voraussetzung hierfür ist natürlich eine bestehende Internetanbindung. Ohne Internetzugang werden viele Widgets nicht laufen.

Wetter-Widget einstellen. Überschreiben Sie einfach den Begriff. Fast alle Städte kann man auch in Deutsch eingeben.

Zusätzliche Widgets auf Dashboard

Wie kann man zusätzliche Widgets auf den Desktop bringen? Vielleicht haben Sie ganz links unten das weiße Pluszeichen im Kreis schon bemerkt. Klicken Sie es einmal an, es erscheinen nun alle verfügbaren Widgets, die vorinstalliert sind.

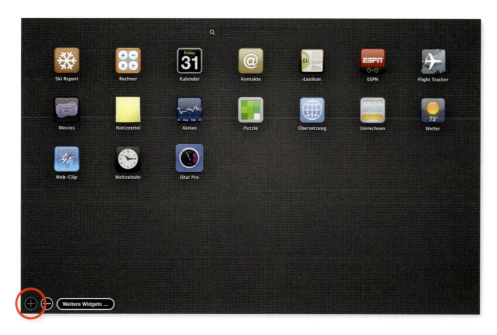

Das kleine weiße Plus bringt zusätzliche Widgets hervor.

Wenn Sie eines dieser Widgets haben möchten, klicken Sie es einmal an, und es wird auf dem Display erscheinen. Sie können jedes Widget beliebig oft auf dem Bildschirm platzieren. Das macht aber nicht bei allen Widgets Sinn. Beim Wetter-Widget ist es anders. Da macht es durchaus Sinn, dieses mehrmals anzubringen, weil Sie von verschiedenen Orten gleichzeitig die Wetterinformationen haben möchten.

So kann man das Heimatwetter mit dem Wetter bei der fernen Verwandtschaft vergleichen.

Sie können selbstverständlich ein Widget wieder verschwinden lassen, sollten Sie es nicht mehr benötigen. Klicken Sie auf das weiße Minussymbol in der linken unteren Ecke. Daraufhin bekommen die Widgets in ihrer linken oberen Ecke ein weißes x in einem schwarzen Kreis, der weiß umrandet ist. Klicken Sie hier einmal, dann wird das Widget geschlossen.

Kapitel 5. Gut gemacht: Mission Control, Launchpad und Mac App Store

Eine andere Möglichkeit ist folgende: Fahren Sie mit Ihrer Maus in die linke obere Ecke des Widgets und drücken Sie die **alt-Taste.** Jetzt muss die Schließen-Funktion erscheinen, und Sie können das Widget durch Klicken mit der Maus schließen.

Wenn Sie weitere Widgets installieren wollen, klicken Sie auf das Plussymbol und anschließend auf *Weitere Widgets*. So gelangen Sie auf eine Internetseite, auf der weitere Widgets auf den Rechner heruntergeladen werden können.

Weitere Widgets können über das Internet nachgeladen werden.

Zum Installieren eines Widgets muss der **Gatekeeper** umgestellt werden. Dieser regelt normalerweise die unerlaubte Installation von Programmen bzw. Software aus dem Internet. In der Grundeinstellung lässt er nur Programme von Apple zu. Stellen Sie in den **Systemeinstellungen** bei **Sicherheit** im Bereich **Programme aus folgenden Quellen erlauben** die Option **Keine Einschränkungen** ein. Dadurch lassen sich nun Programme und Software aus anderen Quellen installieren.

Wie beendet man eigentlich Dashboard? Es gibt wieder einmal mehrere Wege, dies zu tun. Der einfachste ist, drücken Sie die *esc-Taste* links oben auf der Tastatur. Sie könnten aber ebenso erneut die Funktionstaste *F4* drücken, um Dashboard zu verlassen.

Fast wie das iPad – Launchpad

Das Dock ist der Klassiker, um Programme auf dem Mac zu starten. Dazu ist es notwendig, dass die Programme auch in das Dock eingebracht werden. Aber bei einer zu hohen Anzahl von Programmen wird es reichlich unübersichtlich.

Deshalb hat sich Apple gedacht, es wäre eine tolle Idee, das Erlebnis, das die Benutzer vom iPad und iPhone kennen, auf den Mac zu übertragen. Das Ergebnis ist das Programm *Launchpad* ❶. Launchpad selbst ist ein eigenes Programm, das Sie im *Programme*-Ordner finden. Launchpad finden Sie aber auch standardmäßig im *Dock*. Die einfachste Art und Weise, Launchpad zu starten, besteht darin, den Daumen und drei weitere Finger auf das Trackpad zu legen und zusammenzuziehen. Die entgegengesetzte Bewegung hingegen bringt Sie zurück zum Schreibtisch. Sobald das Programm *Launchpad* gestartet ist, ändert sich die Darstellung auf Ihrem Monitor.

Launchpad ist gestartet.

Launchpad tut nichts anderes, als alle installierten Programme und Dienstprogramme geordnet als Icons in einer neuen Oberfläche anzuzeigen ❷, wobei Launchpad selbst natürlich nicht noch einmal angezeigt wird. Nachdem Sie auf Ihrem Rechner eine große Anzahl von Programmen installiert haben könnten, gibt es genauso wie auf dem iPad oder iPhone mehrere Bildschirme, auf die sich die Programmicons verteilen. In meinem Beispiel sehen Sie die drei hellen Pünktchen oberhalb des Docks ❸, auf die sich die derzeit installierten Programme verteilen.

Die erste und wichtigste Funktion des Launchpads ist es, Programme zu *launchen*, also zu starten. Klicken Sie beispielsweise auf das Icon *Safari*, wird die Darstellung gewechselt; Safari kommt nach vorne und zeigt seine Inhalte.

Um ein weiteres Programm zu starten, klicken Sie einfach erneut auf das Icon *Launchpad* im Dock oder verwenden Sie die Fingergesten. Um zu den anderen Bildschirmen zu wechseln, die auch mit Programmicons versehen sind, klicken Sie entweder mit der Maus auf die kleinen weißen Pünktchen oder aber Sie verwenden erneut Gesten. Verwenden Sie zwei Finger, um nach links oder rechts zu streifen und die anderen Bildschirme hervorzubringen. Die Analogie zu iPad oder iPhone hört an dieser Stelle noch nicht auf: Wollen Sie Programme zu einem Ordner zusammenführen, so ist auch das im Launchpad möglich.

Ordner innerhalb von Launchpad erstellen.

Dazu ziehen Sie – wie vom iPhone oder iPad gewohnt – ein Icon einfach auf ein anderes, und es wird daraus ein Ordner erstellt. Sie können nun jederzeit beliebige weitere Applikationen auf das Ordner-Icon ziehen. Sobald Sie das Ordner-Icon anklicken, ändert sich die Darstellung des Launchpads, alle anderen Symbole werden ausgeblendet, und es erscheint ein dunkler Balken, in dem alle im Ordner befindlichen Programme dargestellt sind. Jeder Ordner kann bis zu 32 Programme aufnehmen.

Selbstverständlich können Sie den Ordner nach Ihren Wünschen betiteln. Launchpad verwendet stets Standardbegriffe, wenn es aufgrund der kombinierten Programme einen Zusammenhang erkennt. Klicken Sie einfach auf den Namen, um diesen zu ändern. Natürlich können Sie auch einzelne Programme aus dem Ordnerverbund wieder herauslösen. Klicken Sie hierzu erneut den Ordner an, ziehen Sie per Drag & Drop das gewünschte Symbol auf den Hintergrund und lassen Sie es dort fallen. Somit wird das Programm wieder aus dem Verbund gelöst. Sobald ein Ordner nur noch eine einzige Applikation enthält, wird der Ordner automatisch aufgelöst, und die Applikation erscheint wieder mit ihrem Icon im Launchpad.

! Wenn Sie Programme installieren, werden diese im **Programme**-Ordner auf Ihrer Festplatte abgelegt. Einige Programme legen dort bei der Installation Ordner an, wie zum Beispiel Microsoft Office oder auch iWork. Die Ordner, die sich im **Programme**-Ordner finden, werden nicht auf dem Launchpad dargestellt. Und andersherum werden Launchpad-Ordner nicht im **Programme**-Ordner angezeigt. Wenn Sie also innerhalb von Launchpad Ordner erstellen, bedeutet dies nicht, dass Sie innerhalb Ihres **Programme**-Ordners Änderungen vornehmen.

Launchpad und der Wackelmodus.

Und auch diese Analogie ist auf den Mac eingekehrt: Wie Sie vielleicht bereits vom iPhone oder iPad wissen, können Sie durch längeres Antippen eines Icons oder Drücken der *alt-Taste* den *Wackelmodus* aufrufen. Der *Wackelmodus* dient zwei Zwecken: Zum einen können Sie die Anordnung der Symbole auf dem Bildschirm ändern. So kann zum Beispiel ein Programm auf den zweiten oder dritten Bildschirm des Launchpads verschoben werden. Weiterhin erhalten alle Programme, die Sie installiert haben und die nicht Teil des Betriebssystems sind, ähnlich wie beim iPhone und iPad ein kleines *x* an der linken oberen Ecke. Das heißt: Sie können aus dem Launchpad heraus diese Programme von Ihrem Rechner entfernen. Klicken Sie dazu im *Wackelmodus* das weiße *x* im Kreis an. Der Rechner wird noch einmal nachfragen, ob Sie das Programm tatsächlich löschen möchten.

Kapitel 5 Gut gemacht: Mission Control, Launchpad und Mac App Store

Ein Programm wird gelöscht.

Geben Sie danach das Administrator-Kennwort ein, und das Programm ist verschwunden. Und nachdem Sie sich nun als Administrator authentifiziert haben, ist tatsächlich auch innerhalb des *Programme*-Ordners dieses Programm gelöscht worden.

 Nur Programme, die via **Mac App Store** installiert wurden, können so gelöscht werden. Über den Mac App Store erhalten Sie im nächsten Abschnitt genauere Informationen.

Sie sehen also: Mit *Launchpad* haben Sie eine sehr intuitive Möglichkeit, um genauso wie auf dem iPhone oder iPad mit den auf Ihrem Rechner installierten Programmen zu arbeiten und diese in Ordner und auf verschiedene Bildschirme aufzuteilen.

 Launchpad arbeitet auch sehr gut mit dem Dock zusammen. Ziehen Sie einfach bei gestartetem Launchpad ein Icon ins Dock, um es dort zu platzieren.

Mac App Store

Die Firma Apple hat im Jahr 2008 mit dem sogenannten *App Store* für das iPhone eine unglaubliche Welle losgetreten. Gut fünf Jahre später finden sich im App Store für das iPhone bereits über 850.000 Applikationen, Tendenz stark steigend. Auch das iPad, das vor etwas mehr als drei Jahren das Licht der Welt erblickte, kann über den App Store auf iPad-konforme Apps zugreifen. Auch hier tummeln sich schon Zehntausende für den Einsatz auf dem iPad optimierte und programmierte Applikationen. Dieses Erfolgsmodell hat Apple auch auf den Mac übernommen. Das Icon zum *App Store* finden Sie im *Dock*, im *Apfelmenü* oder im *Programme*-Ordner.

App Store im Einsatz.

Natürlich können Sie im App Store schmökern, indem Sie im Bereich *Top Hits* oder *Kategorien* nach Programmen suchen, die Sie in Ihrer Arbeit unterstützen könnten. Der schnellste und einfachste Weg, um an Programme heranzukommen, ist allerdings die Suchfunktion. Wie im vorherigen Bildschirmfoto zu sehen, habe ich im App Store nach *To-do*-Applikationen gesucht und bekomme nun eine ganze Reihe von Vorschlägen, was es alles an Programmen zu diesem Thema gibt.

Wird einer der Vorschläge angeklickt, erscheint eine zweite Infoseite, in der mehr Informationen über diese Applikation angezeigt werden, wie der Hersteller, der Preis, einige Screenshots usw. Um von dieser Darstellung wieder zurückzublättern, navigieren Sie – ähnlich wie im Browser – über die Vor- und Zurückpfeile, die Sie links oben im Fenster sehen.

Damit Sie im App Store etwas einkaufen können, benötigen Sie einen Account. Über den Menüpunkt *Store* können Sie Ihren Account anlegen. Wenn Sie bereits ein iPhone oder iPad besitzen, dann haben Sie einen sogenannten *iTunes Account* bzw. eine *Apple-ID*. Diese Accounts können Sie auch für den App Store verwenden. Haben Sie sich eine iCloud-E-Mail-Adresse geholt, so verfügen Sie bereits über eine Apple-ID.

 Apps vom iPad bzw. iPhone können nicht auf dem Mac verwendet werden, und umgekehrt gilt das Gleiche.

Apple-ID erstellt.

Haben Sie bisher noch keinen Zugang zum iTunes oder App Store, dann können Sie über den Menüpunkt *Store –> Account erstellen* einen Zugang konfigurieren.

 Haben Sie bisher an einem Windows-Rechner gearbeitet und dort auch das Programm **iTunes** verwendet, um Musik oder Filme zu kaufen, dann haben Sie bereits eine Apple-ID. Diese können Sie ebenfalls für den Mac App Store verwenden und damit einkaufen gehen.

> Genauso wie bei iPhone oder iPad oder auch bei der Verwendung von iTunes können Sie maximal fünf Geräte mit ein und demselben Account versorgen. Das heißt: Wenn Sie einen tragbaren Mac haben, können Sie dort für den App Store einen Account hinterlegen und denselben Account ebenso für Ihren stationären Rechner zu Hause oder im Büro verwenden. Die einmal über den App Store gekauften Programme können dann sowohl auf dem tragbaren Rechner als auch auf dem stationären Rechner installiert werden, wenn dort der gleiche Account definiert ist. Maximal fünf Rechner können Sie mit einem Account versorgen, um auf ihnen die gleichen Programme laufen zu lassen.

Haben Sie einen tragbaren und einen stationären Mac, so können Sie die im AppStore gekauften Programme natürlich ohne Zusatzkosten auf beiden Rechnern installieren. Es muss dazu an beiden Rechnern der gleiche Account (Menü *Store*) hinterlegt sein. Sie finden unter *Einkäufe* im App-Store-Fenster alle bisher gekauften Programme. Laden Sie diese einfach auch auf den zweiten und dritten und vierten Mac herunter. :-)

Die Einkäufe aus dem App Store.

Sobald Sie Ihre Account-Daten erfolgreich hinterlegt haben, können Sie, im Mac App Store einkaufen gehen.

> Es gibt auch eine Menge Gratisapplikationen und Testsoftware, die Sie herunterladen und ausprobieren können, ohne dafür Geld ausgeben zu müssen.

Launchpad zeigt den Download aus dem App Store.

Kapitel 5 Gut gemacht: Mission Control, Launchpad und Mac App Store

Sobald Sie begonnen haben, aus dem Mac App Store Applikationen herunterzuladen, werden Sie sehen, dass sich das *Launchpad*-Icon im Dock verändert. Unterhalb des Symbols erscheint ein Balken, der den Ladezustand anzeigt. Und genauso wie beim iPhone bzw. iPad zeigt das App-Store-Icon im Dock die Verfügbarkeit von Updates an. Wenn Sie den App Store starten, können Sie im Bereich *Updates* die Aktualisierungen herunterladen.

Das App-Store-Icon im Dock (links) zeigt die Anzahl der verfügbaren Aktualisierungen an (rechts).

Gutscheine einlösen

Im App Store können Sie auch Gutscheine einlösen, die Sie etwa geschenkt bekommen oder in diversen Geschäften (Saturn, Media Markt etc.) gekauft haben. Klicken Sie bei *Im Spotlight* auf der rechten Seite im Bereich *Alles auf einen Klick* auf die Funktion *Einlösen*. Anschließend geben Sie den Gutscheincode ein, und Ihrem Account wird der Wert des Gutscheins gutgeschrieben. Ab sofort wird beim Einkauf zuerst das Guthaben aufgebraucht, bevor wieder die Kreditkarte belastet wird.

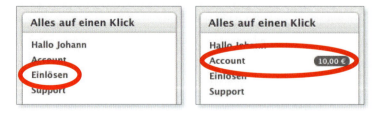

Im App Store können Sie auch Gutscheine einlösen (links), die dann Ihrem Accout gutgeschrieben werden (rechts).

Kapitel 6

Ordnung ist das halbe Leben: Fenster und Ordner

Kapitel 6 Ordnung ist das halbe Leben: Fenster und Ordner

Fenster und Ordner

Sie haben bis jetzt überwiegend mit Programmen zu tun gehabt, die ihre Dateien selbst verwalten. Ablage und Organisation bleiben dabei allein dem Programm vorbehalten. Das hatte den Vorteil, dass Sie sich nicht darum kümmern mussten, wo z. B. iPhoto die Bilder ablegt oder iTunes die Musik. Wenn Sie aber jetzt Briefe schreiben oder Dateien archivieren wollen, die außerhalb von Mail und iPhoto gespeichert werden müssen, so ist das Erlernen der Fenster- und Ordnerstruktur am Apple unerlässlich.

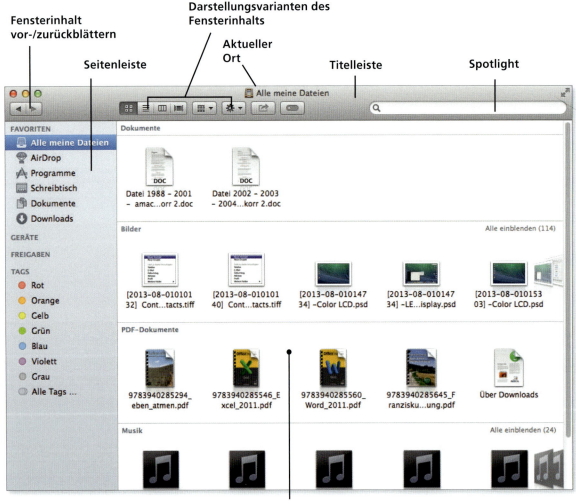

Das Fenster

Das Wichtigste zuerst: Wenn Sie sich im *Finder* befinden, also in keinem Programm arbeiten, und Sie verwenden die Tastenkombination *cmd + N (Ablage –> Neues Fenster)*, so erhalten Sie ein neues Fenster auf dem Schreibtisch.

 Die gleiche Funktion bzw. ebenfalls ein neues Fenster erhalten Sie, wenn Sie im **Dock auf das Finder-Symbol (die lachenden blauen Gesichter)** klicken.

In diesem Fenster werden standardmäßig alle Ihre Dateien angezeigt. Sinngemäß heißt das Fenster auch „Alle meine Dateien". Es zeigt alle Ihre persönlichen Dateien an, standardmäßig nach Dateiarten sortiert.

 Welcher Inhalt beim Öffnen eines neuen Fensters angezeigt wird, kann man in den Finder-Einstellungen (Menü **Finder –> Einstellungen** bzw. **cmd + Komma**) im Bereich **Allgemein** ändern. Dort können Sie bei der Option **Neue Finder-Fenster zeigen** auf einen anderen Ort umschalten. Um z. B. Ihren persönlichen Benutzerordner anzuzeigen, wenn im Finder ein neues Fenster geöffnet wird, wählen Sie bei dieser Option den Ordner mit dem kleinen Haussymbol aus. Das ist der Benutzerordner.

Welcher Inhalt beim Öffnen eines neuen Finder-Fensters angezeigt wird, kann eingestellt werden.

Kapitel 6 Ordnung ist das halbe Leben: Fenster und Ordner

Wenn Sie dieses Fenster nun geöffnet haben, wissen Sie ja sicher längst aus dem Grundlagenkapitel, dass Sie es mit dem roten Knopf wieder schließen können.

Zur Erinnerung: Das Minimieren funktioniert mittels **cmd + M**. Daraufhin verschwindet das Fenster im Dock. Sie können es durch Anklicken wieder herausholen. Zum Schließen des Fensters wird **cmd + W** gedrückt.

Wenn Sie die Kurzbefehle wiederholt bzw. geübt haben, so holen Sie sich wieder ein Fenster hervor.

Ordner erstellen

Sie können mittlerweile mit Tastenkombinationen und mit der Maus sehr rasch arbeiten und Funktionen ausführen. Der wichtigste Inhalt eines Fensters sind die Ordner. Und die braucht man, um Ordnung zu schaffen. Sie müssen sich vorstellen, dass Ihr Computer im Regelfall über eine sehr große Festplatte verfügt. Angenommen, die Festplatte hat ein Fassungsvermögen von 500 GByte.

1 Bit ist die kleinste Einheit am Computer und steht für 0 oder 1. **8 Bit** ergeben die Einheit **1 Byte**. Wenn Sie auf der Tastatur ein Zeichen eintippen, so ist das ca. 1 Byte im Computer. Wenn Sie beispielsweise eine DIN-A4-Seite mit 2500 Buchstaben eingetippt haben, so sind daraus etwa 2500 Byte oder eben **2,5 Kilobyte** geworden **(kilo = 1000)**. Ihr Computer hat eine Festplatte und damit ein Fassungsvermögen von z. B. **500 Gigabyte (GByte = 1 Milliarde Byte)**. Mittlerweile kann man auch schon Festplatten mit **1 TByte (Terrabyte = 1 Billion Byte)** oder mehr Fassungsvermögen kaufen.

Eine DIN-A4-Seite reinen Textes hat also lediglich eine Größe von etwa zwei bis vier kByte. Das heißt, x-Hunderttausende Seiten geschriebenen Textes können Platz auf der Festplatte finden.

Natürlich haben Musikdateien oder Filmdateien ein höheres Datenvolumen als Text. Aber nichtsdestotrotz macht es Sinn, auf dem Rechner Ordner und Unterordner anzulegen, um dort Daten gezielt abzulegen und sie auch schnell wiederzufinden. Wie und wo aber erstellt man nun einen neuen Ordner?

Da Sie sich in Ihrem „Zuhause", also im Häuschen (*cmd + Shift + H*), befinden und alle Ordner, die darin liegen, Ihnen gehören, ist es quasi egal, welchen Sie bevorzugen. Die Ordner sind ja auch schon sinnvoll benannt, sodass man Textdateien in *Dokumente* legen kann und Musik in den Ordner *Musik* usw.

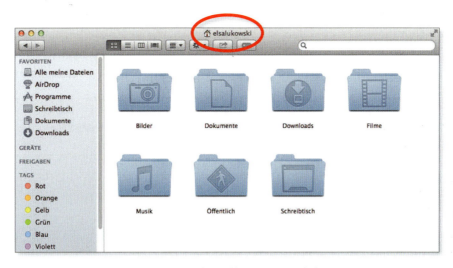

Der Benutzerordner enthält alle Ihre persönlichen Dateien.

Zuerst möchten wir Ihnen zeigen, wie man Textdokumente erstellt und in Ordner ablegt. Darum macht es jetzt Sinn, die Ordner erst einmal im *Dokumente*-Ordner anzulegen.

Anleitung für eine kleine Ordnerhierarchie

Klicken Sie zunächst doppelt auf den Ordner *Dokumente*. Dieser dürfte nahezu leer sein. Dass Sie auch im richtigen Ordner sind, erkennen Sie daran, dass die Titelleiste den Namen *Dokumente* trägt.

Die Tastenkombination lautet nun *cmd + Shift + N*. Wenn Sie über das Menü gehen möchten, so müssen Sie zu *Ablage –> Neuer Ordner* gehen. Der Ordner wird in dem Fenster erzeugt, in dem Sie sich aktuell befinden, also müsste es im *Dokumente*-Ordner folgendermaßen aussehen:

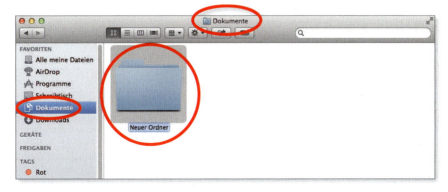

Nach Erstellung eines Ordners im „Dokumente"-Ordner befindet sich ein Objekt namens „Neuer Ordner" darin.

Dieser Ordner bekommt erst einmal den Titel *Neuer Ordner*. Sie sehen zugleich, dass dieser Name dunkel unterlegt ist, das heißt, Sie können jetzt sofort diesem Ordner einen vernünftigen Namen verpassen. Bestätigen Sie die Eingabe des Ordnernamens mit einem abschließenden ↵ (Absatzschaltung).

Nennen Sie den Ordner „Briefe an Versicherungen".

> Wenn Sie erneut ↵ betätigen, wird der Ordnername wieder zum Editieren freigegeben. Sie können aber auch nachträglich mit der **Maustaste auf den Ordner klicke**n, ein wenig warten, der Ordnername wird gleichermaßen dunkel unterlegt und steht dann für Änderungen zur Verfügung.

Beachten Sie bitte, dass Ordnernamen bis zu 255 Zeichen lang sein können. Das können auch Sonderzeichen sein. Nicht erlaubt sind lediglich der Punkt (.) zu Beginn und ein Doppelpunkt innerhalb des Ordnernamens.

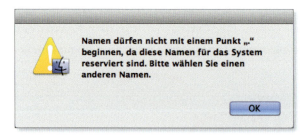

Ein Punkt zu Beginn eines Namens ist untersagt.

Soll der Ordner mit weiteren Unterordnern strukturiert werden, so führen Sie auf dem Ordner einen Doppelklick aus.

> Sie können den Ordner aber auch mit dem Kurzbefehl **cmd + O** öffnen.

Nun können Sie weitere *Neue Ordner* erstellen, um so ein vernünftiges und strukturiertes Ablagewesen zu erzeugen. Erstellen Sie also Unterordner namens „Allianz" bzw. „HUK". Das könnte dann wie im folgenden Screenshot aussehen.

Ablagestruktur.

Verschiedene Darstellungsarten des Fensters

Der Inhalt eines Finder-Fensters kann auf verschiedenen Arten angezeigt werden. Es stehen Ihnen vier verschiedene Darstellungsarten zur Verfügung, die Ihnen beim Verwalten der Dateien und Ordner behilflich sind. Die Darstellungsart kann man in der oberen Symbolleiste des Finder-Fensters wechseln.

Darstellungsarten: 1. Symbole, 2. Liste, 3. Spalten, 4. Cover Flow (v. l.).

Als Symbole

Bei der Darstellung in Form von Symbolen erscheinen die Icons relativ groß. Sie können aber sowohl die Größe der Icons als auch deren Anordnung ändern. Wie gelangt man sehr schnell in die Symboldarstellung? Hierfür verwenden Sie *cmd + 1*. Um die Größe der Symbole zu ändern, müssen Sie zuerst die sogenannte *Statusleiste* für die Fenster einblenden. Die Statusleiste wird am unteren Rand des Fensters angezeigt und enthält neben Informationen über die Anzahl der Objekte und den noch verfügbaren Speicherplatz auch einen Schieberegler zum Verändern der Darstellungsgröße der Symbole. Die Statusleiste kann über das Menü *Darstellung –> Statusleiste einblenden* sichtbar gemacht werden.

Kapitel 6 Ordnung ist das halbe Leben: Fenster und Ordner

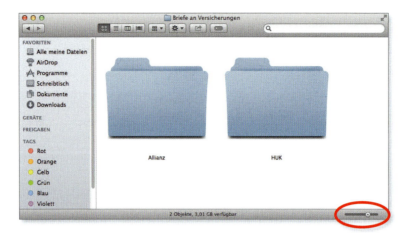

Sie sehen die aktuelle Ablagestruktur in der Symboldarstellung. Mit dem Regler kann die Symbolgröße geändert werden.

Als Liste

Die Listendarstellung erreichen Sie über den dazugehörigen Schalter der Symbolleiste oder über den Menüpunkt *Darstellung* oder via *cmd + 2*. Sie können in der Listendarstellung über die Darstellungsoptionen definieren, welche Informationen als eigene Spalte angezeigt werden sollen.

 Die Darstellungsoptionen erreichen Sie mit der Tastenkombination **cmd + J** oder natürlich über das Menü **Darstellung**.

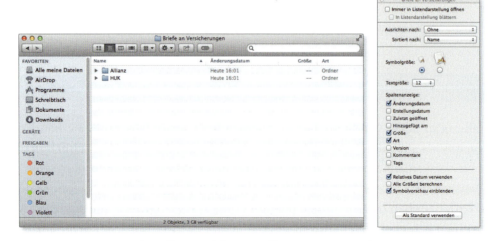

Listendarstellung und die Darstellungsoptionen (cmd + J).

258

Dabei lassen sich unter anderem folgende Einstellungen einblenden:
- *Änderungsdatum*: Dieses Datum gibt an, wann eine Datei oder ein Ordner zum letzten Mal geändert wurde.
- *Erstellungsdatum*: das Datum, an dem der Ordner oder eine Datei erstellt wurde.
- *Größe*: Hier wird die Datei- bzw. die Ordnergröße errechnet. Geben Sie unten noch die Eigenschaft *Alle Größen berechnen* an, damit auch für Ordner die Gesamtgröße des Inhalts errechnet wird.
- *Art*: Die Art gibt an, mit welchem Programm die Datei erstellt wurde bzw. dass es sich um einen Ordner oder um ein anderes Objekt handelt.
- *Version*: Version gibt von Programmen die aktuelle Versionsnummer an, z. B. 2.9.
- *Kommentare*: Zu jedem Objekt können Sie im Informationsfenster einen zusätzlichen Kommentar eintragen. Dieser Kommentar kann für die Suchfunktion in Spotlight zur Anwendung kommen.

Das absolute Highlight der Listendarstellung sind allerdings die Dreiecke, die den Ordnern links vorangestellt sind. Damit kann man in die Ordner hineingucken, ohne sie durch einen Doppelklick öffnen zu müssen. Klicken Sie dazu auf das Dreieck vor einem Ordner: Das Dreieck kippt nach unten und gibt den Ordnerinhalt preis.

Die Dreiecke in der Listendarstellung.

Keine Frage: Klicken Sie erneut auf das Dreieck, dreht es sich wieder um und klappt den Ordnerinhalt zu.

Als Spalten

Noch einfacher gelingt die Navigation mit der Spaltendarstellung. Das nächste Bildschirmfoto zeigt Ihnen die Ablagestruktur als Spalten. Diese vereinfacht das zukünftige Arbeiten mit den Ordnern. Dazu drücken Sie bitte die dritte Taste ▦ der Darstellungsoptionen. Oder aber Sie drücken die Tastenkombination *cmd + 3*.

Kapitel 6 Ordnung ist das halbe Leben: Fenster und Ordner

Spaltendarstellung der Ablage.

Sie sehen das Fenster in verschiedene Spalten aufgeteilt. Nicht nur die aktuelle Dateiebene, sondern auch die Unterebenenstruktur des selektierten Ordners wird dabei sichtbar. Trennlinien zwischen den verschiedenen Ebenen erleichtern Ihnen die Orientierung. In dem dargestellten Bildschirmfoto können Sie also gleichzeitig in vier verschiedene Ordnerhierarchien schauen – und das alles in einem einzigen Fenster.

Selbstverständlich können die Spaltenbreiten den Bedürfnissen entsprechend angepasst werden. Immer am unteren Ende der Trennbalken sehen Sie einen Anfasser mit zwei kleinen Strichen. An diesem Anfasser können Sie die Spaltenbreite ändern.

Letzte Spalte.

Von besonderem Interesse ist die allerletzte Spalte. Auf dem Bildschirmfoto greifen wir schon ein bisschen vor. Im Ordner „Allianz" haben wir eine Textdatei gespeichert. Und wenn diese markiert ist, sehen Sie eine Menge an Informationen zu dieser Datei. Sie sehen natürlich den Dateinamen, das Erstellerprogramm, die Größe, wann es geändert, erstellt, zuletzt geöffnet wurde etc.

Als Cover Flow

Schalten Sie am besten gleich einmal in die Cover-Flow-Darstellung um. Diese erreichen Sie entweder mit der Tastenkombination *cmd + 4* oder durch den vierten Schalter am Fenster.

Die Cover-Flow-Darstellung zeigt Ihnen ein zweigeteiltes Fenster. Im oberen Teil sehen Sie groß arrangierte Icons mit der Vorschau auf den Inhalt der Dateien. Dateien werden nicht als normale Symbole oder Icons gelistet, sondern deren Inhalt wird gezeigt. Darunter sehen Sie die alphabetisch sortierte Auflistung des Inhalts dieser Ordner.

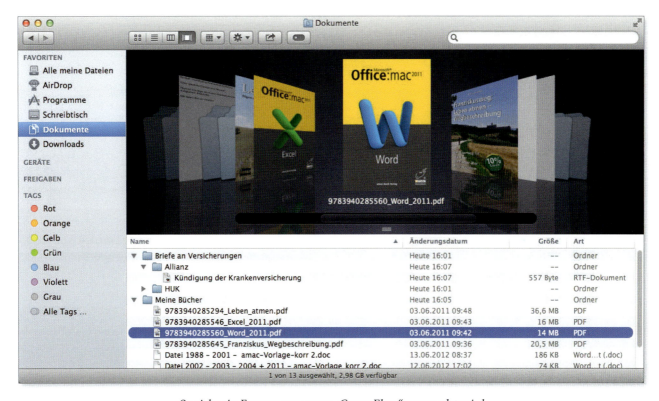

So sieht ein Fenster aus, wenn „Cover Flow" verwendet wird.

! Die Cover-Flow-**Darstellung** macht erst richtig Sinn, wenn Sie Dateien generieren können. Aber natürlich gehört das Thema hierher.

Kapitel 6 Ordnung ist das halbe Leben: Fenster und Ordner

 Besonders toll ist es, wenn Sie die **Leertaste** drücken, während Sie ein Dokument angewählt haben. Diese Funktion heißt **Übersicht** und zeigt Ihnen, **ohne ein Programm öffnen zu müssen**, den Inhalt des Dokuments groß an. Zum Schließen nur das graue X links oben einmal anklicken.

„Cover Flow" und „Übersicht" Hand in Hand.

Tabs im Finder

Eine äußerst nützliche Funktion, die bislang dem Webbrowser Safari vorbehalten war, ist nun im Finder angekommen: In einem Finder-Fenster können mehrere Tabs platzsparend dargestellt werden.

Ein Tab ist eigentlich ein eigenständiges „Fenster", das unabhängig von den anderen Tabs einen ganz eigenen Inhalt sowie eine Darstellungsform haben kann.

Ein Finder-Fenster beinhaltet in diesem Fall vier Tabs.

Statt also nun vier Fenster geöffnet zu haben, ist alles auf ein Fenster konzentriert.

 Haben Sie im Finder mehrere einzelne geöffnete Fenster, dann können Sie via **Fenster –> Alle Fenster zusammenführen** im Finder diese zu einem konsolidieren.

Wie aber erzeugt man einen neuen Tab anstatt eines neuen Fensters?
1. Wenn Sie auf ein Element der Seitenleiste mit gedrückter und gehaltener *cmd*-Taste klicken, wird sogleich ein neuer Tab generiert.
2. Wenn Sie auf einen Ordner doppelt klicken und dabei erneut die *cmd*-Taste halten. Alternativ verwenden Sie das *Kontextmenü* bzw. den *Aktionen*-Button und wählen dort *In neuem Tab öffnen* aus.

Über das „Aktionen"-Menü bzw. Kontextmenü kann ein neuer Tab erzeugt werden

Kapitel 6 Ordnung ist das halbe Leben: Fenster und Ordner

 Wenn Sie mehrere Ordner markieren, können Sie in einem Arbeitsgang mehrere Tabs zugleich öffnen.

3. Verwenden Sie die Tastenkombination *cmd + T* oder den Menüpunkt *Ablage –> Neuer Tab*. Prüfen Sie via *Finder –> Einstellungen –> Allgemein*, welcher Inhalt (*Neue Finder-Fenster zeigen* ❶) in dem neuen Tab dargestellt wird, und ändern Sie das gegebenenfalls. Standard ist hier der Eintrag *Alle meine Dateien*. Aber Sie können auf einen beliebigen anderen Ordner umschalten.

Über „Finder –> Einstellungen –> Allgemein" können generelle Grundeinstellungen festgelegt werden.

Sobald Sie die Funktion *Ordner in Tabs statt in neuen Fenstern öffnen* ❷ aktiviert haben, erhalten Sie wie in 2. beschrieben einen Tab statt eines neuen Fensters.

4. Oder klicken Sie auf das Pluszeichen ganz rechts in der Tableiste, um einen neuen Tab anzuhängen. Sollten Sie die Tableiste nicht sehen, bringen Sie diese via *Darstellung –> Tableiste einblenden* (*cmd + Shift + T*) zum Vorschein

Um einen Tab zu schließen, können Sie
- den Shortcut *cmd + W* verwenden
- oder das kleine *x* antippen
- oder das Kontextmenü eines Tabs hervorholen.

Tabs können ebenso leicht wieder geschlossen werden.

Wie Sie anhand des Bildschirmfotos sehen, ist es über das Kontextmenü auch möglich, über *Andere Tabs schließen* alle anderen wegzunehmen und nur den aktuellen Tab stehen zu lassen. Und via *Tab in ein neues Fenster bewegen* wird ein Tab wieder zu einem völlig eigenständigen Fenster.

 Um einen Tab wieder in ein Fenster umzuwandeln, können Sie diesen einfach an seinem „Namen" packen und herausziehen.

Mit Tabs arbeiten

Haben Sie ein Fenster mit mehreren Tabs vor sich liegen, so können Sie eine Reihe nützlicher Funktionen einsetzen:

a) Wechseln Sie zwischen den verschiedenen Tabs, indem Sie das Tabregister mit dessen Namen anklicken. Alternativ verwenden Sie *ctrl + Tab* bzw. *ctrl + Shift + Tab*, um von links nach rechts bzw. in umgekehrter Reihenfolge durch die Tabs im Fenster zu springen.

b) Dateien bzw. Ordner können ganz einfach von einem zum anderen Tab weitergegeben werden. Angenommen, Sie wollen eine Datei via AirDrop an einen weiteren Computer übertragen. Ziehen Sie das Objekt einfach auf das Tabregister, und schon wird zum anderen Tab umgeschaltet, und Sie können das Objekt an der Zielposition ablegen.

Kapitel 6 Ordnung ist das halbe Leben: Fenster und Ordner

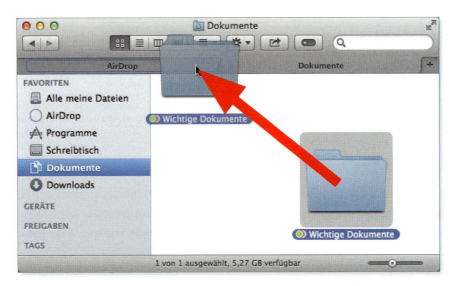

Tabs eignen sich hervorragend zum Datenaustausch.

c) Die Reihenfolge der Tabs in einem Fenster können Sie beliebig neu definieren. Ziehen Sie dazu das Tabregister einfach waagerecht nach rechts oder links.

Alle meine Dateien

OS X Mavericks hat eine einfache und komfortable Funktion zur Darstellung aller Dateien im Benutzerordner. In der Seitenleiste gibt es den Favoriten *Alle meine Dateien*. Damit werden alle Dateien nach einer gewählten Sortierungsart aufgelistet. Der Mac zeigt, ohne besonderes Zutun des Anwenders, alle Dateien des Benutzers an. Somit können Sie z. B. sehr schnell und leicht einen Überblick über alle Bilder erhalten. Besonders die Vielzahl der Sortierungs- und Darstellungsarten (Symbol-, Listen-, Spalten- und Cover-Flow-Darstellung) macht diese Funktion zu einem nützlichen Helfer, um Ihre Dateien schnell zu finden.

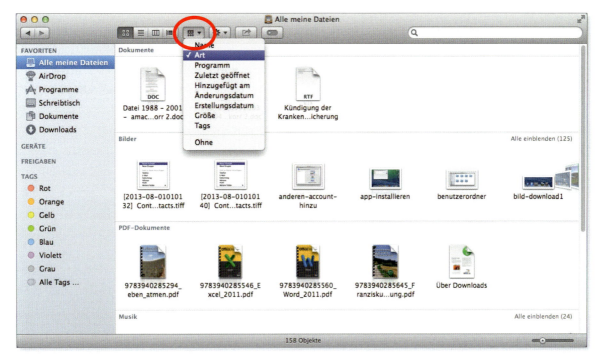

„Alle meine Dateien" unter OS X, sortiert nach der gewählten Einstellung.

Sortierkriterien

Egal, welche Darstellungsart Sie verwenden, Sie können die Fensteranzeige nach unterschiedlichen Kriterien sortieren lassen. Dazu müssen Sie nur das Sortierungsmenü in der Symbolleiste des Fensters öffnen. Möglich sind hierbei folgende Sortierreihenfolgen:

- Name
- Art
- Programm
- Zuletzt geöffnet
- Hinzugefügt am
- Zuletzt geändert
- Erstellungsdatum
- Größe
- Tags
- Ohne.

Lassen Sie uns nun diese verschiedenen Darstellungsmethoden noch etwas genauer unter die Lupe nehmen. Am besten ist es, dazu im Bereich *Favoriten* den Eintrag *Alle meine Dateien* zu verwenden. Wie Sie ja bereits wissen, finden Sie in Ihrem Benutzerordner eine Reihe von Unterordnern. Der Eintrag *Alle meine Dateien* listet Ihnen Ihre Dateien auf, unabhängig davon, in welchem Unterordner sich diese befinden.

Wieder zurück zu den Darstellungsvarianten: Wählen Sie im Eintrag *Alle meine Dateien* die *Symboldarstellung* (cmd + 1) und als Sortierkriterium verwenden Sie beispielsweise die Eigenschaft *Erstellungsdatum*. Und Sie erhalten eine Darstellung ähnlich der im Bildschirmfoto.

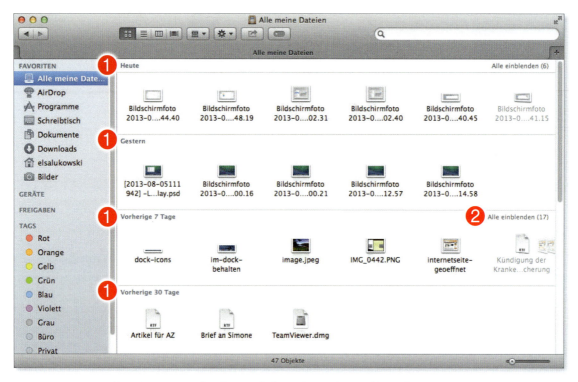

„Alle meine Dateien" in der Symbolansicht, nach Erstellungsdatum sortiert.

Sie erhalten also die nach Datum gruppierten Dateien, unabhängig davon, wo sie sich innerhalb Ihres Benutzerordners befinden. Getrennt nach *Heute*, *Gestern*, *Vorherige 7 Tage* ❶ usw., erscheinen die Dateien in der jeweiligen Zeile aufgelistet. Wenn Sie genau hinsehen, erkennen Sie insbesondere bei den Kategorien *Heute* und *Vorherige 7 Tage*, dass auf der rechten Seite weitere Dateien existieren. Sie sehen in unserem Beispiel: Im Bereich *Heute* gibt es aktuell sechs Dateien, bei *Vorherige 7 Tage* hingegen 17 Dateien. Klicken Sie auf den Eintrag *Alle einblenden* ❷, so werden alle Dateien untereinander gruppiert dargestellt. Möchten Sie aber die zeilenweise Anordnung haben, wechseln Sie über *Weniger einblenden* wieder zurück zur Zeilendarstellung und können nun mit zwei Fingern über das Trackpad nach links und rechts wischen, um die weiteren Dateien zum Vorschein zu bringen. Ähnlich funktioniert es natürlich auch bei den anderen Einträgen.

Ändern Sie das Darstellungs- und Sortierkriterium auf *Programm*, so werden die Dateien nach Programmen sortiert dargestellt und aufgelistet.

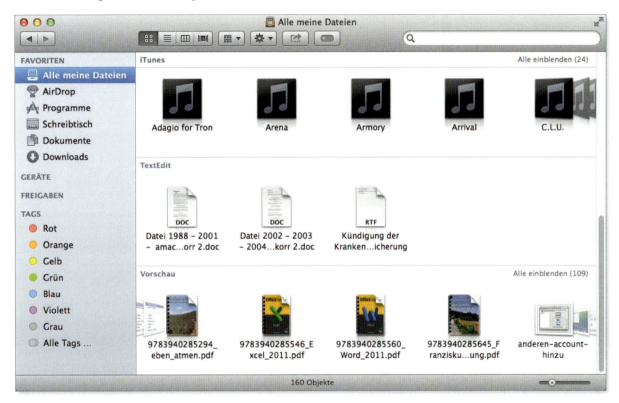

Dateien nach „Programm" sortiert.

Diese Sortierreihenfolge bleibt übrigens erhalten, wenn Sie die Darstellung ändern. Sie sehen anhand des Bildschirmfotos die gleiche Sortierung, diesmal aber in der Listendarstellung:

Kapitel 6 Ordnung ist das halbe Leben: Fenster und Ordner

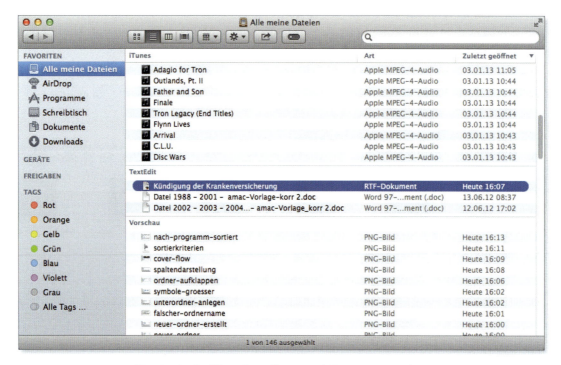

Dateien in der Listendarstellung, nach Programm sortiert.

Zusammenfassung Darstellungsarten

Sie haben also nun vier verschiedene Varianten kennengelernt, wie sich ein Fenster darstellen lässt:
- als Liste,
- als Symbole,
- als Spalte
- und als Cover Flow.

Jede dieser Darstellungen hat Vorteile, und somit liegt es an Ihnen, mit diesen verschiedenen Funktionen zu „spielen". Die Symboldarstellung bietet Ihnen die Möglichkeit, mit großen Icons zu arbeiten und die Vorschau auf Dateien zu bekommen. Die Listendarstellung mit den pfiffigen Dreiecken ist eine sehr elegante Möglichkeit, bei Ordnern Einblicke in die Unterstruktur zu nehmen, was mit der Spaltendarstellung noch eine Idee perfekter funktioniert. Mit der Spaltendarstellung haben Sie einen vollkommenen Überblick über die Verzeichnisstruktur auf Ihrem Rechner oder externen Datenträgern. Die Cover-Flow-Darstellung besticht durch die sehr einfache Möglichkeit, durch die Icons hindurchzuklicken, und durch den sehr schnellen Zugriff auf die Übersichtsdarstellung. So hat also jede Darstellung ihre eigenen Vorteile.

Verschieben und Kopieren von Ordnern und Dateien

Kommen wir zum Thema Verschieben von Ordnern oder Dateien. Es ist grundsätzlich so: Wenn Sie den Ablageort einer Datei oder eines Ordners auf dem gleichen Datenträger ändern, wird der Ordner respektive die Datei verschoben.

Wenn Sie innerhalb des gleichen Datenträgers etwas nicht verschieben, sondern kopieren wollen, dann drücken Sie die *alt*-Taste. Wenn Sie eine Datei oder einen Ordner zwischen zwei Datenträgern verschieben wollen, dann ist die *cmd*-Taste genau die richtige Wahl.

Angenommen, Sie haben an dem Rechner einen zweiten Datenträger angeschlossen, z. B. eine externe USB-Festplatte. Wenn Sie nun einen Ordner oder eine Datei auf das andere Medium bewegen, so wird der Ordner respektive die Datei kopiert.

> ! Wenn Sie ein und denselben Ordner als exaktes Duplikat haben möchten, dann können Sie die Tastenkombination **cmd + D** verwenden. D ist die Abkürzung für Duplizieren. Das heißt, das Objekt wird ein zweites Mal in absolut identischer Form am gleichen Ablageort erstellt. Es erhält den Zusatz **Kopie**.

> ! Sollte Ihnen, während Sie mit der Maus Ordner hin und her schieben, in Ihrer Ablagestruktur einmal etwas misslingen, dann ist das kein Problem. Im Menüpunkt **Bearbeiten** gibt es einen sehr wichtigen Kurzbefehl, der übrigens in jedem Programm gilt, das auf diesem Betriebssystem läuft. Er heißt schlicht und ergreifend **Widerrufen**. Die Tastenkombination sollten Sie sich unbedingt merken, sie lautet **cmd + Z**.

> ! **Doch aufgepasst!** Im **Finder** kommt man nur **einen Schritt zurück**. Beispiel: Wenn Sie hintereinander 99 Fehler gemacht haben, dann ist lediglich der **letzte Fehler korrigierbar.** Bei iPhoto beispielsweise kann man beliebig viele Schritte mit **cmd + Z** rückgängig machen.

Noch einmal zurück zu einem konkreten Beispiel: Angenommen, Sie haben einen Ordner umbenannt und wollen das nun wieder rückgängig machen. Kein Problem – Sie verwenden *cmd + Z*. Oder Sie haben einen Ordner an eine falsche Stelle gezogen – Sie verwenden wiederum *cmd + Z*. Sie haben aus Versehen eine Datei durch Drücken der *alt*-Taste beim Verschieben dupliziert – *cmd + Z*.

Kapitel 6 Ordnung ist das halbe Leben: Fenster und Ordner

Aufspringende Ordner und Fenster

Wenn Sie das erste Mal einen Ordner auf einen anderen Ordner bewegt haben, haben Sie wahrscheinlich bemerkt, wenn Sie die Maustaste vor lauter Schreck nicht sofort losgelassen haben, dass der Ordner nach kurzer Zeit in einem neuen, eigenen Fenster erscheint. Diese Funktion ist keine Fehlfunktion, sondern eine von Apple absichtlich eingebaute Erleichterung, die es schon seit vielen Jahren in diesem Betriebssystem gibt. Das nennt sich *Aufspringende Ordner und Fenster*. Diese Funktion ist standardmäßig in Ihrem Betriebssystem aktiviert. Sie können dies überprüfen, wenn Sie in *Finder –> Einstellungen* nachschauen.

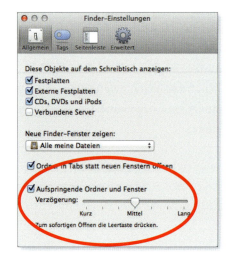

Menü „Finder –> Einstellungen –> Allgemein –> Aufspringende Ordner und Fenster".

Wenn Sie das Dialogfeld ansehen, können Sie zwei Einstellungen vornehmen. Einmal können Sie die Funktion deaktivieren. Zweitens können Sie die Länge der Verzögerung her modifizieren.

 Im Übrigen unterstützt auch die Seitenleiste die Funktion **Aufspringende Ordner.** Probieren Sie es einfach einmal aus. Ziehen Sie den Ordner in den **Dokumente**-Ordner in die **Seitenleiste** und bleiben, das Objekt haltend, auf der Maustaste. Dann wird nach ein bis zwei Sekunden der **Dokumente**-Ordner in einem **neuen Fenster** erscheinen, und Sie können den Ordner dort loslassen.

Ganz klar, die Funktion *Aufspringende Ordner* ist gewöhnungsbedürftig. Es gibt Menschen, die ausschließlich damit arbeiten. Und es gibt Menschen, die damit überhaupt nicht zurechtkommen. Sie sollten es einfach einige Tage oder Wochen ausprobieren und von Fall zu Fall entscheiden, ob Sie die Funktion verwenden möchten. Denken Sie immer daran, dass Sie in *Finder –> Einstellungen* die Funktion komplett deaktivieren oder das zeitliche Verhalten steuern können.

Tags

Selbst erstellte Dateien mit Programmen wie TextEdit, Pages, Numbers, Keynote etc. erhalten beim Ablegen zunächst einmal sinnvolle Dateinamen, um das spätere Auffinden so einfach wie möglich zu gestalten. Darüber hinaus werden Dateien im Regelfall thematisch in bestimmte Ordner eingebracht. Damit sind also bereits zwei Ordnungskriterien vorhanden, die helfen, ein Ablagechaos zu vermeiden.

Mit den sogenannten *Tags* (englisch für Etikett oder Anhänger) gibts es nun seit OS X Mavericks ein drittes Kriterium, um Daten strukturiert verwalten zu können. Tags (farbliche und begriffliche Zuordnungen) verfügen über einige wesentliche Vorzüge:

- Jede Datei, jeder Ordner kann mehrere Tags erhalten. Das ist besonders dann nützlich, wenn Informationen mehrere Themen betreffen.
- Objekte, die mit Tags versehen wurden, sind meist mit ein, zwei Mausklicks erreichbar und damit erneut sehr schnell im Zugriff.

Aber immer der Reihe nach. Wir werden uns als Erstes damit beschäftigen, wie Sie Dateien bzw. Ordner mit Tags auszeichnen können, bevor wir dann weitere Details ansprechen.

Objekte mit Tags kennzeichnen

Damit die Verwendung von Tags so einfach wie möglich ist, hat Apple die Zuordnung von Tags an verschiedensten Stellen eingebaut.

1. In jedem Programm unter OS X können während des Ablegens von Dateien (*Ablage –> Sichern* bzw. *Datei –> Speichern*) Tags zugeordnet werden.

Während der Dateiablage können Tags vergeben werden.

Kapitel 6 Ordnung ist das halbe Leben: Fenster und Ordner

 Dabei möchte ich auf zwei wichtige Dinge aufmerksam machen: Zum einen können hierbei gleich mehrere Tags zugeordnet werden, und zum zweiten kann ebenfalls an dieser Stelle eine neue Tag-Kategorie erstellt werden.

Jede Datei kann gleichzeitig mehrere Tags aufnehmen. Dazu tippen Sie einfach auf den Tag-Namen in der unteren Liste, um diesen zuzuordnen.

Ein neues Tag wird erstellt.

Um ein neues Tag zu erstellen, klicken Sie einfach in das Feld neben *Tags*. OS X erkennt das und schreibt *Neues Tag „xy" erstellen*. Klicken Sie darauf ,und schon ist eine neue Kategorie erstellt worden, die Sie nun zukünftig auch für weitere Dateien bzw. Ordner verwenden können. Wenig später zeige ich Ihnen, wie Sie eine Tag-Kategorie mit einer Farbe versehen oder wieder löschen können.

2. Bereits bestehende Dateien können Sie dadurch einem Tag zuordnen, dass Sie die Datei in einem Finder-Fenster auf einen Tag-Eintrag der Seitenleiste ziehen. Oder aber Sie klicken ein Tag an und ziehen eine Datei auf das offene Finder-Fenster. Dabei wird der Datei das Tag zugewiesen. Wiederholen Sie den Vorgang, um dieser Datei weitere Tags zu geben.

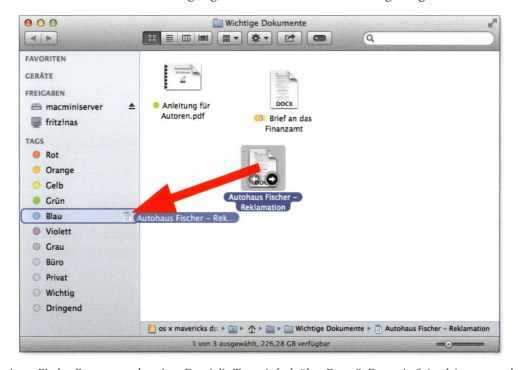

In einem Finder-Fenster werden einer Datei die Tags einfach über Drag & Drop via Seitenleiste zugeordnet.

3. Eine weitere Möglichkeit ist die Verwendung des Symbolleisten-Icons im Finder-Fenster. Wählen Sie zunächst die gewünschte Datei aus und klicken Sie dann das entsprechende Icon an.

> Um rasch mehreren Dateien das gleiche Tag zu vergeben, können Sie via **cmd-Taste** bzw. **Shift-Taste** eine Mehrfachauswahl treffen und diesen Objekten dann gemeinsam ein Tag geben.

Kapitel 6 Ordnung ist das halbe Leben: Fenster und Ordner

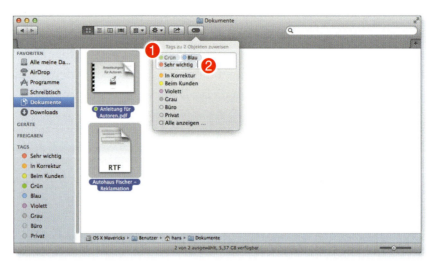

Über das Icon der Symbolleiste können ganz einfach Tags vergeben werden.

Achten Sie dabei darauf, dass Dateien bereits Tags haben können. Sie erkennen es daran, dass vorhandene hellgrau dargestellt werden ❶, wohingegen neu zugeordnete Tags dunkelgrau ❷ erscheinen. Dabei können existierende Tags nur auf einen Teil der Markierung angewendet sein.

4. Tags können zudem über das Kontextmenü vergeben werden. Erneut sind zuerst die Dateien zu markieren, und dann kann via *Aktionen*-Button in der Symbolleiste bzw. über die rechte Maustaste (bzw. ctrl-Taste und Maustaste) der entsprechende Dialog herbeigeholt werden.

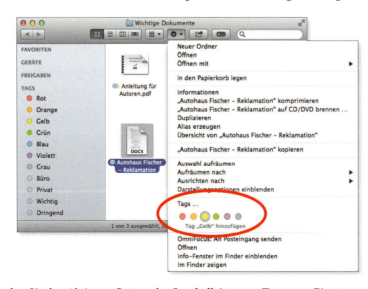

Verwenden Sie den Aktionen-Button der Symbolleiste, um Tags zum Einsatz zu bringen.

Bei dieser Methode werden Sie feststellen, dass nicht alle Tag-Kategorien zur Auswahl stehen. Hierbei werden nur favorisierte Tags eingeblendet.

Wir werden wenig später noch definieren, wie Tags als Favoriten deklariert werden.

5. Und schlussendlich kann über das *Informationsfenster (cmd + I)* einer Datei die Tag-Zuordnung erfolgen.

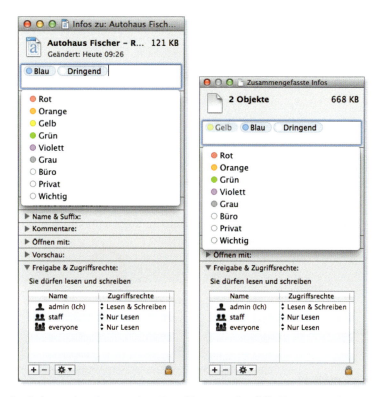

Über das Informationsfenster einer Datei können ebenfalls Tags zugewiesen werden.

Dabei ist es wiederum möglich, mehreren Dateien gemeinsam neue Tags zuzuordnen. Markieren Sie dazu die gewünschten Objekte und verwenden Sie die Tastenkombination *cmd + alt + I*, um ein gemeinsames Informationsfenster zu erzeugen. Sie sehen das Ergebnis oberhalb am rechten Bildschirmfoto. Wie schon vorhin gezeigt, sind hellgraue Einträge bereits vorhandene Tags bei der einen oder anderen Datei und die dunkelgrauen neue Zuordnungen.

Kapitel 6 Ordnung ist das halbe Leben: Fenster und Ordner

Tags entfernen

Natürlich muss es möglich sein, Dateien bzw. Ordner wieder von Tags zu befreien. Grundsätzlich werden Tags über die *Backspace*-Taste gelöscht. Dazu ist zunächst das Tag anzuklicken, damit es markiert ist.

- Verwenden Sie das Informationsfenster (*cmd + I*) einer Datei. Dort sehen Sie direkt unterhalb des Dateinamens die zugeordneten Tags. Neben dem Löschen derselbigen können Sie zudem die Reihenfolge ändern, indem Sie die Tags per Drag & Drop verschieben.
- Über den Button *Tags bearbeiten* in der Symbolleiste des Finders kommen Sie ebenfalls an die Tags heran, um diese zu löschen.

Via „Tags bearbeiten" in der Symbolleiste eines Fensters können Tags sowohl in der Reihenfolge verändert als auch gelöscht werden.

- Bei einigen Programmen wie *TextEdit* oder *Vorschau* kann die Tag-Zuordnung direkt im Dokument modifiziert werden. Dazu klicken Sie auf das kleine Dreieck in der Titelleiste neben dem Dateinamen, und schon erscheint ein Dialog, der die Tags unterhalb auflistet.

In einigen Programmen können die Tags bei geöffneter Datei manipuliert werden.

- Und für ganz listige Anwender: Das Entfernen der Favoriten-Tags kann über das Kontexmenü erfolgen.

Über den Aktionen-Button oder das Kontextmenü können Favoriten-Tags entfernt werden.

Tag-Favoriten definieren, Tag-Kategorien ändern bzw. löschen

Via *Finder –> Einstellungen* können Sie das Fenster *Tags* zum Vorschein bringen. Darin können Sie eine ganze Reihe von Funktionen auslösen:
1. Ändern Sie hier die Farben und die Bezeichnungen der Tags. Dazu klicken Sie in der Liste auf einen Begriff, um diesen editierbar zu machen. Tippen Sie auf eine Farbe und wählen Sie eine Alternative aus.
2. Rechts daneben können Sie die Häkchen entfernen, um Tags nicht in der Seitenleiste erscheinen zu lassen.

Kapitel 6 Ordnung ist das halbe Leben: Fenster und Ordner

 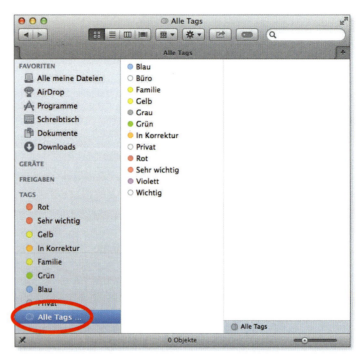

Wählen Sie aus, welche Tags in der Seitenleiste sichtbar sein sollen.

Haben Sie Tags in der Seitenleiste ausgeblendet, so wird nun der Eintrag *Alle Tags ...* dargestellt, um doch auf alle Informationen Zugriff zu bekommen.
3. Wollen Sie die Reihenfolge der Tags in der Seitenleiste ändern? Ganz einfach: Ziehen Sie mit der Maus den kompletten Zeileneintrag nach oben oder unten. Fertig!
4. Sie erinnern sich an die *Tag-Favoriten*, die über den Aktionen-Button bzw. das Kontextmenü zugänglich sind? Einfach per Drag & Drop können aus der Liste Einträge nach unten in die Favoriten gezogen werden. Es sind nur sechs Plätze vorhanden. Um bestehende Favoriten zu entfernen, ziehen Sie das Farbpünktchen nach oben oder unten, und mit einer Animation verpufft der Eintrag, und damit ist wieder Platz für einen anderen Tag-Eintrag.
5. Und auch das ist möglich: Über das Kontextmenü können Sie eine Tag-Kategorie komplett entfernen. Diese verschwindet dann sogleich aus der Liste, der Seitenleiste, und alle Dateien weisen dieses Tag nicht mehr auf.

Ein Tag kann komplett vom Computer entfernt werden.

Tags im Finder nutzen

Nachdem die Tags in jedem Fenster des Finders in der Seitenleiste auftauchen, können Sie bequem mit einem Klick auf ein Tag die dazugehörigen Dateien zum Vorschein bringen. Im Hintergrund löst OS X eine Suchfunktion aus, die alle Dateien und Ordner ausfindig macht, die diesem Tag zugeordnet sind. Und das geht in Windeseile, sodass Sie nach Anklicken eines Tag-Eintrags sofort rechts daneben alle Elemente sehen können.

Natürlich können Sie auch diskret nach Tags suchen: Tragen Sie dazu einfach den Tag-Namen in das Suchfeld ein und wählen Sie in der Liste darunter *Tags* aus.

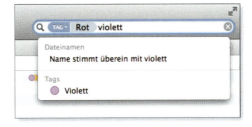

Durch die Suchkombination mit Tags finden Sie rasch gewünschte Dateien.

Kapitel 6 Ordnung ist das halbe Leben: Fenster und Ordner

 Über das Kontextmenü der Seitenleiste bei einem Tag-Eintrag stehen ebenso eine Reihe nützlicher Funktionen zur Verfügung.

Tag-Eigenschaften können über das Kontextmenü in der Seitenleiste geändert werden.

Und natürlich kann nach Tags sortiert werden. Wählen Sie dazu in einem Fenster den Menüpunkt *Darstellung –> Sortieren nach –> Tags* oder verwenden Sie das Tastenkürzel *cmd + ctrl + 7*. Ebenso kann der Button in der Symbolleiste des Finders verwendet werden.

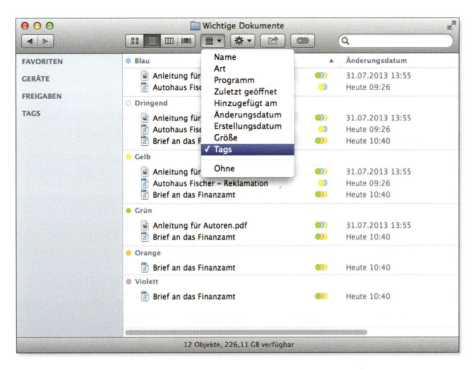

Dateien können nach Tag-Zuordnung sortiert werden.

Anhand des Bildschirmfotos ist noch einmal sehr schön zu sehen, wie vielseitig der Einsatz von Tags ist. Die Datei „Brief an das Finanzamt" ist in der Tat nur einmal vorhanden, hat aber mehrere Tags zugeordnet bekommen und erscheint deshalb mehrmals in der Liste.

Über Tags können Sie also Ihren Objekten weitere Kriterien zuordnen, um diese dann noch schneller ausfindig machen zu können.

Kapitel 6 Ordnung ist das halbe Leben: Fenster und Ordner

Die Seitenleiste

Jedes Fenster enthält auf der linken Seite, sofern Sie die Symbolleiste eingeblendet haben, die Seitenleiste. Sie ist dafür geschaffen, dass man schnell an Orte kommt, die man häufig aufsuchen muss.

Die Seitenleiste ist standardmäßig in drei Bereiche unterteilt:

- *Favoriten*
- *Freigaben*
- *Geräte*

Die Seitenleiste des Finder-Fensters.

Einige der Elemente, die standardmäßig in der Seitenleiste angezeigt werden, wie z. B. *Schreibtisch* oder *Alle meine Dateien*, können auch ausgeblendet werden. Sie können auch Ihren Benutzerordner einblenden lassen, da dieser normalerweise nicht angezeigt wird. Unter Menü *Finder –> Einstellungen (cmd + ,)* können Sie im Bereich *Seitenleiste* die gewünschten Standards ändern.

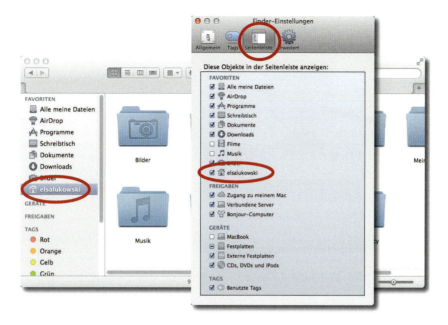

In den Finder-Einstellungen können die Standardobjekte der Seitenleiste ein- und ausgeblendet werden.

Diese Seitenleiste kann aber auch Ihren Bedürfnissen angepasst werden. Dazu gebe ich Ihnen eine Idee: Icons können herausgenommen oder hinzugefügt werden.

Wir widmen uns zunächst einmal dem Bereich *Favoriten*. Hier sind standardmäßig der *Benutzerordner* (das Häuschen, wenn eingeblendet), der *Schreibtisch*, die *Programme* und der *Dokumente*-Ordner und noch einige andere Ordner eingetragen.

Wenn Sie der Seitenleiste zusätzliche Ordner hinzufügen wollen, weil Sie dort sehr oft hingelangen müssen, dann können Sie diese dort aufnehmen.

 Bei dieser Aktion werden die Ordner **nicht verschoben** und **nicht kopiert**. Es wird ein sogenanntes **Alias**, ein **Wegweiser zum Originalordner,** erzeugt.

Das funktioniert so: Angenommen, Sie befinden sich aktuell in Ihrem Ordner *Dokumente*. Dort liegt z. B. der Ordner „Briefe an Versicherungen". Und diesen Ordner benötigen Sie sehr häufig.

Nehmen Sie aus dem Fenster auf der rechten Seite den Ordner „Briefe an Versicherungen" und ziehen Sie diesen auf die linke Seite in den Bereich *Favoriten*. Passen Sie bitte dabei auf, dass Sie einen dünnen, blauen Strich sehen, damit wird der Ordner „Briefe an Versicherungen" zusätzlich in die Seitenleiste aufgenommen.

Wenn Sie ihn auf ein anderes Icon ziehen, dann wird dieses blau umrandet. Das würde bedeuten, der Ordner „Briefe an Versicherungen" wird in diesen Ordner hineinverschoben, was Sie nicht wirklich wollen.

Kapitel 6 Ordnung ist das halbe Leben: Fenster und Ordner

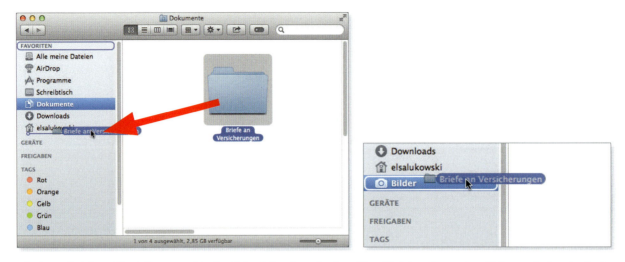

Ordner „Briefe an Versicherungen" in der Seitenleiste korrekt eingefügt (links) und versehentlich verschoben (rechts).

Von jetzt an können Sie immer gleich in der Seitenleiste auf den Ordner „Briefe an Versicherungen" zugreifen und müssen nicht erst über den *Dokumente*-Ordner die lange Hierarchie bis zum Ordner „Briefe" durchklicken. Es wird im Laufe der Zeit für Sie reine Routine werden, Ordner, die Sie häufig brauchen, in der Seitenleiste abzulegen.

> ❗ Aber wie **kriegt man den Ordner**, einmal platziert, dort **wieder heraus**? Ganz einfach. Ziehen Sie ihn aus der Seitenleiste heraus. Er verpufft damit und erscheint nicht mehr in der Seitenleiste.

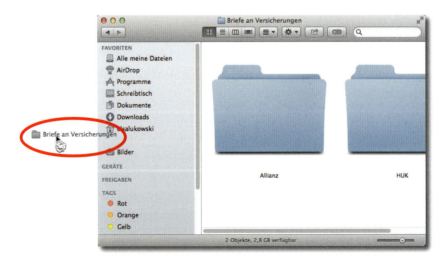

Wird ein Ordner aus den „Favoriten" entfernt, verpufft er ganz einfach.

Kapitel 7

Briefe schreiben leicht gemacht: Öffnen, Speichern, Drucken

Kapitel 7 Briefe schreiben leicht gemacht: Öffnen, Speichern, Drucken

Briefe schreiben mit TextEdit

Haben Sie nun Ihre Ordnerstruktur erfolgreich erstellt, dann können Sie beginnen, Dateien, Briefe etc. in dieser Ordnerstruktur abzulegen. Wir zeigen Ihnen das Briefeschreiben und das Sichern dieser Dateien anhand des Programms TextEdit. Das kleine Schreibprogramm ist für Texte aller Art bestens geeignet. Sie können damit Ihre Texte in Form bringen, speichern und ausdrucken.

Das Programm TextEdit.

TextEdit finden Sie im *Programme*-Ordner auf Ihrer Festplatte. Sie haben ja im vorigen Kapitel gelernt, dass es die Seitenleiste im Fenster gibt.

 Wenn Sie TextEdit öfter benötigen, können Sie es auch im Dock ablegen, indem Sie das TextEdit-Symbol in das Dock ziehen.

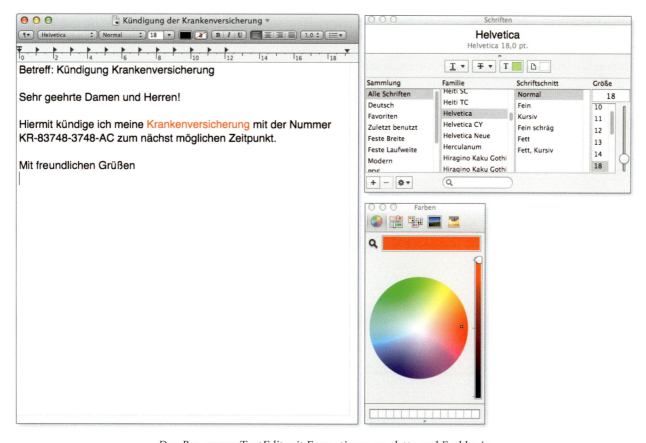

Das Programm TextEdit mit Formatierungspalette und Farbkreis.

Wie Sie anhand des Bildschirmfotos sehen, können Sie mit *TextEdit* nicht nur Texte erfassen, sondern diesen Text auch schön gestalten. Um die Formatierungspalette aufzurufen, verwenden Sie am besten die Tastenkombination *cmd + T (Menü Format –> Schrift –> Schriften einblenden)*. Es kommt nun die Palette *Schriften* zum Vorschein, in der Sie aus verschiedenen Schriftarten wählen können.

 Wenn Sie möchten, können Sie den Text auch farbig gestalten. Wählen Sie hierzu auf der Schriftpalette das kleine grüne Rechteck. Daraufhin erscheint ein Farbkreis. **Markieren Sie zuerst Ihren Text,** indem Sie mit der Maus darüberfahren, und dann klicken Sie im Farbkreis an eine beliebige Stelle. Fertig.

Ein Klick auf das Feld bringt den Farbkreis hervor.

Kapitel 7 Briefe schreiben leicht gemacht: Öffnen, Speichern, Drucken

Das Dokument sichern

Haben Sie Ihr Dokument fertig verfasst, können Sie beginnen, dieses Dokument abzulegen.

Dokument ablegen/sichern

Der Menüpunkt hierfür lautet *Ablage –> Sichern*. Oder Sie verwenden die Tastenkombination *cmd + S*.

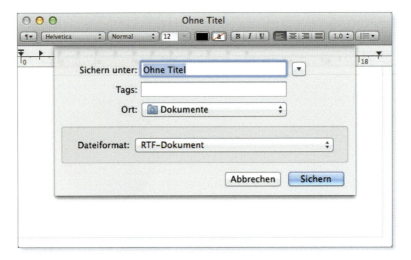

Der „Sichern"-Dialog von TextEdit.

Sie sehen, dass der Rechner Ihnen als Ablageort automatisch den Ordner *Dokumente* empfiehlt.

 TextEdit speichert standardmäßig im RTF-Format ab, dem sogenannten Rich Text Format. Das **Rich Text Format ist in der Lage**, Formatierungen, wie z. B. die **Farbe**, zu behalten.

Wenn Sie Dateien ablegen, sollten Sie ihnen, damit Sie diese wiederfinden können, einen Namen geben. Das Programm schlägt Ihnen den Dateinamen *Ohne Titel* vor. Das ist natürlich wenig sinnvoll. Ändern Sie dies, indem Sie Ihren gewünschten Dateinamen eintragen und damit *Ohne Titel* überschreiben.

 Der **Dateiname** inklusive dem sogenannten Dateianhang (in diesem Fall **.rtf**) kann **maximal 255 Zeichen lang** sein.

290

Nun wollen Sie aber das Dokument nicht in dem *Dokumente*-Ordner ablegen, sondern Sie haben ja im *Dokumente*-Ordner Unterordner vorbereitet, und in einem dieser Unterordner soll das Dokument zu liegen kommen. Deshalb sollten Sie von dem spartanischen *Sichern*-Dialog auf einen umfangreicheren Dialog umschalten. Das gelingt, indem Sie neben dem Dateinamen auf das schwarze Dreieck klicken. Dann erhalten Sie den *Sichern*-Dialog, in dem alle Ordner sichtbar werden.

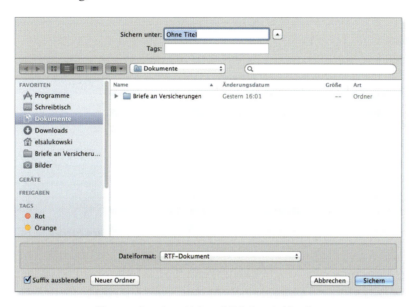

Unterordner im „Sichern"-Dialog einblenden.

Jetzt können Sie also durch einen Doppelklick den dafür vorgesehenen Unterordner *Briefe an Versicherungen* öffnen und so in den Zielordner *(Allianz)* gelangen, in dem dieses Dokument abgelegt werden soll.

Nachfolgend möchte ich Ihnen einen Tipp geben, wie Sie in diesem Sichern- bzw. Speichern-Dialog noch einfacher und effizienter arbeiten können.

- *cmd + D:* Wenn Sie im *Sichern*-Dialog *cmd + D* drücken, so gelangen Sie automatisch zum Ablageort *Desktop* bzw. *Schreibtisch*. Das funktioniert übrigens auch im *Öffnen*-Dialog. Hingegen mit *cmd + Shift + H* gelangen Sie wieder zurück zu Ihrem Benutzerordner.

! Haben Sie etwas verloren? Keine Angst, die **Suchen-Funktion** haben wir nicht vergessen! Wir werden sie noch in Kapitel 8 **Spotlight** begutachten.

! Zur Erinnerung: Ordner und Dateien können auch in der Seitenleiste abgelegt werden, um diese sehr schnell zu erreichen.

Kapitel 7 Briefe schreiben leicht gemacht: Öffnen, Speichern, Drucken

Überprüfen der Ablage

Wenn Sie nun das Dokument schließen und im Finder nachsehen, müsste Ihr Dokument im Ordner *Allianz* gelandet sein.

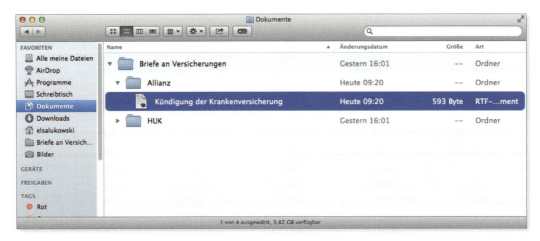

Das hat geklappt: Das Dokument liegt an der richtigen Stelle.

Auch hierzu gibt es eine einfachere Möglichkeit. Wenn Sie das Dokument geöffnet haben, so klicken Sie bei gedrückt gehaltener *cmd*-Taste mit der Maus auf den Dateinamen, der in der Titelleiste des Fensters zu sehen ist.

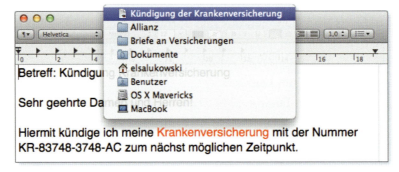

Pfadauflistung über das Titelleisten-Icon

Das Schöne an dieser Einblendung ist nicht nur die Möglichkeit zu sehen, ob Sie die Datei richtig abgelegt haben, sondern Sie können in der Liste auch einen Eintrag anklicken. Wenn Sie, wie im nächsten Bildschirmfoto zu sehen, den Begriff *Allianz* anklicken, wechselt der Computer zum Finder und blendet Ihnen ein Fenster mit dem Inhalt des Ordners *Allianz* ein.

292

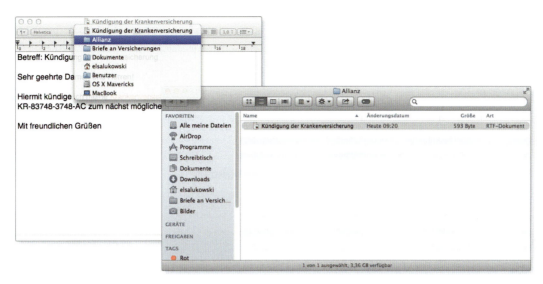

Die Datei wurde über die Titelleiste im Finder „aufgespürt".

Das heißt, Sie haben so eine sehr einfache Querverbindung vom Programm hinüber zum Finder, um dort weiterarbeiten zu können, um z. B. einen fehlenden Ordner zu erstellen.

Dateien und Ordner löschen

Das Erstellen und Speichern von Dokumenten ist nur ein Teil der Arbeit, die man am Mac macht. Ein anderer Teil ist das Löschen von Dokumenten oder Ordnern. Beim Löschen werden die Dateien zuerst in den Papierkorb gelegt, der sich im Dock ganz rechts befindet. Von dort aus können Sie sie dann entweder endgültig löschen oder wieder herausnehmen und weiterverwenden.

 Das Löschen von Dateien und Dokumenten kann nur im **Finder** durchgeführt werden. Sie müssen also immer zuerst zum Finder wechseln, bevor Sie versuchen, eine Datei in den Papierkorb zu legen.

In den Papierkorb legen

Es gibt mehrere Wege, um eine Datei oder einen Ordner zum Löschen in den Papierkorb zu verschieben. Zuerst müssen Sie die Datei bzw. den Ordner markieren, der gelöscht werden soll. Das Löschen funktioniert natürlich auch, wenn Sie mehrere Dateien bzw. Ordner mit der *Shift*- oder *cmd*-Taste markieren. Danach können Sie eine der folgenden Methoden verwenden:

Kapitel 7 Briefe schreiben leicht gemacht: Öffnen, Speichern, Drucken

- Öffnen Sie mit einem Rechtsklick das Kontextmenü und wählen Sie dort die Funktion *In den Papierkorb legen*. Dadurch werden die Datein in den Papierkorb gelegt, der daraufhin das Aussehen wechselt. Er sieht nun so aus, als ob er gefüllt wäre.

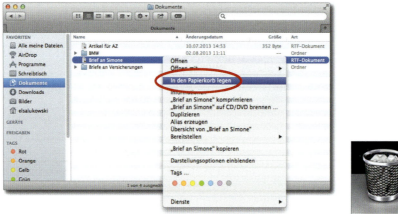

Per Rechtsklick können Dateien und Ordner in den Papierkorb gelegt werden (links). Der gefüllte Papierkorb (rechts) ist ein Kennzeichen dafür, dass dort Dateien bzw. Ordner abgelegt wurden.

- Verschieben Sie die Dateien bzw. Ordner per Drag & Drop in den Papierkorb.

Dateien und Ordner können auch mit der Maus in den Papierkorb verschoben werden.

- Verwenden Sie die Funktion *In den Papierkorb legen* aus dem Menü *Ablage* des Finders. Alternativ dazu können Sie auch die Tastenkombination *cmd + Backspace* verwenden.

Papierkorb entleeren

Das Verschieben der Dateien und Ordner, die gelöscht werden sollen, in den Papierkorb ist nur die halbe Arbeit. Jetzt müssen Sie noch den Papierkorb entleeren, um die Dateien endgültig vom Rechner zu entfernen. Auch hierfür gibt es wieder mehrere Methoden:

- Klicken Sie den Papierkorb mit einem Rechtsklick an und wählen Sie die Funktion *Papierkorb entleeren* aus dem Kontextmenü. Daraufhin erfolgt noch eine Sicherheitsabfrage, ob der Papierkorb wirklich entleert werden soll. Wenn Sie die Abfrage bestätigen werden alle Dateien und Ordner, die der Papierkorb enthält, endgültig gelöscht. Der Papierkorb bekommt wieder das Aussehen eines leeren Papierkorbs.

Nach dem Entleeren (links) erhält der Papierkorb ein anderes Symbol (rechts).

- Öffnen Sie das Fenster zum Papierkorb, indem Sie ihn anklicken. Im *Papierkorb*-Fenster finden Sie rechts oben die Funktion *Entleeren*. Wenn Sie diese Funktion anklicken, wird der Papierkorb auch entleert.

Das Fenster des Papierkorbs enthält auch eine Entleeren-Funktion.

- Wählen Sie aus dem Menü *Finder* die Funktion *Papierkorb entleeren* oder verwenden Sie die Tastenkombination *cmd + Shift + Backspace*.

 Egal, welche Funktion Sie zum Entleeren verwenden, Sie erhalten zuvor immer eine Sicherheitsabfrage, mit der Sie den Entleeren-Vorgang noch abbrechen können.

Dateien und Ordner aus dem Papierkorb wieder zurücklegen

Der Mac bietet noch eine ganz spezielle Funktion: das Zurücklegen der Dateien und Ordner vom Papierkorb an den ursprünglichen Speicherort. Falls Sie also aus Versehen eine Datei in den Papierkorb verschoben haben, können Sie mit dem *Zurücklegen* diese Datei automatisch aus dem Papierkorb in den ursprünglichen Ordner zurücklegen lassen.

Das Zurücklegen funktioniert ganz einfach: Öffnen Sie das *Papierkorb*-Fenster und machen Sie anschließend einen Rechtsklick auf die Datei, die zurückgelegt werden soll. Im Kontextmenü müssen Sie jetzt nur noch die Funktion *Zurücklegen* auswählen. Das war's!

Mit dem Kontextmenü können Sie Dateien aus dem Papierkorb in ihren ursprünglichen Ordner zurücklegen.

 Natürlich können Sie die Datei auch manuell mit der Maus wieder aus dem Papierkorb herausnehmen.

Feines mit Tastenkombinationen

Ich habe es an mehreren Stellen schon erwähnt: Das Geniale an dem Betriebssystem Mac OS X und den Programmen, die mit diesem Betriebssystem arbeiten, ist die Möglichkeit, diese Programme einheitlich zu bedienen.

Datei-/Ablage-Menü

- *cmd + N*: Damit erstellen Sie in dem betreffenden Programm ein neues Dokument, eine neue Datei.
- *cmd + O*: Hierüber laden Sie ein bereits existierendes Dokument wieder in das Programm hinein.
- *cmd + W*: Mit *cmd + W* schließen Sie das Dokument. Das können Sie auch über den roten Schließen-Button tun.

Das Schließen-Icon zeigt noch nicht gespeicherte (links) bzw. bereits gespeicherte Dateien an (rechts).

In vielen Programmen erkennen Sie übrigens an dem roten Schließen-Button auch, in welchem Zustand sich das Dokument befindet. Enthält der Button einen kleinen schwarzen Kreis, wurde die Datei bis dato oder in der jetzigen Form noch nicht gespeichert. Ist ein schwarzes X zu sehen, wurde die Datei bereits erfolgreich abgelegt. Man muss allerdings schon ganz genau hinsehen, um das zu erkennen.

- *cmd + S:* Die Funktion des Speicherns oder Sicherns ist in allen Programmen mit *cmd + S* belegt.
- *Sichern unter/Speichern unter:* In sehr vielen Programmen gibt es zudem die Möglichkeit, ein und dieselbe Datei erneut mit einem anderen Namen oder an einem anderen Ablageort abzuspeichern. Manchmal gibt es hierfür auch eine Tastenkombination, meistens ist das *cmd + Shift + S*.
- *cmd + P*: Hiermit drucken Sie die Datei auf Ihren installierten Druckern aus.
- *cmd + Q:* Wenn Sie ein Programm beenden möchten, dann können Sie das über *cmd + Q* machen. Dieser Menüpunkt ist zu finden im Menü, das den Namen des Programms trägt, also im Falle von TextEdit im *TextEdit*-Menü, das direkt neben dem *Apfel-Menü* zu finden ist.

Kapitel 7 Briefe schreiben leicht gemacht: Öffnen, Speichern, Drucken

Bearbeiten-Menü

Aber damit nicht genug! Nicht nur das Ablage-/Datei-Menü ist in vielen Programmen identisch, ähnlich sieht es mit dem *Bearbeiten*-Menü aus.

Das „Bearbeiten"-Menü in TextEdit (links) und im Programm iPhoto (rechts).

Jedes unter Mac OS X laufende Programm verfügt über den Menüpunkt *Bearbeiten*. Und auch dort gibt es sehr viele Ähnlichkeiten.

- *cmd + Z*: Mit diesem Kürzel wird die *Widerrufen*-Funktion ausgeführt, die den letzten Arbeitsschritt rückgängig macht.
- *cmd + Shift + Z:* Das ist das Gegenteil von Widerrufen. Die letzte Aktion, die rückgängig gemacht wurde, kann wiederhergestellt werden.
- *cmd + X*: *Ausschneiden* – damit können Sie z. B. in einem Textverarbeitungsprogramm einen Text markieren, mit Ausschneiden aus dem Textverarbeitungsprogramm herausnehmen und z. B. in ein anderes Programm über die Tastenkombination *cmd + V* wieder einsetzen bzw. einfügen.
- *cmd + C*: Ähnlich wie das *Ausschneiden*, nur mit dem Unterschied, dass im Quellprogramm der Text oder das Bild erhalten bleibt. Mit *Kopieren* bekommen Sie also ein Duplikat, das Sie an eine andere Stelle wieder einfügen können.
- *cmd + V*: Mithilfe von *Einsetzen* holen Sie den Inhalt der sogenannten Zwischenablage an die aktuelle Cursorposition. Wie bekommen Sie Dinge in die Zwischenablage? Das geht entweder über die Funktion des Ausschneidens oder die Funktion des Kopierens. Beachten Sie bitte, dass diese Zwischenablage lediglich einen Platz verfügbar hat. Das heißt, wenn Sie zwei Elemente hintereinander kopieren, wird lediglich das zuletzt kopierte oder zuletzt ausgeschnittene Bestandteil der Zwischenablage sein.

- *cmd + A:* Durch diese Funktion können Sie alles innerhalb eines Dokuments gemeinsam markieren, was im Falle einer Textbearbeitung bedeutet, dass Sie den kompletten Text markieren können. Im Falle eines Bildbearbeitungsprogramms markieren Sie das komplette Bild.

> Für interessierte Anwender oder Leute, **die mehr Texte schreiben und bearbeiten möchten**, gibt es natürlich umfangreichere und professionellere Programme für den Apple. Das berühmteste ist **Microsoft Word** für den Mac. Wenn Sie eine gute Alternative suchen, empfehlen wir **Pages** aus dem Hause Apple. Fragen Sie beim **Fachhändler** danach.

Drucken

Keine Frage, ohne Drucker macht das Arbeiten an einem Computer nur halb so viel Spaß. Sie erzeugen Dateien, Dokumente, Briefe, Collagen, Prospekte. Das Ausgabemedium Nummer eins ist natürlich der Drucker. Das heißt, wir schauen uns jetzt an, wie wir einen Drucker anschließen und konfigurieren können. Als Beispiel dient uns ein Tintenstrahldrucker der Firma Canon. Sie können aber auch jede andere Marke nehmen, die mit Apple-Geräten kommuniziert. Am besten, Sie lassen sich im Fachgeschäft beraten.

Drucker anschließen

Achten Sie beim Kauf darauf, dass der Drucker über einen USB-Anschluss verfügt und mit dem Apple zusammenarbeitet.

Kapitel 7 Briefe schreiben leicht gemacht: Öffnen, Speichern, Drucken

Stecken Sie das Kabel an den Drucker und das breite Ende an den Computer an.

Dann schalten Sie den Drucker ein.

 Es könnte sein, dass sich nun ein **Automatismus** in Gang setzt, um den sogenannten **Druckertreiber** aus dem Internet herunterzuladen. Ist dies der Fall, so folgen Sie einfach den **Anweisungen** auf dem Bildschirm.

Drucker installieren

Nach dem Anschließen des Druckers muss noch die Druckersoftware installiert werden. Das geschieht fast automatisch. Apple hält von vielen Druckerherstellern die Software bereit, Sie müssen sie nur noch herunterladen und installieren.

Öffnen Sie die Systemeinstellungen und wechseln Sie dort zu *Drucken & Scannen*. Das Installieren eines neuen Druckers darf nur ein Benutzer mit Administratorrechten durchführen, aus diesem Grund müssen Sie als Erstes auf das kleine Schloss links unten klicken und anschließend den Benutzernamen und das Kennwort des Administrators eingeben. Wenn das Schloß aufgesperrt ist, klicken Sie auf das Pluszeichen links unten und Sie erhalten eine Liste mit allen zurzeit angeschlossenen bzw. verfügbaren Druckern. In der Liste ist auch Ihr zuvor angeschlossener Drucker enthalten. Wählen Sie ihn aus.

Zuerst muss das Schloss aufgesperrt (links) und anschließend der Drucker ausgewählt werden (rechts).

Nachdem Sie den Drucker aus der Liste ausgewählt haben, beginnt der Rechner nach der Software für den Drucker zu suchen. Ist keine vorhanden, dann lädt er auf Nachfrage die benötigte Software via Internet von Apple herunter. Dadurch ist gewährleistet, dass Sie immer die aktuellste Druckersoftware erhalten.

Die benötigte Druckersoftware wird über das Internet von Apple heruntergeladen und installiert.

Kapitel 7 Briefe schreiben leicht gemacht: Öffnen, Speichern, Drucken

> ! Sollte das **Internet in dem Moment nicht funktionieren,** wenn Sie den Drucker anschließen, wird es komplizierter für Sie. Dann müssen Sie zu einem späteren Zeitpunkt die Herstellerseite mit Safari ausfindig machen, z. B. www.canon.de, und sich dort im Bereich Treiber und Downloads nach dem Druckertreiber für Ihr Modell umsehen. Funktioniert das Internet dauerhaft nicht, können Sie es mit der beiliegenden Installations-DVD versuchen. Allerdings haben wir die Erfahrung gemacht, dass die Druckertreiber dort **meist veraltet** sind. Bitte Sie dann Ihren Fachhändler um den entsprechenden Treiber.

Klicken Sie auf *Laden & installieren*, geht es gleich los mit der Installation. Die Installationsroutine kann einige Minuten in Anspruch nehmen. So müssen Sie sich noch ein wenig gedulden, bis Sie ausdrucken können. Ist die Installation abgeschlossen, erscheint der Drucker im linken Bereich des Fensters und kann ab sofort zum Ausdrucken genutzt werden.

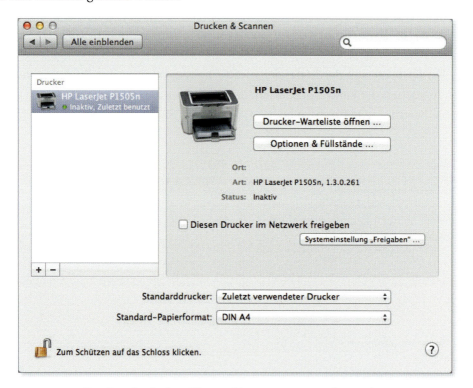

Der Drucker ist installiert und kann nun verwendet werden.

Das Drucken aus TextEdit

Kehren Sie nun zurück in das Programm TextEdit. Öffnen Sie ein vorhandenes Dokument aus Ihrer Ordnerhierarchie oder erstellen Sie ein neues Dokument, das Sie ausdrucken möchten. Sichern Sie das Dokument, wie Sie es eingangs in diesem Kapitel gelernt haben, bevor Sie es ausdrucken.

Dann drücken Sie bitte *cmd + P* oder wählen Sie aus dem Menü *Ablage* den Unterpunkt *Drucken*.

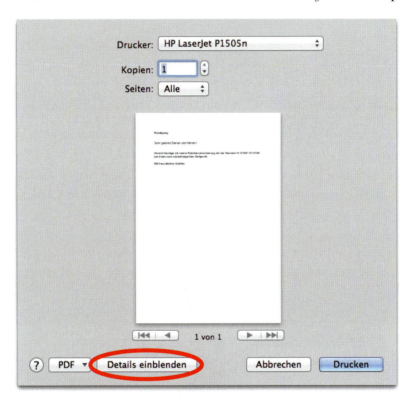

Der „Drucken"-Dialog.

Zunächst erscheint ein abgespeckter Dialog. Wenn Sie mehr Optionen zur Papierlage, der Farbeinstellung oder zum Papierformat haben möchten, klicken Sie auf die Schaltfläche *Details einblenden* im unteren Bereich. Dadurch öffnet sich der erweiterte „Drucken"-Dialog.

Kapitel 7 Briefe schreiben leicht gemacht: Öffnen, Speichern, Drucken

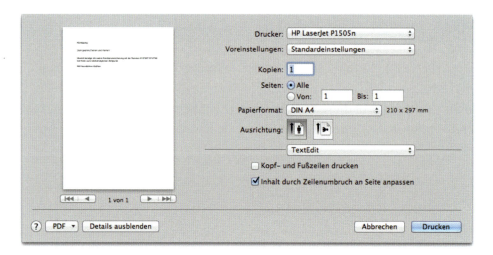

Der „Drucken"-Dialog kann von Drucker zu Drucker abweichen.

Links sehen Sie die Vorschau Ihres Dokuments, rechts die Einstellungen zu *Kopien*, *Von/Bis*, *Formatwahl*, *Ausrichtung* u. v. m. Hier müssen Sie einfach einmal in Ruhe betrachten, was Sie für die Seite genau brauchen.

 Zwar ist der Kurzbefehl **cmd + P** in allen Programmen von Apple identisch, jedoch der Drucken-Dialog kann von Programm zu Programm etwas abweichen (siehe z. B. den Drucken-Dialog in iPhoto).

Der „Drucken"-Dialog aus iPhoto.

Kapitel 8

Etwas Besonderes: Spotlight und Time Machine

Kapitel 8 Etwas Besonderes: Spotlight und Time Machine

Spotlight

Spotlight ist für mich die faszinierendste Funktion in diesem Betriebssystem. Spotlight ist nicht neu, sondern bereits seit Mac OS X 10.4 (Tiger) integriert. Spotlight ist eine sehr effiziente Suchtechnologie, die alle Daten auf Ihrem Rechner nach allen möglichen Kriterien durchforsten und zum Vorschein bringen kann. Dabei ist die Anwendung, wie immer bei Apple, wahnsinnig einfach und die Technologie, die dahintersteckt, unheimlich komplex.

Kurz zur Entstehungsgeschichte von Spotlight: Als Apple vor etlichen Jahren eine neue Version des Betriebssystems entwickelte, fiel den Ingenieuren auf, dass eine Suche im Internet über Google meistens deutlich schneller vonstattengeht als eine Suche über die wenigen Dateien, die auf dem eigenen Rechner heimisch sind. Das konnte so nicht weitergehen! Es sollte also eine Funktion eingebaut werden, die eine effiziente Suche über die Daten des eigenen Rechners ermöglicht – und damit war Spotlight geboren. Weiterhin musste diese Suchfunktion so einfach zu bedienen sein, dass jeder Anwender in wenigen Minuten versteht, was mit dieser Suchfunktion alles getan werden kann. Deshalb platzierte Apple die Spotlight-„Suchlupe" in die rechte obere Ecke der *Menüleiste* des Betriebssystems. Dort angeklickt, erscheint lediglich eine Eingabezeile, um die Suche auszulösen. Wir werden uns nachfolgend der Spotlight-Suche im Detail widmen und dabei viele überraschende Ergebnisse zutage fördern.

Erste Suche in Spotlight

Klicken Sie im rechten oberen Eck Ihr *Spotlight-Suchfeld* an und geben Sie einen Suchbegriff ein. Bereits nach wenigen Bruchteilen einer Sekunde erscheinen darunter die Top-Treffer.

Darunter sehen Sie die Treffer nach verschiedenen Kategorien sortiert: *Programme*, *Systemeinstellungen*, *Nachrichten* etc. Wir werden gleich noch sehen, dass sich die Reihenfolge einstellen und konfigurieren lässt. Darüber hinaus können Sie mit Ihrem Mauszeiger über ein Ergebnis fahren, und sogleich wird daneben ein Fenster erscheinen und den Dateiinhalt zeigen. Weiterhin können Sie durch Verwendung der *cmd*-Taste und Anklicken eines Eintrags in der Liste das Finder-Fenster öffnen, in dem die gefundene Datei abgelegt ist.

Spotlight-Suche mit dem Begriff „apple".

Zudem sehen Sie, dass aufgrund des Suchbegriffs „apple" ❶ das Programm mit dem Namen *AppleScript Editor* als Top-Treffer markiert wurde ❷. Durch Betätigung der *Eingabetaste* wird der Top-Treffer ausgewählt, und der AppleScript Editor kann gestartet werden. Möchten Sie einen anderen Eintrag aus der Liste anspringen, verwenden Sie natürlich entweder die Maus oder die Pfeiltasten auf Ihrer Tastatur, um nach oben oder nach unten zu navigieren.

Kapitel 8 Etwas Besonderes: Spotlight und Time Machine

! Wenn Sie bei Verwendung der Pfeiltasten zusätzlich die **cmd**-Taste drücken, werden die Kategorien in der Trefferliste angesprungen. Sie können ebenfalls per Drag & Drop Elemente aus der Spotlight-Liste herausziehen, um diese z. B. als E-Mail-Anhang oder für AirDrop zu verwenden.

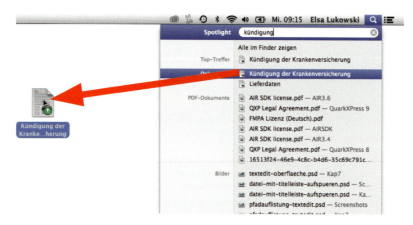

Spotlight-Element aus Liste nehmen.

Spotlight hat noch etwas Interessantes zu bieten. Wenn Sie mit der Maus auf eines der Suchergebnisse zeigen, erhalten Sie eine Vorschau der Datei. Sie können also in die Datei hineinsehen, bevor Sie sie öffnen bzw. bearbeiten. Das funktioniert mit fast allen Dateiarten, wie z. B. Textdokumenten, Bildern, Videos, PDFs, Office-Dateien usw.

Spolight hat auch eine integrierte Dateivorschau.

Am Ende der Suchliste sehen Sie übrigens die beiden Möglichkeiten, im Internet bzw. bei Wikipedia nach dem Begriff „apple" zu suchen ❸. Das heißt: Wenn Sie diese Einträge anwählen, wird bei *Web durchsuchen* die Suchanfrage an Safari weitergereicht. Wenn Sie den Eintrag *Wikipedia* verwenden, wird dabei das *Lexikon* gestartet und Wikipedia aufgerufen. Auch dort kommt der Artikel zu „apple" zum Vorschein. Sie erkennen also, dass Spotlight nicht unbedingt begrenzt ist auf den lokalen Rechner. Über *Web durchsuchen* ❸ können Sie die Suche auch auf das Internet ausdehnen.

Wie viele Einträge hat Spotlight denn eigentlich gefunden? Wenn Sie die Anzahl durchzählen, werden Sie erkennen, dass 28 Ergebnisse aufgelistet sind, dazu noch die zwei Web-Sucheinträge. Möchten Sie hingegen alle Fundstellen auf einen Blick einsehen, so wählen Sie unterhalb des Suchbegriffs den Eintrag *Alle im Finder anzeigen* ❹. Daraufhin erscheint ein Finder-Fenster, das in meinem Fall 31.626 Suchergebnisse beinhaltet.

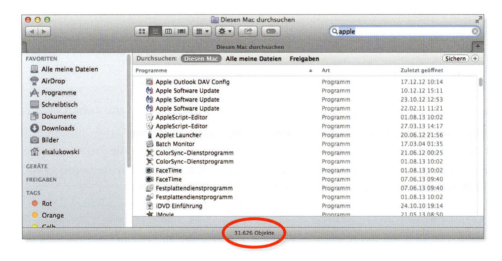

Komplette Liste der Fundstellen.

Sie sehen darüber hinaus, dass die Spotlight-Suche sehr schnell arbeitet. In Sekundenbruchteilen wurden also weit über 31.000 Suchtreffer ermittelt.

Wollen Sie eine neue Suche starten, so klicken Sie hinter dem Suchbegriff auf das kleine *x* ❺, um einen neuen Suchbegriff eingeben zu können.

Nun stellt sich die interessante Frage: Was wird dabei denn eigentlich alles gefunden? Die Antwort darauf ist relativ simpel: Spotlight kann grundsätzlich drei verschiedene Arten von Informationen auf Ihrem Rechner auffinden:
- Datei- oder Ordnernamen
- Dateiinhalte
- Metadaten von Dateien

Der erste Punkt liegt klar auf der Hand: Wenn Sie eine Datei haben, die in unserem Beispiel irgendwo in ihrem Dateinamen das Wort „apple" in sich trägt, wird Spotlight sie unmittelbar aufspüren. Deutlich interessanter ist der zweite Aspekt, die Dateiinhalte. Angenommen, Sie sind neulich durchs Internet gesurft und haben dabei eine Website betrachtet, auf der der Begriff *Apple* irgendwo zum Vorschein kam, dann landet diese Internetseite, eine HTML-Datei, normalerweise im Zwischenspeicher (Cache) Ihres Browsers. Deshalb werden Sie auch derartige mit Safari betrachtete Internetseiten über die Spotlight-Suche finden, solange diese sich noch im Cache Ihres Browsers befinden. Es kann aber auch sein, dass Sie ein eigenes Dokument mit dem Programm TextEdit erzeugt haben, in dem der Begriff „apple" vorkommt. Auch dieser Begriff innerhalb einer Datei ist Bestandteil des Spotlight-Ergebnisses. Welche Dateiformate liefern ihre Dateiinhalte an Spotlight weiter? Anbei eine kleine Liste, allerdings ohne Anspruch auf Vollständigkeit:

- Microsoft Office
- Apple iWork
- Kalender
- Mail
- iTunes
- iPhoto
- Kontakte
- PDF-Dateien
- HTML-Dateien
- Textdateien

Dies führt uns nahtlos zu einer weiteren Funktion in Spotlight. Als Sie eben oben auf dem Bildschirmfoto gesehen haben, wie viele Fundstellen zu dem Begriff „apple" verfügbar sind, ist Ihnen wahrscheinlich gleich ganz schwindlig geworden. Wie soll man bei dieser Fülle an Daten, die auf einem Rechner existiert, die richtige Information herauspicken? Nun, Sie können die Suche deutlich eleganter gestalten, wenn Sie mehrere Suchbegriffe kombinieren.

Suche mit zwei Suchbegriffen.

Und Sie sehen, wie durch die Verwendung von zwei Suchbegriffen die Ergebnisse ungemein eingeschränkt werden und dass nur noch ein Foto, das diese Kommentarinformation enthält, über Spotlight gefunden wird. Auch hier funktioniert übrigens die QuickLook-Funktion. Wenn Sie mit der Maus über diese Fundstelle fahren, wird wenige Sekunden später links daneben per QuickLook eine Vorschau auf das Bild eingeblendet.

Damit haben Sie also erkannt, dass Sie durch die Verwendung mehrerer Suchbegriffe die Anzahl der Fundstellen drastisch reduzieren können. Wir wollen diese Vorgehensweise noch einmal am Beispiel „apple" anwenden. Das heißt: Ich gebe also jetzt nicht nur den Begriff „apple" ein, sondern ich suche ein Dokument zu einer Veranstaltung, die im Juli in München stattfand, also eine Veranstaltung von „apple" in „München" im Zeitraum „Juli". Ich weiß noch, dass es sich um ein „iWork"-Dokument handelt, also gebe ich die vielen Suchbegriffe „Apple München Juli iWork" ein und wechsle sogleich zum Eintrag *Alle im Finder anzeigen*. Daraufhin hat sich die Anzahl der Suchergebnisse auf 58 Treffer reduziert.

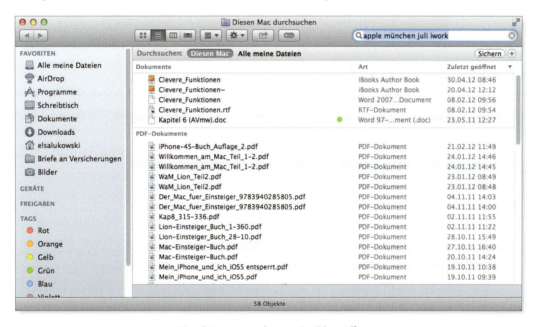

Kombination mehrerer Suchbegriffe.

Sie sehen also, dass die Verwendung mehrerer Suchbegriffe die Anzahl der Suchergebnisse drastisch einschränkt. Die Begriffe werden nämlich automatisch logisch *UND-verknüpft*, das heißt, alle Treffer müssen diese vier Bedingungen gleichzeitig erfüllen. Und auch in der Liste der Spotlight-Fundstellen können Sie rasch mit QuickLook Einblick in die Dateiinhalte nehmen.

Es gibt eine weitere sehr pfiffige und elegante Möglichkeit, wie Sie die Anzahl Ihrer Fundstellen stark eingrenzen können.

Kapitel 8 Etwas Besonderes: Spotlight und Time Machine

Suche nach E-Mails mit dem Begriff „apple".

Wie Sie sehen, habe ich in der Spotlight-Suchfunktion nach dem Begriff „apple" noch den Zusatz „art:mail" hinzugefügt, um damit die Suche auf E-Mail-Informationen einzugrenzen. Es gibt einige weitere Funktionen, um die Suche auf spezielle Themen einzuschränken. Tippen Sie also den Suchbegriff ein und anschließend immer den Text „art", gefolgt von einem Doppelpunkt und dann der Kategorie, die Sie suchen.

Beispiele für Kategorien sind:

- Bild
- Programm
- Kontakt
- Ordner
- Ereignis
- Aufgabe

- Musik
- PDF
- Lesezeichen
- Schrift
- Präsentation

Weiterhin kann es sinnvoll sein, dass Sie wenn Sie eine Suchanfrage auf das Programm Mail begrenzen wollen, direkt in diesem Programm starten. Dann werden nur die E-Mails verwendet, Sie haben somit die Suche auf dieses Programm und die dort gelagerten Informationen eingeschränkt.

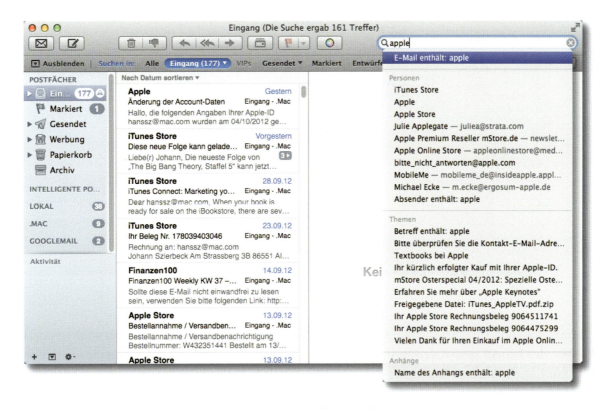

Suche innerhalb von Mail.

> ! Nicht nur das Programm **Mail** verfügt über eine integrierte Suchfunktion, auch Programme wie **Kalender**, **Kontakte**, **Vorschau** oder die **iWork**-Programme bieten Suchfunktionen. Sie müssen also hier nicht den Weg über die Spotlight-Lupe in der Menüleiste gehen, sondern können innerhalb des Programms eine Suche ausführen lassen.

Weitere Raffinessen im Zusammenhang mit Spotlight

Kommen wir noch einmal zurück zu den verschiedenen Möglichkeiten, Suchen in Spotlight auszuführen, denn dazu gibt es noch viel mehr zu erzählen.

Ich habe in diesem Fall das *Spotlight-Fenster* geöffnet, um nach dem Begriff „bmw" zu suchen.

Kapitel 8 Etwas Besonderes: Spotlight und Time Machine

Suche nach „bmw".

Sie sehen: Als Trefferliste erscheinen sowohl ein Ordner als auch eine Datei, in der vermutlich an irgendeiner Stelle der Begriff „bmw" erwähnt wird. Möchte ich nun die Suche reduzieren, sodass ich lediglich Objekte finde, die in ihrem Namen „bmw" enthalten, und damit alle Objekte ausschließen, bei denen der Begriff *bmw* im Dateiinhalt oder in den Metadaten vorkommt, so bietet Apple mir die Eigenschaft *Name stimmt überein mit bmw* an. Sobald diese ausgewählt ist, wird die Suche auf die Elemente reduziert, die tatsächlich „bmw" im Dateinamen tragen. Wurde die Suche so eingegrenzt, ändert sich das Erscheinungsbild im Suchfeld. Vor dem Begriff „bmw" erscheint der Eintrag *Name*. Von dort aus können Sie über den Begriff *Alles* zurückschalten, damit der Begriff „bmw" auch wieder in den Dateiinhalten gefunden werden kann.

Suche nach Dateinamen.

Weiterhin haben Sie sicher schon bemerkt, dass oberhalb der Suchliste ein Begriff namens *Art ist beliebig* Ihnen anzeigt, dass jede Art von Datei, die auf Ihrem Rechner existiert, als Suchergebnis innerhalb der Liste dienen kann. Sie können aber jederzeit neben dem Begriff *Art:* Ihre Suchergebnisse auf bestimmte Arten von Dateien eingrenzen.

Hier bekommen Sie also eine sehr einfache Möglichkeit, Ihr Suchergebnis über ein Pull-down-Menü auf die Art von Informationen einzuschränken, die Sie benötigen.

Eingrenzen der Suche.

Doch damit nicht genug. Sie können nicht nur nach verschiedenen Arten von Dateien suchen, nein, auch der Begriff *Art* selbst enthält ein Pull-down-Menü, in dem Sie nach Datumswerten, nach Name und nach weiteren Kriterien suchen können.

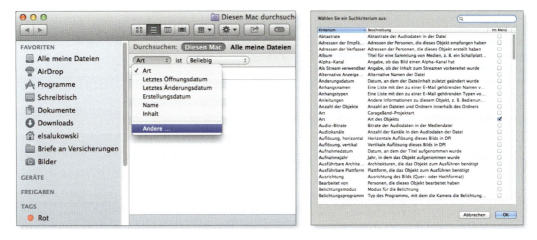

Weitere Suchkriterien über „Andere".

Kapitel 8 Etwas Besonderes: Spotlight und Time Machine

Wenn Sie den Eintrag *Andere* auswählen, erscheint ein weiteres Fenster, in dem Sie eine schier unglaubliche Anzahl von zusätzlichen Suchkriterien finden. Brauchen Sie beispielsweise sehr oft die Suche nach der Brennweite von Fotos, dann können Sie innerhalb der Suchkriterien in der Tat eine Suche danach ausführen. Daraufhin erscheinen die Begriffe *Blendenzahl* und *Brennweite* als Suchkriterien. Sobald Sie die Häkchen im Menü anbringen, werden diese dauerhaft als potenzielle Suchkriterien hinterlegt, und Sie brauchen nicht stets über den Begriff *Andere* in diese ausführliche Suchkriterien-Liste zu navigieren.

Weitere Suchkriterien ins Menü mit aufnehmen.

Geben Sie also rechts oben in das Suchfeld Ⓐ den Begriff ein, den Sie aus den Suchkriterien herausfiltern möchten, und bringen Sie in der Spalte *Im Menü* Ⓑ das Häkchen an, um diese Suchkriterien nachfolgend direkt im Finder-Fenster aufrufen zu können.

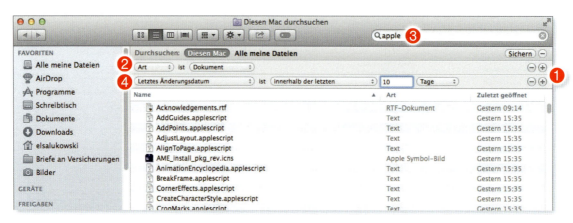

Mehrere Suchkriterien auf einmal.

Aber auch damit ist der Funktionsumfang von Spotlight noch nicht erschöpft. Sobald Sie ein erstes Suchkriterium definiert haben, zum Beispiel die Suche nach „apple" und von der Art *Dokumente*, finden Sie nach wie vor eine schier unendliche Zahl von Informationen. Um die Suche weiter einzugrenzen, besteht die Möglichkeit, auf der rechten Seite des Suchkriteriums über den +-Button ❶ den bestehenden Suchkriterien (❷ + ❸) weitere Eigenschaften hinzuzufügen.

Und Sie müssen es nicht dabei belassen, lediglich zwei weitere Suchkriterien zu spezifizieren (siehe ❹). Sie können auch nach dieser Zeile über das + noch eine weitere dritte Zeile öffnen und dort erneut ein beliebiges Suchkriterium definieren. So wird die Suche sukzessive eingeschränkt. Sie sehen also: Die Spotlight-Suche ist sehr flexibel und passt sich Ihren Bedürfnissen und Wünschen an.

Wenn Sie genauer hinsehen, dann finden Sie zwischen dem *Suchbegriff*, den Sie in der *Symbolleiste* eintragen, und den *Suchkriterien* darunter noch eine Zeile, die mit dem Begriff *Durchsuchen* beginnt. Daneben stehen im Normalfall drei Begriffe.

Über *Diesen Mac* Ⓐ durchforsten Sie Ihren Computer inklusive aller angeschlossenen Datenträger wie USB-Sticks, externe Festplatten etc.

Über – in unserem Beispiel – *elsalukowski* Ⓑ wird der aktuelle Benutzerordner durchsucht. Warum wird hier der Benutzerordner angeboten? Ganz einfach: Wenn Sie vorher über *Gehe zu* zum Benutzerordner navigiert sind und nun mit *cmd + F* die Suchfunktion starten, dann wird eben der aktuell gewählte Ordner im Finder angeboten. Wären Sie hingegen vorher in den *Programme*-Ordner gewechselt und hätten dort eine Suche ausgeführt, würde an dieser Stelle der *Programme*-Ordner stehen.

Und schließlich gibt es die *Freigaben* Ⓒ. Über diese können Sie eine Suche auf einem Netzwerklaufwerk durchführen. Notwendig hierfür ist, dass dort ein Betriebssystem läuft, das die Spotlight-Suche auch beantworten kann. Das heißt: Ist am anderen Ende ebenfalls ein Mac-Rechner oder ein Server, der mit dem Apple-Betriebssystem läuft, so wird die Spotlight-Suche auch dort ausgeführt, und Sie finden auf entfernten Rechnern Dateiinhalte, Metadaten und andere Informationen aufgrund Ihrer Suchanfrage. Ist auf der anderen Seite ein Windows- oder ein Unix-System im Einsatz, dann begrenzen sich die Suchtreffer auf Datei- und Ordnernamen.

Kapitel 8 Etwas Besonderes: Spotlight und Time Machine

> **!** Etwas lästig ist folgende Einstellung des Apple-Betriebssystems: Angenommen, Sie befinden sich gerade in Ihrem Benutzerordner und starten mit **cmd + F** die Suche, dann wird diese standardmäßig auf Ihrem Rechner ausgeführt. Weil Sie aber im Benutzerordner waren, wollten Sie eigentlich die Suche auch nur innerhalb dieses Ordners ausführen. Das Apple-System verwendet als Standardeinstellung jedoch immer den kompletten Computer. Wenn Sie dies ändern möchten, gehen Sie in die **Finder**-Einstellungen und dort zum Reiter **Erweitert**. Wechseln Sie beim Eintrag **Bei Suchvorgängen** von **Diesen Mac durchsuchen** auf **Aktuellen Ordner durchsuchen**.

„Finder"-Einstellungen –> „Erweitert".

Sogleich wird also, sollten Sie sich im Ordner *Dokumente* befinden, als erste Priorität der *Dokumente*-Ordner durchsucht. Sie können auf *Diesen Mac durchsuchen* umschalten, sofern Sie in Ihrem *Dokumente*-Ordner keine Treffer erzielen.

Time Machine

Time Machine sichert den kompletten Inhalt Ihres Computers. Das geniale Programm verwaltet Ihre Sicherungskopien, die Sie ja in Zukunft in regelmäßigen Abständen machen, und ermöglicht kinderleichten Zugriff auf in der Vergangenheit Verlorenes. Wozu sollen Sie das tun? Nun ja, manchmal ist man doch etwas voreilig mit Aufräumen und löscht so manches, was man doch noch brauchen könnte. Time Machine holt alles wieder hervor.

Die erste und wichtigste Anschaffung ist hierfür eine externe Festplatte, die Sie sich beim Fachhändler besorgen können. Die Festplatte sollte mindestens die doppelte Speicherkapazität haben als die Computerfestplatte. Besitzen Sie also einen Computer mit 500 Gigabyte Speicherkapazität, so ist eine Platte mit einem Terabyte zu empfehlen. Beachten Sie beim Kauf, dass die Festplatte auch für den Apple geeignet ist, anderenfalls müssen an dem Medium größere Änderungen vorgenommen werden.

Time Machine einstellen

Time Machine macht automatisch stündliche, tägliche und wöchentliche Backups. Sie müssen sich dabei um nichts kümmern. Es ist deshalb ein absolut reißfestes Sicherheitsnetz, das Ihnen hier angeboten wird. Sie haben lediglich dafür zu sorgen, einen möglichst großen Datenträger zur Verfügung zu stellen, sodass alle Backups darauf untergebracht werden können.

 Backup = Sicherheitskopie

Wissenswertes über Time Machine

Wenn Sie Time Machine aktivieren und somit das allererste Backup sichern, wird von Ihrer internen Festplatte eine komplette Sicherungskopie auf die externe Festplatte geschrieben. Dieser Vorgang kann durchaus einige Zeit in Anspruch nehmen. Die weiteren Backups, die im stündlichen, täglichen, wöchentlichen Rhythmus gemacht werden, aktualisieren jeweils nur die Daten, die Sie inzwischen geändert haben. Das heißt, wenn Sie einmal eine Datei erstellt haben und an dieser drei Monate lang nichts mehr verändern, dann wird von ihr natürlich keine weitere Version auf den Sicherungsdatenträger übernommen.

Kapitel 8 Etwas Besonderes: Spotlight und Time Machine

Time Machine aktivieren

Wenn Sie eine Festplatte zum ersten Mal an den Rechner anschließen, wird in den meisten Fällen Time Machine automatisch starten. Falls nicht, gehen Sie bitte in die *Systemeinstellungen* zu *Time Machine*.

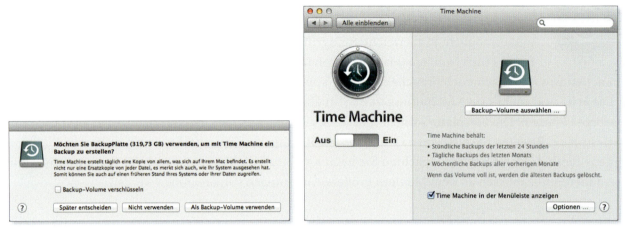

Eine neue externe Festplatte wurde angeschlossen (links). Weitere Einstellungen finden Sie in den „Systemeinstellungen" bei „Time Machine" (rechts).

Das Einzige, was Sie jetzt noch tun müssen, ist, den Schalter *Volume auswählen* anzuklicken. Wenn Sie das getan haben, wird Sie Time Machine fragen, welche Festplatte Sie für die Sicherungskopien verwenden wollen. Wählen Sie die Festplatte an und bestätigen Sie Ihre Wahl.

Wählen Sie die Festplatte aus und klicken Sie auf „Volume verwenden".

Nun legt der Rechner los. Das erste Backup kann mehrere Stunden dauern, je nachdem, wie viele Daten sich auf Ihrem Rechner befinden. An dem kleinen Icon oben in der Menüleiste erkennen Sie, dass ein Backup erstellt wird. Es zeigt einen kleinen Pfeil an. Wenn Sie auf das Icon klicken, können Sie den Backup-Vorgang verfolgen. Des Weiteren können Sie es im Fenster *Time Machine* in den *Einstellungen* sehen.

Das kleine Time-Machine-Symbol.

Time Machine arbeitet, wenn das kleine Symbol einen Pfeil anzeigt, und meldet den Erfolg des ersten Backups.

Auf das Backup zugreifen

Wenn das Backup fertig ist, verschwindet der Pfeil im Symbol in der Menüleiste. Wie greifen Sie nun als Anwender auf Ihre gesicherten Datenbestände zurück? Das geht ganz einfach!

Zurück in die Vergangenheit

Gehen Sie über den Menüpunkt *Gehe zu –> Benutzerordner* zu Ihrem Homeverzeichnis. Das ist der Ausgangspunkt. Starten Sie nun das Programm *Time Machine*. Sie können dazu das kleine Time-Machine-Symbol rechts oben auf Ihrem Bildschirm verwenden. Klicken Sie es mit der Maus an und wählen Sie dann *Time Machine öffnen* aus. Andernfalls können Sie das Programm aus dem *Programme*-Ordner heraus oder über die Spotlight-Suche starten.

Kapitel 8 Etwas Besonderes: Spotlight und Time Machine

Time Machine arbeitet ...

Und schon sehen Sie, wie wir auf dem Bildschirmfoto dargestellt haben, viele Fenster hintereinander. Sie sehen die Vergangenheit hinter sich aufgetürmt. Und auf der rechten Seite können Sie für jedes Backup einen kleinen, feinen Strich entdecken. Die Striche gibt es in den Farben Lila und Weiß. Die lilafarbenen Striche sind Backups, die auf der externen Festplatte gesichert sind, während die weißen Striche ein lokales Backup darstellen. Warum dieser Unterschied? Nehmen wir an, Sie besitzen einen mobilen Mac und sind gerade unterwegs. Normalerweise nehmen Sie die externe Festplatte, auf der Time Machine läuft, nicht mit. Jetzt kann Ihr Mac natürlich keine Backups anlegen, da die externe Festplatte fehlt. Aus diesem Grund macht Ihr Mac ein lokales Backup. Jetzt werden die neuen und geänderten Dateien schlichtweg lokal gespeichert. Und das geschieht wieder im Abstand von 60 Minuten.

Haben Sie also zwischendurch mal eine Datei versehentlich gelöscht, so können Sie über das Menüleisten-Icon *Time Machine öffnen* anwählen und diese Datei zurückholen. Sie müssen dazu lediglich die weißen Striche verwenden.

Wenn Sie einen farbigen Strich berühren, sagt er Ihnen, zu welchem Tag und welcher Uhrzeit dieses Backup stattgefunden hat.

Wie bewegen Sie sich nun in die Vergangenheit? Hierzu gibt es drei Möglichkeiten:
- Entweder klicken Sie auf der rechten Seite der Zeitleiste eine Uhrzeit an ❶. Damit wird aus der Vergangenheit das Fenster respektive der Zustand dieses Ordners nach vorne geholt.
- Oder aber: Sie sehen die Fenster kaskadiert hintereinanderliegen. Sie klicken einfach ein Fenster, das Sie weiter hinten sehen ❷, und schon wird dieses Fenster nach vorne gebracht. Am unteren Rand der Darstellung sehen Sie, welches Datum und welche Uhrzeit das Fenster hat.
- Und drittens: Sie sehen die beiden dreidimensionalen Pfeile ❸, die nach hinten und nach vorne schauen. Damit können Sie in dem betreffenden Ordner zu dem Zeitpunkt zurückspringen, zu dem die letzte Änderung erfolgt ist!

Das heißt, Sie haben vielfältige Varianten, zurück in die Zeit zu reisen. Und dann sieht sie auch noch spektakulär gut aus, die Zeitreise mit Time Machine!

Die Idee hinter Time Machine ist, Dateien, die Sie vielleicht in der alten Fassung für gut befunden haben, oder Dateien und Ordner, die Sie zwischenzeitlich gelöscht haben, wieder aus der Vergangenheit zu holen. Zunächst müssen Sie diese Information aber erst finden. Lassen Sie mich an einem weiteren Beispiel versuchen, Ihnen Time Machine näherzubringen. In diesem Fall gehe ich weiter zurück.

Beispiel für die Datenwiederherstellung

Ich vermisse ein Foto, das ich vor geraumer Zeit auf dem Schreibtisch abgelegt hatte. Vermutlich habe ich es aber mittlerweile versehentlich gelöscht.

1. Ich starte Time Machine über das Symbol ⓘ *Time Machine starten*.
2. Nun gehe ich zurück in die Vergangenheit. Ich gehe über die Zeitleiste auf der rechten Seite zu dem Tag, an dem das Bild vermutlich noch existierte.
3. Time Machine hat die verlorene Bilddatei in einer Sicherungskopie, die einen Tag zurückliegt, entdeckt. Wie hole ich diese Datei jetzt wieder in die Gegenwart? Auch das ist sehr gut gelöst worden.
4. Ich klicke in dem Fall auf die Datei (es könnte auch ein ganzer Ordner sein). Ich markiere das Element, danach verwende ich rechts unten im Fußbereich des Fensters die Funktion *Wiederherstellen*. Damit saust die Datei aus der Vergangenheit in das aktuelle Fenster, und schwupp, haben Sie ich Datei zurückgeholt, um mit ihr arbeiten zu können.

Kapitel 8 Etwas Besonderes: Spotlight und Time Machine

„Verschwundene Datei" gefunden

> **!** Wenn Sie im Time-Machine-Modus sind, bleibt der Finder in seiner Funktionalität vollständig. Das heißt, Sie können zwischen den vier Darstellungsvarianten eines Fensters, also zwischen der **Spalten-, Listen-, Symbol- und Cover-Flow-**Darstellung wählen. Sie haben ebenso die Möglichkeit, per Doppelklick Ordner zu öffnen, um an andere Plätze zu gelangen. Auch die Seitenleiste stellt sich zur Verfügung. Selbst die Spotlight-Suche funktioniert innerhalb von Time Machine. Sie führen damit eine **Suche nach Dateien in der Vergangenheit** aus. Unglaublich, aber so ist es!

> **!** Fazit: **Time Machine ist ein absolut perfektes Werkzeug** und begeistert und beeindruckt alle. Sie ist leicht zu konfigurieren und noch leichter zu bedienen. **Und sie bewahrt jeden vor möglichen Datenverlusten.**

Als Anwender sitzen Sie dabei vor dem Gerät und merken gar nicht, wie Time Machine sich darum kümmert, die aktuellsten Fassungen der Dateien ständig auf das Backupmedium zu schreiben. Wir finden, Time Machine hat das Prädikat „toll" verdient.

Kapitel 9:

Wenn es mal Probleme geben sollte: Problemlösungen

Kapitel 9 Wenn es mal Probleme geben sollte: Problemlösungen

Wenn es mal Probleme geben sollte

Sie haben sich den Mac ja deswegen geholt, weil er landauf und landab als ein sehr zuverlässiger Helfer bekannt ist. Das kann ich nur bestätigen. Funktioniert tatsächlich einmal etwas nicht so, wie Sie es erwarten, dann müssen Sie versuchen, den Fehler zu finden. Ich gebe Ihnen einige wesentliche Tipps und Hinweise, mit denen Sie die meisten Fehler relativ einfach beheben können.

 Sollten Sie mit den folgenden Ratschlägen und Tipps bei der Fehlerbehebung nicht weiterkommen, empfehle ich Ihnen, mit dem Händler Ihres Vertrauens zu sprechen. Dieser ist Experte und kann Ihnen sicher **in kürzester Zeit** Hilfestellung leisten.

1. Ein Programm reagiert nicht mehr ...

... oder tut nicht mehr das, was es tun soll, vielleicht ist es auch „eingefroren". Dann ist es allerhöchste Zeit, das Programm aus dem Arbeitsspeicher zu entfernen. Gehen Sie hierzu zum Beispiel in das *Apfel-Menü* und wählen Sie den Eintrag *Sofort beenden* aus. Alternativ dazu können Sie auch die Tastenkombination *cmd + alt + esc* verwenden.

„Programme sofort beenden".

Hier sehen Sie eine Liste aller Programme, die aktuell gestartet sind. Das Programm, das den Ärger verursacht, sollten Sie anklicken und dann mit *Sofort beenden* aus dem Arbeitsspeicher entfernen. Bitte beachten Sie dabei, dass hierbei natürlich noch nicht gespeicherte Dateiinhalte dieses Programms verloren gehen.

 Hernach sollten Sie das Programm einfach noch einmal starten. Es ist nicht notwendig, den Rechner neu zu starten oder andere Dinge zu tun – versuchen Sie einfach, das Programm erneut zu starten. Im Regelfall wird es dann seinen Dienst wieder aufnehmen.

Tut es das nicht, dann haben Sie ein generelles Problem, möglicherweise mit dem Programm oder Ihren Einstellungen. Um die Einstellungen zu überprüfen, siehe Tipp 2:

2. Macht ein Programm regelmäßig oder auch unregelmäßig Ärger …

… dann gibt es einen Trick, der Ursache auf die Schliche zu kommen. Sie sollten über administrative Rechte verfügen und in den *Systemeinstellungen –> Benutzer* einen neuen Benutzer generieren. Ich nenne diesen meistens *Test* und vergebe ihm auch das gleichnamige Kennwort. Anschließend logge ich mich als *Test*-Benutzer (via *Apfel-Menü*) ein und starte das betreffende Programm .

Nachdem ich als *Test*-Benutzer vermutlich das Programm zum allerersten Mal starte, werden grundsätzliche Dateien auch zum ersten Mal für diesen *Test*-Benutzer angelegt. Arbeitet das Programm wunschgemäß, dann habe ich die absolute Sicherheit, dass Einstellungsdateien dieses Programms beim regulären Benutzer nicht korrekt sind. Arbeitet auch hier das Programm nicht, zeigen sich die gleichen Fehler, so liegt ein grundsätzliches Problem mit dem Programm vor, das ich vielleicht über eine Aktualisierung beseitigen kann.

Kommen wir zurück zu der Annahme, dass das Programm beim *Test*-Benutzer tadellos funktioniert, jedoch beim regulären Benutzer nicht. Jedes Programm, das Sie als Anwender starten, legt sich im *Benutzerordner* und dort genauer unter dem Ordner *Library* Konfigurationsdateien an. Dieser ist standardmäßig unsichtbar und kann nur geöffnet werden, wenn Sie bei gedrückter *alt*-Taste das Menü *Gehe zu* öffnen und dort dann *Library* auswählen. Der *Library*-Ordner enthält einen Unterordner mit dem Namen *Preferences*. Dort legen die Programme ihre Konfigurationsdateien ab. Diese Präferenz- oder Konfigurationsdateien könnten Sie testweise auf den Schreibtisch verschieben, um das Programm einmal ohne diese zu starten.

Kapitel 9 Wenn es mal Probleme geben sollte: Problemlösungen

Der „Library"-Ordner kann mit gedrückter alt-Taste aus dem Menü „Gehe zu" geöffnet werden.

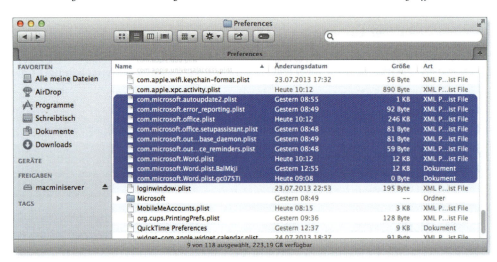

Der „Preferences"-Ordner enthält die Einstellungsdateien der Programme.

Wie Sie anhand des Bildschirmfotos sehen, habe ich aktuell die Dateien für die Office-Programme markiert. Immer wenn z. B. *Microsoft Word* startet, liest es die dort hinterlegten Einstellungen aus. Ziehen Sie einfach diese Dateien testhalber auf den *Schreibtisch* und starten Sie *Microsoft Word* erneut. *Word* legt sich diese Dateien neu an. Wenn nun alles problemfrei funktioniert, waren die Grundeinstellungen des Programms *Word* Ursache des Problems. Mit der Idee, einen *Test*-Benutzer anzulegen, die Anwendung auszuprobieren und dann eventuell die Software zu aktualisieren oder an den *Preferences* zu arbeiten, können Sie im Regelfall 97 Prozent aller Problemfälle beseitigen.

Stellen Sie sich das so vor: Ihr Auto macht Probleme, **es stottert beim Anfahren**. Wenn Sie eine andere Person einmal mit Ihrem Auto fahren lassen **und das Problem tritt auch dort auf, ist das Auto (das Programm) das Problem.** Stottert das Auto nur, wenn Sie selbst fahren, liegt der Fehler nur bei Ihnen (dem Benutzer), dann ist die dazugehörige Voreinstellungsdatei (Preference) zu entfernen und durch eine neue zu ersetzen.

3. Der Internetzugang funktioniert nicht

Hierfür hat Apple ein Programm mitgeliefert. Sie finden dieses in den *Systemeinstellungen* bei *Netzwerk*. Klicken Sie hier auf *Assistent* und dann auf *Diagnose*.

„Netzwerkdiagnose".

Schritt für Schritt führt Sie die *Netzwerkdiagnose* durch die Einstellungen, die den Internetzugang betreffen. Sie können hier verschiedene Parameter ausprobieren, um festzustellen, warum die Internetverbindung nicht mehr funktioniert. In den meisten Fällen (so die Anwender) lag das Problem beim Internetprovider, der Schwierigkeiten bei der Bereitstellung des Dienstes hatte.

Kapitel 9 Wenn es mal Probleme geben sollte: Problemlösungen

> **Fazit: Das Problem lag hinter dem Router oder hinter der DSL-Leitung** und war **nicht ein Problem des Apple-Rechners** oder der anderen Rechner im Netzwerk. Sie sollten also als Allererstes an Ihrem **Router** bzw. **DSL-Modem** prüfen, ob Sie noch **ein Signal haben, bevor** Sie wie wild an Ihrem Mac die **Netzwerkeinstellungen** überprüfen.

Zu diesem Zweck sollten Sie z. B. Ihr Speedport-Gerät aus- und dann erneut einschalten und die LED bei DSL beobachten. Springt diese danach wieder auf Grün, haben Sie damit das Problem gelöst. Tut es das nicht, so hat möglicherweise Ihr Internetanbieter eine Störung in der Leitung. Warten Sie eine Weile ab, sollte die Störung andauern, so empfehle ich den Anruf bei der Störungsstelle Ihres Internetanbieters.

4. Kernel-Panik

Wow – Kernel-Panik!

Sollten Sie diesen Bildschirm bei der Arbeit an Ihrem Apple-Rechner zu Gesicht bekommen, dann haben Sie ein dickeres Problem. Im Regelfall weist dieser Bildschirm darauf hin, dass entweder das Betriebssystem an die Wand gefahren ist – das sollte so gut wie nie vorkommen –, oder er ist ein Hinweis darauf, dass an Ihrer Hardware etwas nicht stimmt.

In fast allen Fällen habe ich folgende Erfahrung gemacht: Wenn Anwender darüber klagen, dass die Kernel-Panik in unregelmäßigen Abständen auf ihrem Bildschirm erscheint, waren die Arbeitsspeichermodule, die in dem Rechner verbaut sind, defekt. Kontaktieren Sie also in diesem Fall den Händler Ihres Vertrauens, damit er sich dieser Sache annehmen kann. Ich habe nur in Ausnahmefällen erlebt, dass eine Kernel-Panik erscheint, wenn das Betriebssystem Ärger bereitet.

5. Probleme beim Starten

Will der Rechner nach dem Einschalten nicht starten, dann sollten Sie die folgenden Funktionen in dieser Reihenfolge ausprobieren:

- Löschen des sogenannten *Parameter-RAM*: Halten Sie direkt nach dem Einschalten die Tasten *cmd + alt + P + R* gedrückt. Tun Sie das so lange, bis der Startton ein zweites Mal ertönt.
- Bringen Sie Ihren Mac auf die Werkseinstellungen zurück. Keine Angst – dabei werden keine Daten auf Ihrer Festplatte gelöscht. Halten Sie bei tragbaren Macs auf Ihrer Tastatur im linken Bereich die Tasten *Shift + alt + ctrl* und drücken Sie zusätzlich noch die Einschalttaste des Computers. Der Rechner muss dabei am Netzteil angeschlossen sein. Lassen Sie die Tasten gleichzeitig los und machen Sie einen Neustart. Bei stationären Macs entfernen Sie das Stromkabel für 15 Sekunden und führen dann einen Neustart aus.
- Beim Starten kann die Taste *T* gedrückt werden. Dann kann der Mac als externe Festplatte an einem anderen Mac via FireWire oder Thunderbolt verwendet werden. Alternativ stellen Sie den FireWire-Festplattenmodus vor dem nächsten Neustart bereits in den *Systemeinstellungen* ein.

„*Systemeinstellungen –> Startvolume: FireWire-Festplattenmodus*".

Nach einem Neustart erscheint am Mac ein Thunderbolt/FireWire-Symbol. Über ein Kabel kann der Rechner dann mit einem anderen Mac verbunden werden, und die Daten sind verwendbar.

6. Wiederherstellen

Sollten Sie keinen Installationsdatenträger zur Hand haben, so hilft Ihnen das Laufwerk *Wiederherst-10.9.* weiter.

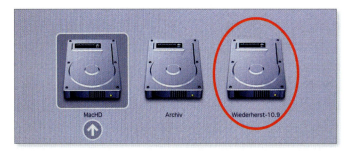

Recovery HD während des Bootens.

Um dahin zu gelangen, drücken Sie beim Einschalten die *alt*-Taste. Dabei erscheinen alle Datenträger auf Ihrem Mac, von denen Ihr Rechner starten kann. Unter anderem sollte sich dabei auch das Laufwerk *Wiederherst-10.9.* zeigen. Dieses Laufwerk wurde bei der Installation von OS X, dem Betriebssystem, automatisch als unsichtbare Partition auf Ihrer Festplatte angelegt. Und genau in Notsituationen wie dieser ist sie Gold wert. Klicken Sie es also an und starten Sie von dieser.

Einige Sekunden später erscheint ein Fenster auf Ihrem Bildschirm mit der Überschrift *OS X Dienstprogramme*. Darunter sind vier Einträge sichtbar:

OS X Dienstprogramme.

Hier finden Sie das *Festplattendienstprogramm*, das Sie nun starten können, um die *Macintosh HD* über die Funktion *Volume reparieren* wieder instand zu setzen. Weiterhin können Sie, wie Sie der Liste der OS X-Dienstprogramme entnehmen, auch *OS X erneut installieren*, das heißt das Betriebssystem neu auf Ihren Computer aufbringen. Bei einer Neuinstallation des Betriebssystems bleiben sämtliche Programme und Benutzerdaten erhalten. Es wird lediglich ein neues System angelegt. Bisweilen kann das Neuinstallieren des Betriebssystems auch Probleme verusachen.

Wollen Sie hingegen die Daten eines Time-Machine-Backups wieder auf den Computer zurückspielen, so wählen Sie aus der Liste den ersten Eintrag *Aus Time Machine-Backup wiederherstellen* aus. Daraufhin erscheint ein zweiter Bildschirm, der Ihnen weitere Informationen gibt und Sie dazu auffordert, den Datenträger anzuschließen, auf dem sich die Time-Machine-Backups befinden.

 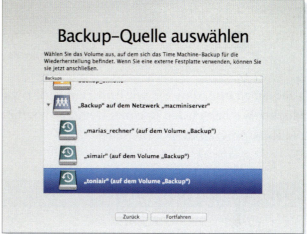

System aus Time-Machine-Backup wiederherstellen.

Klicken Sie auf *Fortfahren,* um die weiteren Schritte zum Einspielen Ihres Time-Machine-Backups zu veranlassen.

Konnten Sie erfreulicherweise über das Festplattendienstprogramm Ihre Macintosh HD erfolgreich reparieren, so können Sie danach das Dienstprogramm mit *cmd + Q* beenden. Es erscheint ein Dialog, in dem Sie sich entscheiden können, mit welchem Startvolume der Rechner neu booten soll.

Kapitel 9 Wenn es mal Probleme geben sollte: Problemlösungen

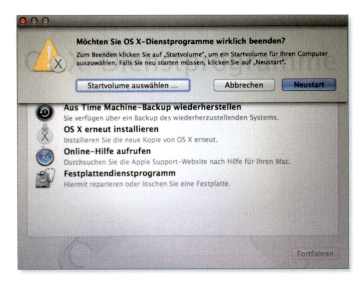

Auswahl des Startvolumes nach Beenden der Dienstprogramme.

Sie sehen also, dass Sie mit dem Laufwerk *Wiederherst-10.9.* eine sehr einfache und zugleich elegante Möglichkeit haben, den Rechner fremd zu booten und damit Reparaturmechanismen über das Festplattendienstprogramm vorzunehmen.

Fitnesstraining für Ihren Mac

Damit Ihr Apple-Rechner immer zuverlässig mit Ihnen arbeitet und auch ihm die Arbeit Spaß macht, sollten Sie ab und an kleine Fitnessübungen mit ihm durchführen, damit er seinen Dienst klaglos verrichtet. Zwei Fitnessübungen würde ich Ihnen aus meiner Erfahrung anraten.

A. Softwareaktualisierung

Über die Softwareaktualisierung des *App Store* halten Sie Ihr Betriebssystem und die Apple-Programme up to date. Meist werden mit den Softwareaktualisierungen Zusatzfunktionen bereitgestellt oder kleinere existierende Fehler ausgebügelt. Es ist also durchaus eine sinnvolle Geschichte, ab und an die Softwareaktualisierung zu starten. Am einfachsten gehen Sie hierzu links oben in das *Apfel-Menü* und starten dort die *Softwareaktualisierung*. Die Softwareaktualisierung arbeitet mit dem App Store zusammen. Wenn Sie also die Funktion aufrufen, öffnet sich der App Store und sucht über das Internet nach eventuellen Updates.

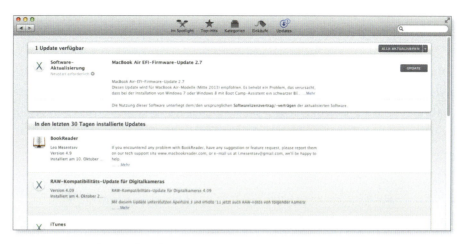

Die Softwareaktualisierung in Zusammenarbeit mit dem App Store.

> **!** Möglicherweise bekommen Sie über diverse Internetseiten oder Dokumente bzw. über Medien Informationen, dass es ein neues Betriebssystem gibt oder neuere Versionen für Ihre Apple-Programme vorhanden sind. Über die **Softwareaktualisierung** ist all dies auffindbar und ausführbar. Das ist quasi so, als würden Sie mit Ihrem Auto zum Kundendienst fahren, was Sie ja wahrscheinlich auch regelmäßig tun, oder?

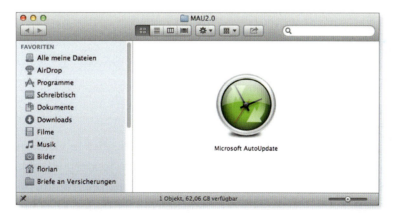

Updater von Microsoft.

> **!** Berücksichtigen Sie bitte, dass diverse Programmhersteller im Regelfall **eigene Softwareaktualisierungsprogramme** bei der Installation mitgeliefert haben, um ihre Programme auf dem aktuellen Stand, also fit zu halten. Zum Beispiel bei **Microsoft-Programmen** finden Sie die Update-Funktion über das **Hilfe**-Menü, z. B. in Microsoft Word.

Kapitel 9 Wenn es mal Probleme geben sollte: Problemlösungen

B. Festplattendienstprogramm

Wenn Sie viele Dinge installieren und deinstallieren, dann kann es ab und zu sein, dass auf der Struktur Ihrer Festplatte etwas durcheinandergerät. Erste Anlaufstelle in diesem Fall ist das *Festplattendienstprogramm*. Dieses befindet sich im Ordner *Programme –> Dienstprogramme*. Das *Festplattendienstprogramm* bietet Ihnen die Eigenschaften, Ihre Festplatte zu überprüfen sowie die Zugriffsrechte auf Ihrem Volume reparieren zu lassen.

Festplattendienstprogramm.

Im Regelfall ist nach der Reparatur der Zugriffsrechte wieder alles in Ordnung. Wird hingegen bei *Volume überprüfen* ein Fehler gemeldet, dann müssen Sie mit der *Recovery HD* arbeiten (siehe Abschnitt weiter vorne). Die Recovery HD enthält auch das Festplattendienstprogramm. So erhalten Sie die Möglichkeit, Ihren Datenträger auch reparieren zu können. Starten Sie dieses, klicken Sie in der linken Leiste Ihre Festplatte (Macintosh HD) an und wählen Sie rechts den Knopf *Volume reparieren*.

Ist das Programm fertig durchgelaufen, sollten alle Probleme behoben worden sein. Ist das nicht der Fall, sollte der Händler aufgesucht werden.

Wurden alle Probleme erfolgreich beseitigt, können Sie das Fenster schließen und über das Menü *Dienstprogramme* nun *Startvolume* anwählen. Dort klicken Sie Ihre Festplatte (Macintosh HD) an und wählen dann *Neustart*. Jetzt wird Ihr Apple-Computer wieder normal starten, und Sie können stolz auf sich sein, denn Sie haben ohne fremde Hilfe ganz einfach das Problem beseitigt.

> Die Sache verhält sich so, **dass sich der Rechner nicht reparieren kann, solange er von seinem eigenen Betriebssystem gestartet wurde.** Deshalb booten (starten) Sie von einem Fremddatenträger, wie vorhin besprochen mit **Wiederherst-10.9.**, um in die Reparaturmechanismen einsteigen zu können. Ich persönlich hatte ich in den letzten sechs, sieben Jahren niemals Probleme mit meinen in den Apple-Rechnern eingebauten Festplatten.

Ein letztes Wort: Hilfe von außen mit TeamViewer

Natürlich kann es in den ersten Tagen und Wochen, die Sie mit Ihrem neuen Apple-Rechner verbringen, ab und an einmal Probleme geben. Meist sind diese jedoch schnell gelöst, sodass der Weg zum Händler sich wohl nicht lohnen würde.

> Wie wäre es, wenn Ihnen quasi jemand über die Schulter schaut und Ihnen hilft, Probleme zeitnah zu lösen? Genau das ist möglich mit einem Programm namens **TeamViewer.** Voraussetzungen hierfür sind: Ihr Rechner muss mit dem Internet verbunden sein, und Ihr Gegenüber muss ebenfalls am Computer sitzen **(egal ob Mac oder PC)** und im Internet sein. Beide Teilnehmer starten dann das Programm, und schon kann es losgehen …

Und dabei ist es nun völlig egal, ob Ihre Kinder oder Enkelkinder als Problemlöser im fernen Amerika weilen oder einfach nur tagsüber in der Arbeit sind. Über das Internet ist das einfach und unkompliziert und dabei auch noch kostenlos möglich.

TeamViewer installieren

Aber zunächst einmal muss die dafür notwendige Software installiert werden. Das ist flugs geschehen. Steuern Sie dazu mit Ihrem Safari-Programm folgende Internetseite an: *http://www.teamviewer.de*.

Kapitel 9 Wenn es mal Probleme geben sollte: Problemlösungen

Klicken Sie auf den Eintrag „Kostenlose Vollversion starten".

Sogleich erscheint das Fenster *Downloads*, und Sie sehen, wie das neue Programm aus dem Internet auf Ihren Rechner übertragen wird. In wenigen Minuten sollte das geschehen sein.

Das Programm TeamViewer wird heruntergeladen.

Nach dem Download, erscheint sofort ein neues Fenster. Jetzt brauchen Sie nur noch einen Doppelklick auf *Install TeamViewer* auszuführen, um das Installationsprogramm zu starten. Befolgen Sie die einzelnen Schritte des Installationsprogramms. Zwischendurch müssen Sie auch die Daten des Administrators eingeben, den nur ein Administrator darf neue Programme installieren. Der TeamViewer wird nun auf Ihren Rechner installiert und ist nach erfolgreicher Installation im *Programme*-Ordner zu finden.

Das neue Programm muss erst installiert werden.

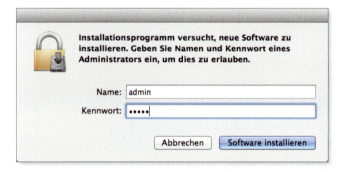

Sie erinnern sich: Nur ein Administrator darf etwas am Rechner verändern.

Wie fordern Sie nun Hilfe an?

Also angenommen, Sie haben eine Frage, ein Problem oder was auch immer und brauchen jemanden, der Ihnen „live" an Ihrem Computer hilft. Dann sollten Sie zunächst zum Telefon greifen und die betreffende Person anrufen, damit diese ihren Computer startet und genauso wie Sie das Programm *TeamViewer* öffnet.

Sie machen das an Ihrem Mac ganz einfach: Öffnen Sie Launchpad und tippen Sie *TeamViewer* in das Suchfeld am oberen Bildschirmrand ein.

Kapitel 9 Wenn es mal Probleme geben sollte: Problemlösungen

TeamViewer wird in Launchpad gesucht und gefunden.

Klicken Sie das Programm an, um es zu starten.

Auf der linken Seite des Fensters sehen Sie Ihre Daten.

Sie geben nun die beiden Zahlen, die auf der linken Seite im Fenster zu sehen sind, an die helfende Person weiter. Diese trägt wiederum Ihre ID auf ihren Computer im rechten Teil des Fensters ein und wählt den Eintrag *Fernwartung*. Sobald sie dann auf *Mit Partner verbinden* geklickt hat, muss vor der Kontaktaufnahme noch das *Kennwort* übermittelt werden. Geben Sie also das *Kennwort* (vierstellige Zahl) ebenfalls Ihrem Gegenüber.

Anschließend wird die Verbindung hergestellt. Auf Ihrem Rechner erscheint ein kleines Fenster, das Ihnen zeigt, dass nun jemand Ihren Bildschirm sieht und Ihre Maus und auch Tastatur verwenden kann.

Die Verbindung ist hergestellt.

Nun können Sie z. B. per Telefon Ihr Problem beschreiben, und Ihr Partner kann an Ihrem Rechner all die Dinge einstellen, die notwendig sind, damit alles wieder problemfrei funktioniert. Wie schon beschrieben, teilen Sie sich nun die Maus und die Tastatur Ihres Computers.

 Bedienen Sie, während Ihr Gegenüber den Rechner steuert, **weder die Maus noch die Tastatur.** Das stört den Ablauf der Hilfestellung und verlangsamt die Mausreaktion über das Internet erheblich.

Soll nach hoffentlich erfolgter Problemlösung die Verbindung getrennt werden, so klicken Sie in dem kleinen Fenster einfach auf das *X*.

Mit dem Programm *TeamViewer* haben Sie die Sicherheit, dass immer jemand da sein kann, der Ihnen bei Fragen schnell und unkompliziert weiterhilft, egal wo auf der Welt Sie beide sich befinden.

 Angst vor Missbrauch brauchen Sie dabei nicht zu haben. Sie bekommen nach jedem Beenden und erneutem Starten ein neues Kennwort zugeteilt, das Sie dem Gegenüber nennen müssen. So kann dieser nur dann Ihren Rechner fernsteuern, wenn Sie die Sitzung eröffnen. **Allerdings sollten Sie nur vertrauenwürdigen Personen den Zugang ermöglichen.**

Kapitel 9 Wenn es mal Probleme geben sollte: Problemlösungen

Gratulation!

Jetzt kennen Sie sich schon sehr gut mit Ihrem neuen Rechner aus. Doch kann Ihr Computer noch einiges mehr für Sie tun. Wenn Sie sich darüber ebenfalls informieren wollen, dann empfehlen wir Ihnen unseren Titel „OS X Mavericks – Das Standardwerk zu Apples Betriebssystem". Dort finden Sie auf 720 Seiten viele weitere nützliche Funktionen, die Sie für Ihren Computer verwenden können. Und wenn Sie ein Buch zum iPhone bzw. iPad benötigen sollten – auch so etwas haben wir im Angebot.

Wir hoffen, Sie hatten viel Spaß beim Lesen des Buches, und ich freue mich jederzeit, von Ihnen zu hören (E-Mail: info@amac-buch.de).

Bleiben Sie uns gewogen – Ihre Autorin

OS X Mavericks
Das Standardwerk
zu Apples Betriebssystem

ISBN 978-3-95431-009-8
€ 34,95

Mein iPhone
für iPhone 5s und 5c

ISBN 978-3-95431-013-5
€ 19,95

Mein iPad
für iPad und iPad mini

ISBN 978-3-95431-014-2
€ 19,95

Die Bücher können Sie über den Buchhandel, bei amazon.de und bei amac-buch.de beziehen.

Index

Index

Symbole

@-Zeichen	108

A

Account	27, 111
Accountname	26, 30
Account-Postfach	111
Administrator	25, 31
Alben	167
Alle Ereignisse	171
Alle importieren	161
Alle meine Dateien	266
Alttaste	53
Angst vor Missbrauch	341
Anmeldedialog	51
Anmelden	31, 50
Anpassen	177
Anpassen von Bildern	177
Anschlusskennung	44
Ansprechverzögerung	80
Apfel-Menü	39, 72
Apple-ID	24
Apple Premium Reseller	16
Apple Store	16
App Store	247, 334
Aufspringende Ordner und Fenster	272
Ausgabe	88
Ausschalten	50
Auswahl importieren	161
Auswurftaste	50
Automatische Anmeldung	30

B

Backspace	53, 178
Backup	319
Befehlstaste	53
Begradigen von Bildern	174
Belichtung	177
Benutzer & Gruppen	29
Beschneiden	174
Betriebssystem	15, 21
Bilder als E-Mail versenden	182
Bilder behalten	161
Bilder exportieren	180
Bildimport	160
Bild löschen	178
Bildschirmschoner	78
Bluetooth	32
Bluetooth-Maus	32
Briefe schreiben	288

C

Capslock	53
Cardreader	162
Chat	141
Computermonitor	13
Cursor	53

D

Darstellung als Tag, Woche, Monat	207
Darstellungsarten des Fensters	257
Dashboard	231, 239
Dateien auf Datenträger exportieren	180
Desktop	72
Deutsche Telekom	35
Diashow	186
Einstellungen	189
Digitale Bilder	157
Digitale Bilder (Programm)	157
Diktat	91
Dock	58, 67, 72
Dokumente-Ordner	255
Doppelklick	58
Download	149
Drag & Drop	165
Drahtlosnetzwerk	48
Drehen von Bildern	173
Drucken	190, 299
Drucken aus iPhoto	190

Drucken aus TextEdit	303
Drucker anschließen	299
DSL	35
DSL-Modem	35
DSL-Splitter	35

E

Effekte in iPhoto	175
Antik	175
Maske	175
Schwarz-Weiß	175
Sepia	175
Überblenden	175
Unscharf	175
Vignette	175
Ein-/Ausschaltknopf	50
Ein Ereignis pro Tag	159
Einschalten	50
Einstellungen in Kalender	199
E-Mail	106
Account	110, 111
beantworten	128
empfangen	125
löschen	132
mit Bildern	133
ordnen	138
suchen	136
verfassen	130
Werbung	136
E-Mail mit Anhang	131
Ereignisse	159, 169
teilen	161, 170
Ereignisse verbinden	169
Erinnerungen	216
in Kalender	203
Minikalender	217
Notizen	219
ortsabhängig	219
Prioritäten	216
Wiederholung	219
Escape-Taste	53
Ethernet	39
Ethernetanschluss	39
Exportieren von Bildern	180

F

FaceTime	141
Färbung	177
Favoriten	285
Fenster	252
aufspringende Fenster	272
neues Fenster	253
Fenstergröße ändern	76
Fenstertechnik	75
Festplattendienstprogramm	336
Feststelltaste	53
Finder	73
FireWire-Festplattenmodus	331
Fotos bereitstellen und verteilen	179
Fotos löschen	161
Funktionstasten	230

G

Geburtstage in Kontate	196
Geburtstagskalender	199
Gelber Knopf	75
Geräte	160
Gerätepasswort	42
Gesten	84
GPS	157
Grüner Knopf	76

H

Hardware	13
Hauttöne nicht sättigen	178
Hilfe von außen	337
Hyperlink	61

I

Icon	59
iMac	12
Importieren stoppen	166
Importieren von Filmen	164
Import per Drag & Drop	165

Index

Import vom Datenträger ... 162
Import von Bilddateien einer Kamera in iPhoto ... 160
Import von Bild- oder Filmdateien von einem Datenträger ... 162
Intelligentes Zoomen ... 85
Internetzugang ... 43
iPhoto ... 156
    Einstellungen ... 157

J

Junkmail ... 136

K

Kalender ... 199
    ganztägige Ereignisse einblenden ... 207
    Kalender ausblenden ... 206
Karten ... 208
    Kontakte ... 209
    Lesezeichen ... 215
    Mail ... 208
    Ortungsdienste ... 211
    Route aufs iPhone ... 213
    Stecknadel ... 215
    Verkehr ... 210
Kernel-Panik ... 330
Kontakte ... 192
    eintragen ... 192
    Gruppen ... 195
    neues Ereignis ... 200
Kontextmenü ... 83
Kontraste ... 177

L

Launchpad ... 243
Lesezeichen
    Ordner anlegen ... 100
Letzter Import ... 162
Licht ... 177
Link ... 61

M

Mac App Store ... 247
MacBook Air ... 13
MacBook Pro ... 12
Mac mini ... 12
MacPro ... 12
Magic Trackpad ... 84
Mail ... 118
    VIP ... 139
Mausklick ... 58
Mauspad ... 57
MediaMarkt ... 16
Menüleiste ... 72
Mighty Mouse ... 82
Mikrofon ... 90
Miniatur-Vorschau ... 161
Mission Control ... 228, 232
Mitbenutzernummer/Suffix ... 44
Mitteilungen
    Banner ... 222
    Hinweise ... 222
    in der Mitteilungszentrale anzeigen ... 222
    Kennzeichen ... 225
Mitteilungszentrale ... 72, 221

N

Name des Ereignisses ... 160
Netzteil ... 17
Netzwerkdiagnose ... 329
Neue Ereignisse in Kalender erstellen ... 200
Neue Kalender erstellen ... 204
Neues Ereignis ... 164
Nicht stören ... 225

O

Ordner ... 167, 252
    aufspringende Ordner ... 272
    neuer Ordner ... 255
    Ordner erstellen ... 254
    Verschieben und Kopieren ... 271

P

Papierkorb entleeren	179
Parameter-RAM	331
Persönliches Kennwort	44
Pfeiltasten	53
Preferences	327
Pre-Shared Key	47
Programm beenden	66

R

Rauschen reduzieren	177
Return	53, 61
Retuschieren	175
Rote Augen entfernen	175
Roter Knopf	75
Router	41
Rückwärts-Löschen-Taste	53, 63

S

Safari	96
Begriff auf der Internetseite suchen	100
Lesezeichen aus der Leiste entfernen	96
Lesezeichen in Safari	96
neues Lesezeichen anlegen	97
Sättigung	177
Saturn	16
Schärfe	177
Schatten	177
Schlüsselfoto	170
Schreibtisch	71, 77, 235
Schreibtischhintergrund	179
verändern	179
Scrollen	58
Maus	63
Trackpad	64
Scrollrichtung Natürlich	81
Seitenleiste	284
Shift	53
Skype	147
installieren	147
Sofort beenden	326
Software	14
Softwareaktualisierung	334
Sortierfunktion	
Manuell	171
Nach Datum	171
Nach Schlagwort	171
Nach Titel	171
Nach Wertung	171
Sortierfunktion in iPhoto	171
Sortierkriterien	267
Spaces	235
Spaltendarstellung	259
Speedport	35
Spotlight	72, 306
Alle im Finder anzeigen	309
Suchkriterien	315
Spotlight in Kontakten	197
Sprachausgabe	93
SSID & Verschlüsselung	46
Standardbenutzer	28
Systemeinstellungen	77
Bluetooth	85
Drucken & Faxen	299
Energie sparen	79
Maus	81
Mission Control	228
Schreibtisch & Bildschirmschoner	77
Spotlight	313
Startvolume	331
Tastatur	80, 230
Ton	87
Trackpad	84

T

Tabs	262
erzeugen	263
schließen	265
Tags	273
Alle Tags	280
entfernen	278
Favoriten	279
Informationsfenster	277
löschen	279
sortieren	282
zuordnen	273
Tastatur	52

Tastaturbegriffe	53
TeamViewer	337
Telekom	107
Temperatur	177
TextEdit	288
Themen	187
Time Machine	319
Toneffekte	87
Toneingabe	90
T-Online-Nummer	44
Tonwerte	177
Trackpad	55, 84

U

Übersicht	262
Umschalttaste	53

V

Verbessern von Bildern	174
Vergrößerte Darstellung der Telefonnummer	197
Verschiedene Darstellungsarten des Fensters	
Als Cover Flow	261
Als Liste	258
Als Spalten	259
Als Symbole	257
Verstärkt	175
Videokonferenz	141
Visitenkarte	193, 194
Vollständiger Name	26, 30
Volume reparieren	333
Volume überprüfen	336

W

Widerrufen	175
Widget	240
Wiederherstellen	332
Wiederholungen in Kalender	202
WLAN-DSL-Modem	35

Z

Zeilenschaltung	53
Zugangsdaten	44
Zugriffsrechte reparieren	336
Zurück zum Orginal	175
Zusätzliche Widgets	240

Weitere interessante Bücher
rund um das Thema Apple, iPhone und iPad finden Sie
unter www.amac-buch.de.